PEQUEÑOS jardines

PEQUEÑOS
jardines

DAVID SQUIRE

p

Copyright © 2004 de la edición española: Parragon

Traducción del inglés: Gemma Deza Guil

para Equipo de Edición S.L., Barcelona

Redacción y maquetación: Equipo de Edición S.L., Barcelona

ISBN: 1–40544–099–6

Printed in China

Impreso en China

NOTA

La información sobre cultivo, recolección y calendario agrícola corresponden únicamente al hemisferio norte (zonas 5–9 de EE UU).

sumario

introducción

La jardinería es una afición de por vida para cuyo disfrute no es necesario disponer de una gran parcela. Incluso el jardín de dimensiones más reducidas puede plantarse y estructurarse de mil maneras distintas. Además de la satisfacción de ver sus plantas crecer y florecer, gozará de la oportunidad de crear ese oasis de paz y tranquilidad tan necesario en un mundo cada vez más ajetreado.

Muchos elementos del jardín, de las pérgolas a los patios, permiten disfrutar de espacios aislados y privados, y algunos de ellos poseen propiedades terapéuticas, como las plantas aromáticas, con su extenso abanico de fragancias embelesadoras, y los reconfortantes sonidos del murmullo del viento, el crujir de las hojas y el canto de los pájaros.

Inspirador y práctico

Este libro está concebido para ayudar a los jardineros principiantes y a los expertos a crear un bello jardín en una pequeña parcela. El objetivo del primer capítulo es inspirar, y con tal fin se exploran visualmente los variopintos estilos de jardinería que pueden aplicarse en un área pequeña. Asimismo, se ofrecen consejos sobre cómo solventar los problemas que plantean los suelos difíciles, los terrenos adversos y algunas condiciones graves, como son las sombras cerradas o la intensidad de la luz solar.

El segundo capítulo es enteramente práctico y conduce a los jardineros a través de las complejidades de un amplio y variado espectro de labores, que comprenden desde evaluar la acidez o alcalinidad del suelo hasta colocar baldosas de pavimentación y construir una pila de compostaje.

El tercer capítulo explica los modos más convenientes de distribuir las plantas en los jardines pequeños, ya sea en borduras tupidas con flores multicolores o en arriates monocromáticos, compuestos, por ejemplo, de flores sólo rosas y rojas o de plantas con flores y frondas blancas y plateadas. Además, se ofrecen consejos para organizar la parcela de acuerdo con cada estación. Finalmente, se proporciona información sobre cómo crear arreglos florales en jardineras, cestos colgantes, tinas, vasijas, macetas y jardines acuáticos, tanto en patios como en terrazas, y se presentan trucos para componer una bordura aromática, disfrutar de un jardín propio de un florista o cultivar rosas.

El cuarto capítulo aporta información sobre más de cien plantas, incluidas anuales resistentes a las heladas, herbáceas perennes, arbustos, árboles y enredaderas, además de

▲ *Arriate rebosante de flores coloridas y hojas vistosas. Hay plantas para todos los lugares, tanto soleados como sombríos.*

ALTURA Y ENVERGADURA

Las alturas y envergaduras de los arbustos y árboles del capítulo 4 corresponden a especímenes de 15–20 años de edad cultivados en condiciones óptimas. Estas plantas pueden llegar a presentar mayor tamaño.

ofrecer explicaciones detalladas sobre su cultivo óptimo. Asimismo, este capítulo enseña a identificar y controlar las plagas y enfermedades que pueden afectar a los jardines e invernaderos. El reconocimiento y la escardadura de las malas hierbas del jardín es otro factor clave. El libro concluye con un glosario detallado.

Este práctico volumen le permitirá iluminar su pequeño jardín con composiciones florales de gran belleza y estructuras como senderos, vallas, patios y terrazas.

▶ *La* Achillea *es una herbácea perenne ideal para cultivar en un arriate seco y soleado. Con sus flores pueden crearse bellos arreglos florales para interior.*

▼ *Las plantas con hojas variegadas aportan colorido durante el verano, mientras que las siempre verdes, como su nombre indica, conservan su color a lo largo de todo el año.*

diseños inspiradores

suelos, contornos, formas y orientaciones

Es posible crear jardines de gran belleza en cualquier tipo de suelo, tanto a la sombra como a pleno sol. No se alarme si la tierra de su jardín es muy arcillosa o arenosa, ya que ninguno de estos extremos presenta un obstáculo insalvable. Entre las soluciones posibles se cuentan desde mejorar la calidad del suelo hasta fabricar parterres elevados o cultivar las plantas en maceteros. Incluso las pendientes más empinadas pueden resultar una ventaja si se ponen en práctica algunos consejos de diseño.

saque el máximo partido al suelo

La calidad del suelo se puede mejorar poco a poco añadiendo estiércol bien descompuesto o compost de jardín. Existen métodos más inmediatos para disfrutar de un jardín colorido, como seleccionar plantas afines al terreno, aunque a los jardineros suele gustarles cultivar todo tipo de plantas.

Arriates elevados

Allí donde el suelo está siempre húmedo y el drenaje es deficiente, o donde el terreno es calcáreo o ácido, es recomendable construir un arriate a 30–45 cm del suelo y rellenarlo con tierra de calidad. Así, podrá cultivar una extensa variedad de plantas. Siembre plantas colgantes en los bordes del arriate para camuflarlos.

Preparación de las zonas de cultivo

En las parcelas con un suelo excepcionalmente árido o pobre pueden mejorarse pequeños cuadros para cultivar trepadoras y otras plantas. Excave un cuadrado de unos 60 cm de ancho y bastante profundo, y rellene la base con una capa de cascotes de unos 10 cm de espesor. Cúbrala con una capa de tierra vegetal bien firme. Siembre en ella las plantas y riegue la zona con frecuencia hasta que éstas arraiguen. No plante enredaderas a menos de 30 cm de las paredes, ya que la tierra suele ser más árida en las zonas limítrofes a los muros.

Cultivo de plantas acidófilas

La mayor parte de los suelos tiene un grado de acidez muy bajo que puede mejorarse espolvoreando la superficie en invierno con cal apagada o hidratada y caliza detrítica (*véanse* págs. 58–59). En los suelos muy ácidos y compuestos sobre todo de turba, lo más aconsejable es cultivar plantas acidófilas, como el brezo. Existen muchas variedades, algunas de ellas con un follaje muy atractivo y otras cultivadas por sus flores. Muchas de estas variedades florecen en el invierno. Las azaleas cultivadas en

 *En los suelos pobres, lo ideal es construir un arriate elevado, que, además, permite contemplar y acceder a las plantas con mayor comodidad.*

los recodos de suelo ligeramente ácido situados en la semisombra dan lugar a composiciones primaverales espectaculares.

Cultivo de plantas calcícolas

Corregir los suelos calizos resulta algo más difícil. Pueden utilizarse fertilizantes acídicos, como el sulfato de amoníaco, añadidos a la turba. Sin embargo, en los casos en los que la capa subterránea sea alcalina, lo más recomendable es cultivar sólo plantas calcícolas, es decir, plantas afines a los suelos calizos. Los jardineros cuya parcela tenga un suelo ácido y sientan un deseo irrefrenable de cultivar calcícolas, pueden construir un arriate elevado.

Zonas húmedas y cenagosas

Muchos suelos con un alto contenido en agua pueden drenarse, para a continuación cultivar un amplio abanico de plantas. No obstante, si la zona es cenagosa por naturaleza, si su drenaje es complicado o si está situada junto a un arroyo, lo ideal es cultivar plantas que gusten de suelo húmedo, como el *Lysichiton americanus,* que da flores de un amarillo intenso en primavera, y su pariente cercano, el *Lysichiton camtschatcensis,* cuyas flores son de un blanco impoluto. En las márgenes de los riachuelos, plante arbustos como el *Cornus stolonifera* «Flaviramea» y el *C. alba* «Sibirica», que en invierno exhiben pecíolos de colores intensos.

Suelos áridos

El éxito de un cultivo en suelo árido depende de tres factores: el terreno debe abonarse anualmente con materiales voluminosos, como estiércol o compost de jardín, ya que éstos ayudan a retener el agua; debe regarse con regularidad, y debe cubrirse con mantillo

cada primavera. Además, reviste suma importancia seleccionar plantas que sobrevivan en suelos secos y cálidos (*véanse* págs. 64–65).

Macetas, tinajas y otros recipientes

Algunos suelos son tan inhóspitos que resulta muy difícil que las plantas florezcan en ellos. Puede cultivar una amplia variedad de plantas en recipientes como macetas, tinajas, jardineras, cestos colgantes y abrevaderos. Adquirir, plantar y cuidar de las plantas cultivadas en recipientes resulta más caro y laborioso que en arriates y borduras, pero permite modificar y reestructurar el jardín tantas veces como se desee, lo cual puede resultar muy gratificante.

▲ *Para disfrutar de un jardín colorido todo el año, plante coníferas enanas en macetones y dispóngalos flanqueando un sendero.*

▼ *Revista los muros de piedra natural con plantas: cultívelas directamente en la pared o a los pies del muro, o bien plántelas en tiestos.*

jardines en laderas

Los terrenos en pendiente ofrecen la posibilidad de disfrutar de un jardín extraordinario, si bien éste resultará más caro que uno creado en una planicie. Una casa rodeada de zonas aterrazadas y pavimentadas destacará en el paisaje, sobre todo si las terrazas descienden a sus pies.

▲ *Una terraza adoquinada a medio camino de la pendiente constituye un lugar de recreo y descanso ideal, sobre todo si cuenta con un estanque o una fuente.*

Jardines aterrazados

Los jardines aterrazados pueden presentar un estilo formal o informal, el cual dependerá, en parte, del estilo de la casa. Las terrazas formales conectadas por tramos de escaleras suelen combinar más con las casas modernas, mientras que, en las casas rurales, priman los estilos informales o naturalistas y se decoran las laderas con árboles frutales desperdigados.

Zonas pavimentadas

Si la casa reposa a los pies de una ladera, puede crearse una zona llana pavimentada en la base de ésta. También puede pavimentar una zona a un tercio de la altura de la pendiente para quebrar el grado de inclinación. A ser posible, dicha zona debe ser fácilmente visible desde la planta baja de la casa y no debe obligar a elevar la vista para contemplarla.

Si, por el contrario, la ladera desciende a los pies de la casa, pavimente una zona llana tan próxima a la vivienda como sea posible. A partir de ella, trace veredas que desciendan por la pendiente a modo de meandros, para que parezca menos pronunciada. Las zonas pavimentadas no tienen por qué estar situadas en puntos centrales, sino que pueden construirse a un lado, sobre todo en los jardines naturalistas. Si el jardín se eleva por uno de los extremos, paviméntelo y construya un cenador en la cumbre (antes, consúltelo con sus vecinos).

Muros de contención

Los muros de contención se construyen en las laderas para retener bancos de suelo de hasta 1,2 m de altura. Algunos de ellos se fabrican con materiales artificiales o formales, como ladrillos o bloques de cemento, mientras que otros se elaboran con piedra natural. Estos últimos quedan muy bonitos recubiertos de *Aurinia saxatilis* (más conocida como *Alyssum saxatile*) y aubetrias; para admirar las plantas sin deteriorarlas, abra un sendero amplio que

recorra la base del murete. Estos senderos resultan innecesarios junto a los muros formales, sobre todo si son de ladrillo. No obstante, si éstos colindan con un manto de césped, conviene segar una franja para poder utilizar el cortacésped en la zona más próxima a la pared.

Laderas con bosquetes y jardines silvestres

Las traviesas ferroviarias antiguas son ideales para retener el suelo en las laderas abruptas de las zonas rurales. Coloque las traviesas y afiáncelas con estacas de madera o de metal. Los arriates de brezo y azaleas caducifolias son excelentes para decorar terraplenes. También es posible emplear bloques de turba para

contener el suelo y disponer de zonas para el cultivo de plantas acidófilas. En los lugares en los que se corra el riesgo de que la turba se seque y se desmenuce, delimite la zona que desea contener con traviesas ferroviarias y coloque tras ellas los bloques de turba.

Taludes de césped

Antiguamente, sobre todo en las grandes casas rurales, las laderas se aterrazaban y recubrían de césped. Las terrazas de los distintos niveles, de 3–3,6 m de ancho, se entrelazaban mediante cuestas con una inclinación de 45°. Estas espectaculares composiciones pueden replicarse a menor escala en los jardines formales. Lo esencial es guardar la proporción.

▲ *Los tramos de escalones añaden interés visual a los jardines. La escaleras deben tener cimientos sólidos y construirse con materiales resistentes a la intemperie.*

◄ *Las colinas ofrecen el marco ideal para crear un salto de agua. Si la cascada desciende por una gran superficie, es posible que deba colocarse un depósito en la parte superior.*

los contornos del jardín

Pocos jardines pequeños tienen una forma perfecta. Los hay largos y estrechos, cortos y anchos, o con un contorno afilado que dificulta su diseño. Por fortuna, es posible disfrutar de un pensil incluso en la parcela más extravagante. Además, existen métodos infalibles para disfrazar la forma de un jardín.

Cómo acortar un jardín

Para que una parcela larga y estrecha dé la impresión de ser más corta, lo más adecuado es dividirla en varias unidades. Puede construir un sendero largo que recorra el jardín por el centro o bien un senda zigzagueante. Si opta por la primera alternativa, coloque al final del sendero un motivo decorativo, por ejemplo, una gran urna o una fuente, en lugar de rematarlo con una simple valla o muro. Los setos y las celosías no empotradas son elementos que se utilizan con frecuencia para dividir jardines.

Cómo ensanchar un jardín

Para que un jardín parezca más ancho puede introducirse algún elemento de cierre o delimitación entre la vivienda y los confines del jardín, siempre que se compruebe previamente que el nuevo diseño no resulta confuso a la vista. Las celosías no empotradas son excelentes como elemento delimitador. En el centro puede colocarse un motivo decorativo como un reloj de sol o una esfera armilar.

Cómo estrechar un jardín

Resulta mucho más fácil transmitir la impresión de estrechez en un jardín grande que en uno de pequeñas dimensiones. Para hacerlo, puede dividirse la zona central en distintos cuadros mediante celosías no empotradas, columnas de rosas, coníferas estrechas y setos. Otra alternativa consiste en construir un cenador en un rincón y, por ejemplo, una zona pavimentada en el opuesto.

Jardines informales

Es posible crear una zona de aspecto informal incluso en el contorno rígido impuesto por un rectángulo o un cuadrado. Para ello, basta con colocar arriates florales y tepes con formas serpenteantes. También puede construirse un estanque irregular (los revestimientos flexibles permiten dotarlos de cualquier forma y tamaño) y combinarlo con los arriates y los mantos de césped. Recubrir los senderos con arcos y emparrados rústicos añade altura y naturalidad al jardín.

▲ *Los senderos sinuosos crean entornos sorprendentes y permiten delimitar zonas aisladas, ocultas a la vista.*

▲ *Colocar algún motivo ornamental*
al final de un jardín corto y cuadrado
le añade interés.

orientación, luz y sombra

La gama de árboles, arbustos y plantas de jardín es muy extensa. Existen tipos para todas las orientaciones e intensidades de luz. Algunas condiciones extremas pueden atenuarse plantando o talando árboles, pero en la mayoría de los casos lo más aconsejable es aprender a convivir con nuestro jardín.

La lotería de la orientación

La orientación del jardín no suele ser una prioridad a la hora de comprar una casa. Es más, con frecuencia es una lotería. Los vientos gélidos pueden dañar algunas plantas, mientras que otras se resienten cuando la luz solar es muy intensa. Todos los jardines tienen posibilidades y limitaciones, y existen plantas hasta para los lugares más inhóspitos. En este libro encontrará múltiples ideas para el cultivo de las plantas. Por ejemplo, en las págs. 64–65 se indican las que prosperan en climas cálidos y soleados, además de facilitarse información sobre su cuidado, y en las págs. 66–67 se relacionan las que mejor crecen a la sombra.

Jardines de litoral

Los jardines de las zonas litorales corren riesgos derivados de múltiples factores. Los vientos fuertes, fríos y azotadores pueden deformar los árboles y los arbustos, sobre todo en invierno, mientras que los vientos salados pueden dañar las hojas y las flores. Es imprescindible

◄ *Un arriate a la sombra puede florecer con tanto esplendor como uno soleado. Existen flores y plantas para todos los rincones del jardín.*

colocar cortavientos y setos para filtrar el viento y reducir su velocidad, en particular en los jardines próximos al mar. En las págs. 68–69 se ofrece una relación de plantas que crecen con fuerza en las zonas costeras.

Paraísos invernales

En algunas zonas, el clima invernal es tan crudo que la probabilidad de cultivar plantas se ve drásticamente mermada. No obstante, algunos árboles resistentes a las heladas florecen durante esta estación, como el *Hamamelis mollis* (lentisco) y el *Cornus mas* (cornejo macho). La escarcha y el polvo de nieve crean diseños bonitos al posarse en sus hojas.

En las zonas excepcionalmente frías, las capas de nieve formadas alrededor de los bulbos los aísla y protege de las bajas temperaturas. Limpie con cuidado la nieve de las hojas de los arbustos perennes antes de que el peso venza las ramas y las desfigure.

▲ *La escalera de construcción sólida incrustada en este muro de contención queda lucida y da acceso al arriate de detrás.*

▼ *Los estanques ornamentales deben colocarse en zonas luminosas y donde las hojas que caen de los árboles en otoño no ensucien las aguas.*

estilos de jardinería

Lo más emocionante de la jardinería es decidir qué estilo se quiere crear. Se trata de una decisión importante, ya que las opciones son infinitas. Puede diseñarse un jardín tradicional, con flores aromáticas multicolores y árboles frutales, o bien optarse por un estilo más serio y formal, con arreglos de tulipanes y plantas anuales de todo tipo que exhiban todo su esplendor durante la primavera y el verano. Nostálgico o moderno, el límite lo pone usted. Puede probar la jardinería mediterránea, caracterizada por las macetas de colores vivos y las plantas resistentes a las sequías, o incluso atreverse con un jardín de corte japonés, con elementos relajantes de grava y agua.

jardines ingleses con flores

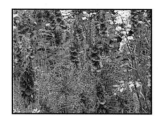

Pocos estilos de jardinería son tan naturales y espontáneos como el de los jardines de la campiña inglesa. Las borduras de herbáceas se pueblan de plantas que, en su gran mayoría, mueren en otoño y rebrotan en primavera. En las borduras mixtas se contemplan popurrís de plantas, arbustos y bulbos.

▲ *Entre mediados y finales de verano, el Agapanthus perenne de raíces carnosas muestra espectaculares flores con forma de parasol.*

Borduras de herbáceas

A finales del siglo XIX, el experto paisajista irlandés William Robinson (1838–1935) publicó *The English Flower Garden,* un libro en el que reflejaba su entusiasmo por las herbáceas perennes. Afirmaba que durante largo tiempo la campiña inglesa había dado cobijo a las plantas herbáceas. Sus escritos vieron la luz en un tiempo sediento de información que vio crecer la popularidad de los libros y las revistas sobre jardinería. Sin embargo, la defensora más célebre de las plantas herbáceas es Gertrude Jekyll (1843–1932). Su primer libro sobre esta materia, *Wood and Garden,* apareció en 1899 y estuvo seguido por otros volúmenes en los que la autora planteaba ideas para componer borduras monocromas. En las págs. 177–178 se explica cómo diseñar borduras temáticas por colores con plantas rosas y rojas, azules y malvas, amarillas y doradas, o blancas y plateadas.

Borduras mixtas

En muy pocos jardines es posible dedicar más de un rincón a crear una bordura cromática, por lo que la tendencia es combinar herbáceas perennes, bulbos, anuales, arbustos y árboles que desplieguen un amplio abanico de colores, tamaños y formas. Estas borduras mixtas ofrecen una oportunidad excelente para cultivar todas las plantas que se desee.

Las anuales resistentes y semirresistentes constituyen un relleno ideal durante los primeros años de cultivo de una bordura mixta.

Las semirresistentes se cultivan en hoyos a principios del verano, mientras que las resistentes pueden plantarse antes. Siembre siempre las semillas de las plantas anuales resistentes bien diseminadas.

Los bulbos aportan un toque adicional de color. Entre ellos, las liliáceas florecen perfectamente en zonas sombreadas y refrescadas por otras plantas. Los macizos de narcisos atrompetados son más que bienvenidos a principios de primavera y, pese a que dejan tras de sí hojas desordenadas a principios del verano, llenan de vida el jardín.

Borduras de anuales resistentes

Si le apasionan los colores intensos y le gusta cambiar de año en año, una opción es crear una bordura con plantas anuales resistentes al frío. Con unos cuantos saquitos de semillas creará composiciones cromáticas sensacionales. La siembra y el cultivo de las anuales resistentes se explica en las págs. 126–127. No plante las semillas a principios de año, ya que no germinarán si el suelo no está lo suficientemente templado y podrían descomponerse si se producen precipitaciones abundantes.

Para las zonas ventosas, seleccione anuales resistentes de una altura media y manténgalas derechas con tutores. Las anuales resistentes suelen despertar el interés de los niños, sobre todo el *Helianthus annuus,* el girasol, cuya enorme corola llega a alcanzar los 30 cm de diámetro. Algunas anuales crecen hasta los 3 m de altura, mientras que otras son mucho más bajas e idóneas para los lugares combatidos por el viento. Los girasoles crecen de maravilla en zonas soleadas y destacan sobre paredes blancas.

▲ *Las plantas de escasa altura y flores dispersas llenan de color las márgenes de los senderos y transmiten sensación de naturalidad.*

◀ *Las borduras de herbáceas con flor, gracias a su naturaleza informal y relajada, forman parte de los jardines ingleses desde tiempos remotos.*

ANUALES RESISTENTES PARA JARDINES ROCOSOS

Incluso en un jardín de dimensiones reducidas, las anuales resistentes desempeñan un papel fundamental, en especial en los jardines rocosos, donde llenan las zonas despobladas de color. Entre las múltiples plantas que pueden escogerse se cuentan:

Adonis annua (adonis de otoño), de 25 cm de altura e inflorescencias de color carmesí intenso con el corazón negro.

Limnanthes douglasii, de 15 cm de altura e inflorescencias de color blanco intenso y disco central amarillo.

jardines informales

Muchos jardineros sienten inclinación por los jardines informales porque crean un ambiente más apacible que los parterres con hileras perfectas de plantas y borduras geométricas. Los jardines de la campiña son el epítome de la informalidad: en ellos brotan plantas de todos los estilos a su libre albedrío.

Jardines de campiña

Para muchos jardineros, los elementos característicos de los jardines de campiña o naturalistas son las enramadas aisladas, los emparrados rústicos forrados de enredaderas aromáticas y los arriates con mosaicos de flores, frutas y verduras. Incluso caben los setos de *Taxus* (tejo) y *Ligustrum* (ligustro) recortados con formas de animales. Las esferas armilares, cuyos anillos muestran las posiciones relativas de los cuerpos celestes, son menos formales que los relojes de sol y añaden distensión al ambiente.

Para crear un auténtico jardín de campiña se recomienda plantar variedades de manzanas deliciosas, como la «McIntosh», la «Gold Rush», la «Roma», la «Newtown Pippin» y la «Spartan». Las mejores variedades de pera son la «Comice», la «Harrow Delight», la «Harvest Queen» y la «Stark Honeysweet». Las matas de judías *(Phaseolus vulgaris)* cultivadas en trípodes en borduras añaden altura y componen un fondo perfecto para realzar otras plantas.

Jardines silvestres

Los jardines silvestres no suponen ninguna contradicción en los términos, sino más bien un modo de trasladar parte del paisaje natural a un entorno reducido y controlado. Componer un dosel con árboles permite crear sombra para plantas como el *Hyacinthoides* (jacinto silvestre) y las azaleas. Si la sombra reina en su jardín, puede podar las ramas de los árboles, pero conviene que cultive plantas de umbría (*véanse* págs. 66–67). Otros elementos que pueden incluirse son veredas rústicas que enlacen las distintas zonas del jardín y «praderas» alpinas con plantas bulbosas de escasa altura y hierbas cortas. Estas zonas cobran gran belleza bajo el sol, sobre todo si están en una ladera.

◄ *Los bancos son un elemento fundamental de cualquier jardín, ya que ofrecen un lugar desde el que admirar la belleza del entorno.*

Las flores silvestres son necesarias para atraer a una amplia variedad de insectos. Muchas marcas de semillas comercializan combinaciones especiales de flores silvestres. La mejor temporada para plantarlas es en primavera. La mayoría de ellas vuelve a granar al año siguiente y, aunque no a todos los jardineros les gusta crear zonas informales, constituyen un excelente método para disfrutar de un jardín sano y respetuoso con el medio ambiente.

Sonidos relajantes

La inmensa mayoría de los jardines exhibe flores coloridas y un follaje de gran belleza. Pero, ¿por qué no añadir además sonidos relajantes? Éstos pueden englobar desde el crepitar de las hojas hasta el reconfortante repiqueteo del agua que brota de una fuente o borbotea en un arroyo. Algunas plantas son célebres por su capacidad de generar sonidos incluso con las

brisas más leves. El césped y el bambú susurran, como también lo hacen las hojas de algunos árboles, y un sendero de gravilla flanqueado por bambúes supone una gloria durante todo el año. Invite a los pájaros a acudir a su jardín y deleitarle con su canto instalando un bebedero o un comedero a resguardo de los gatos. Alimente a los pajarillos también durante el invierno, pero tenga cuidado con no dejar frutos secos enteros, grasas duras o tarugos grandes de pan a principios de primavera, ya que puede haber crías en los nidos.

CARILLONES

Los carillones suspendidos de árboles situados junto a la vivienda inundan el jardín de un sonido agradable y reconfortante. Conviene, no obstante, tener cuidado y no colocarlos en lugares donde su repique constante pueda resultar irritante.

▲ *Los arroyos que serpentean por jardines poblados de flores silvestres cautivan la mirada. Las plantas pueden admirarse desde un banco.*

▼ *Diversas marcas comercializan mezclas de semillas de flores silvestres. Siembre siempre las semillas dispersas.*

jardines formales

El aspecto de los jardines de diseño formal es nítido y permite modificar las disposiciones de las plantas en primavera y verano, así como de un año para otro, con más facilidad que un jardín informal. Los jardincillos situados en la parte frontal de la casa se prestan a una composición formal.

Jardines de tracería

A mediados del siglo XIX se introdujeron en los jardines muchas plantas subtropicales bajas que en la década de 1870 ya habían crecido y formado mosaicos de color en las borduras. La mayoría de ellas se plantó creando diseños geométricos, y otras a modo de monogramas, sobre todo en las grandes casas solariegas.

El arte de los jardines de tracería se extendió a los jardines botánicos y municipales, y las

▲ *Los jardines formales tienen una naturaleza clínica en sintonía con los espacios reducidos. Los estanques añaden atractivo al jardín.*

ciudades empezaron a competir por crear los despliegues más originales y bonitos. Algunos diseños de jardines aparecieron en anuncios y carteles conmemorativos, e incluso se utilizaron para ilustrar nombres de poblaciones. El cultivo de tracería sigue practicándose en parques formales, en los núcleos de las grandes ciudades y en centros vacacionales del litoral.

Algunos jardineros llevan a cabo este tipo de jardinería cultivando anuales semirresistentes en verano y bulbos y plantas bianuales en primavera y otoño.

Composiciones estivales

Los mosaicos de plantas estivales despliegan todo su esplendor a finales de primavera o comienzos de verano, en cuanto pasa el riesgo de las heladas. Estas plantas se siembran a fines de invierno o principios de primavera en semilleros y, una vez brotan en la calidez de los invernaderos, se trasplantan para que se aclimaten a las condiciones del exterior. Además de las anuales semirresistentes, se utilizan plantas con frondas deslumbrantes, como la *Bassia scoparia trichophylla,* más conocida como *Kochia tricophylla* (ciprés de verano o falso ciprés), la *Euphorbia marginata* (euforbia matizada) o el

Abutilon pictum «Thompsonii» (abutilón o farolillo japonés). Éstas suelen utilizarse para «despuntar» en composiciones de baja altura.

Entre las plantas más comúnmente utilizadas para los mosaicos formales destacan la *Lobularia maritima,* aún conocida como *Alyssum maritimum* (aliso), variedades tupidas de la *Lobelia erinus* en colores como el azul, el blanco y el rojo, y diversas *Tagetes* (caléndulas).

Composiciones primaverales

Los primeros mosaicos suelen contener una mezcla de plantas bianuales y bulbos que florecen en primavera, sobre todo los tulipanes. Las plantas bianuales se cultivan en almácigas a finales de primavera o principios de verano y se trasplantan a arriates a finales de verano o principios de otoño. Los bulbos como los tulipanes se plantan al mismo tiempo.

Las composiciones primaverales pueden presentar colores, formas y alturas de lo más variado, y englobar bianuales como la *Bellis perennis* (margarita menor o maya), alhelíes, el *Dianthus barbatus* (minutisa) y la *Myosotis sylvatica* (nomeolvides). Entre finales de primavera y principios de verano, una vez concluida la floración, se extraen las plantas, se rastrilla el

suelo, se endurece ligeramente con los pies y
se plantan los arreglos estivales.

Jardines geométricos

Antaño los jardines geométricos se consideraban una expresión de la naturaleza infinita e
inalterable de la vida. A mediados del siglo XVII
se acuñó el término «jardín geométrico» para
describir los jardines florales rodeados y entre-
tejidos por veredas. Hoy, se denomina «jardines geométricos» a los parterres en los que
setos en miniatura como el *Buxus sempervirens*
«Suffruticosa» (boj común) circundan lechos
florales de pequeñas dimensiones. Estas formas
intrincadas son ideales para jardines pequeños.

Estanques formales

Los estanques circulares son simples pero ele-
gantes, sobre todo si tienen una fuente. Combinan bien con composiciones formales, como
en una gran extensión de césped circundada
por un seto de *Taxus baccata* (tejo). Otra opción consiste en bordear el estanque con un
amplio sendero y dividir el espacio aledaño en
cuatro zonas de jardín diferenciadas, sembradas con plantas estivales. Utilice plantas más
altas que despunten sobre el tapiz floral.

ARTE TOPIARIO FORMAL

En lugar de podar los setos con silueta de
animal, en las zonas formales se recomiendan
los setos ornamentales con forma de conos,
pirámides y cuadrados. Éstos quedan bonitos
tanto en grupo, delimitando un manto de
césped, como diseminados por el jardín.

▶ *Los setos en miniatura, como el boj, son
idóneos para circundar, ya que confieren cierta
formalidad sin dominar el jardín.*

jardines mediterráneos

Las brisas suaves, las escasas lluvias y los cielos despejados son característicos del Mediterráneo, como bien saben quienes han contemplado sus floridos jardines en verano. No obstante, los jardines cambian de aspecto con la llegada del frío y las lluvias invernales.

Plantas mediterráneas

Los bulbos y las tuberosas de florescencia primaveral florecen tan pronto el frío del invierno da paso al calor primaveral, mientras que las plantas anuales retoñan y se preparan para un florecimiento posterior. Entre las plantas autóctonas se cuentan el romero, el mirto, el *Cistus* (jara), el laurel, el olivo, la higuera y la palmera enana. Más célebre es el *Cupressus sempervirens* (ciprés común), sobre todo en sus formas más esbeltas. Es habitual ver bosquetes de cipreses en los jardines mediterráneos.

Las plantas de hoja plateada son más propicias a sobrevivir en condiciones de calor seco que las de hoja verde. Entre las primeras se cuentan las *Artemisias* herbáceas y arbustivas. Las plantas con hojas pilosas también prosperan en las regiones cálidas; una de las más conocidas es la *Stachys byzantina* (ortiga lanosa), cuyas hojas ovales están densamente recubiertas por pelos blancos y plateados. La jara, cuyas hojas desprenden aromas resinosos, también crece con fuerza en las zonas templadas.

◄ *Las superficies de colores vivos, los azulejos esmaltados y las plantas con hojas variegadas y lanceoladas, como la Agave americana «Marginata», crean composiciones llamativas.*

Terrazas cálidas

Las terrazas amplias con balaustradas de piedra ornamentada componen lugares de ensueño para disfrutar de la vida al aire libre. Estas zonas también son idóneas para cultivar plantas en una extensa variedad de recipientes. Siempre que sea posible, colóquelas en la semisombra para evitar que el compost se recaliente en exceso y reducir la frecuencia de riego.

La sombra es tan importante para las personas como para las plantas. Un árbol esbelto con una trepadora como la *Clematis montana* «Elizabeth» o cualquier otra clemátide montañosa enlazada a sus ramas compone un elemento espectacular durante la floración, que tiene lugar a finales de primavera o principios de verano. Además, el árbol proporcionará sombra durante el estío y permitirá disfrutar

de una espléndida zona de recreo al aire libre. Si la trepadora crece demasiado, pódela en cuanto se marchiten las flores. También otras enredaderas dan sombra. Si tiene una gran pérgola en el jardín, puede enroscar en ella una glicina, aunque requiere una poda más frecuente que las clemátides y no llegará a formar un umbráculo tan denso como éstas.

Escaleras de ensueño

Los tramos amplios de escalones que enlazan terrazas con niveles inferiores no tienen por qué ser sólo funcionales. Puede añadirles color colocando macetas con plantas en el descansillo superior e inferior, sobre todo si la zona inferior es más amplia. Las paredes de los escalones estrechos, por ejemplo de un tramo que una el flanco de una terraza con un jardín

inferior, pueden decorarse con plantas trepadoras. Si los muros son de piedra seca, plante *Aurinia saxatilis* (o *Alyssum saxatile*), de flores amarillas, y contrástela con una *Aubrieta deltoidea* (aubrieta), que dará flores malvas a finales de primavera y principios de verano.

PALMERAS DE CLIMA TEMPLADO

Pocas palmeras sobreviven en los climas templados. Entre ellas figura el *Trachycarpus fortunei* (palmito elevado), de origen chino. Plántelo en un suelo bien drenado pero que retenga la humedad, en un lugar cálido, soleado y protegido. Cerca de la terraza le brindará sombra. Tarda unos 15 años en alcanzar los 3 m de altura y tiene hojas alargadas y palmeadas de unos 90 cm de ancho, y el tronco cubierto de una fibra negra hirsuta muy decorativa.

▲ Incluso el rincón pavimentado más diminuto puede albergar plantas mediterráneas. Los muebles de hierro completan el diseño.

◄ Las macetas coloridas con plantas bajas y ligeramente tupidas son ideales para flanquear los escalones. Colóquelas en un sitio seguro.

jardines japoneses

Los jardines tradicionales de Japón rezuman paz y serenidad. Su diseño simple y claro invita a la meditación y la contemplación. La composición de los primeros jardines japoneses estuvo influenciada en el siglo VII por un embajador japonés retornado de China.

Jardines con grava

Pocos elementos del jardín japonés son tan relajantes para la mirada como la grava. Algunos jardines encierran una extensa llanura de grava y rocallas bien diferenciadas de dos, tres o cinco rocas grandes que hacen las veces de islotes. La gravilla se rastrilla para transmitir la sensación de un mar de ondas poco profundas. Si desea añadirle interés, dibuje un sendero con piedras más grandes que, a modo de pasaderas, permitan atravesarlos como si se tratara de arroyos, evitando dividir la zona en dos. Si extiende otra senda, emplee piedras más pequeñas para restar predominio a este elemento.

Senderos y ríos

En las zonas menos formales, y donde existen suaves pendientes, utilice guijarros en lugar de gravilla y dibuje dos o tres senderos y ríos. Colocando grandes pasaderas de contorno irregular sobre esquisto de color conseguirá crear un arroyo ficticio. Si la zona presenta una inclinación moderada, utilice las piedras y la pizarra para componer un riachuelo; en cambio, en las zonas llanas puede dibujar un arroyo más ancho para conferir al jardín un halo más natural y armonioso.

Agua y puentes

El agua en movimiento es un elemento esencial de algunos jardines japoneses. Con una bomba pequeña puede crear cascadas y caños y disfrutar de un bonito jardín durante las cuatro estaciones. Los característicos puentes de madera japoneses suelen transmitir una impresión errónea de precariedad. Si sólo se necesita atravesar un riachuelo, coloque tablones

◄ *La sensación de serenidad que transmiten los jardines japoneses no tiene parangón en ningún otro estilo de jardinería. Las rocas, la grava y los bambúes suelen ser los protagonistas.*

anchos de madera o rocas grandes, que además de conferir belleza al entorno, son muy fáciles de utilizar. Si por el contrario su jardín está atravesado por un caudal ancho y la corriente es lenta, puede unir varias piezas de madera o de piedra. Las pasaderas grandes no sólo se funden con el entorno sino que permiten atravesar el arroyo por la parte central.

JARDÍN DE TÉ

Los jardines de té son rincones apacibles destinados a celebrar la ceremonia del té. Los asistentes se reúnen para desprenderse de sus preocupaciones mundanas antes de tomar el té. La gravilla y las posaderas son elementos indispensables, así como los árboles, arbustos y helechos, que ofrecen una imagen atemporal y contemplativa. Estos jardines no cuentan con flores efímeras, ya que éstas dan fe del cambio de estación y el paso del tiempo.

Arbustos y bambúes

El bambú es una planta esencial de cualquier jardín japonés. Crece con fuerza junto a los arroyos, si bien algunas variedades también se desarrollan en tinas grandes y en recipientes cuadrados de madera (*véanse* págs. 218–219).

Dos arbustos típicos del jardín japonés e ideales para plantar en cubas son los arces oriundos de este país oriental: el *Acer palmatum dissectum* y el *Acer palmatum d. atropurpurea.* El primero de ellos tiene hojas verdes aserradas, mientras que el segundo presenta un follaje de color bronce rojizo. Ambos son caducifolios y tienen la copa ancha y con forma de cúpula. La *Fatsia japonica,* de hoja perenne, también puede plantarse en macetones. Sus grandes y brillantes hojas verdes, con entre siete y nueve lóbulos, proporcionan un excelente contraste estructural.

▲ *Los árboles pequeños con hojas festoneadas verdes, bronceadas y purpúreas evocan inmediatamente los jardines japoneses.*

▼ *Los arroyos ondulantes, los puentes sencillos y los senderos de grava flanqueados por plantas de baja altura crean un ambiente apacible.*

superficies, paredes
y espaldares

La clave de un jardín que apenas cambia de aspecto es la estructura, que incluye elementos como paredes, senderos y pérgolas sumamente importantes: por un lado, dividen y dan forma al jardín, dando lugar a rincones al aire libre, pasajes y lugares de reposo que contribuyen a crear un ambiente único, y, por el otro, constituyen elementos peculiares y decorativos. Antes de decidirse a construir un espaldar, piense en cómo y dónde lo utilizará y con qué lo va a recubrir. Estas páginas le ofrecen un amplio abanico de posibilidades y le presentan los nuevos materiales para construir estas estructuras.

un sendero para cada jardín

Los senderos no tienen por qué ser simples elementos de unión entre las distintas zonas del jardín, sino que pueden ser atractivos de por sí y presentar superficies en armonía con el entorno. En estas páginas se exploran los múltiples materiales existentes para construir sendas.

¿Por qué tener un sendero?

Los senderos son indispensables en muchas zonas de un jardín. En particular, es esencial que una superficie resistente a las inclemencias climáticas rodee la casa y la conecte con el garaje, los depósitos y las leñeras. Sin embargo, aunque cubra necesidades domésticas, no tiene por qué ser puramente funcional. Las veredas que circundan las casas rurales pueden cubrirse con losas grises de superficie estriada separadas entre sí unos 10 cm y colocadas sobre un mar de gravilla. Otra opción es construir un sendero con piedras naturales dejando entre ellas espacio para cultivar plantas bajas. A las casas modernas les pega más una senda de corte formal, de superficie lisa o mixta. Hoy día, gracias a los tendederos giratorios de un único poste, ya no es necesario trazar un camino que recorra la longitud de las cuerdas.

Limitaciones y oportunidades

Para elegir el material del sendero debe tener en cuenta la forma y la topografía del jardín.

▶ *Las sendas irregulares son idóneas tanto para jardines llanos como en pendiente, ya que se amoldan a los contornos más anfractuosos.*

Las baldosas cuadradas o rectangulares son ideales para las sendas rectas, y las de contorno irregular son más adaptables y pueden emplearse para configurar un sendero recto o curvo. Los caminos recubiertos de hierba pueden ser curvos o rectos, y los de tomillo, de corte informal, resultan arrebatadores cuando están en flor. Si su jardín es ondulante o tiene una inclinación pronunciada determinará la

elección del material para el sendero. La pavimentación irregular es ideal para los suelos con inclinaciones a varias aguas, mientras que para las pendientes que sólo descienden en una dirección son más apropiadas las sendas formales. Los caminos de gravilla deben reservarse para las zonas llanas, porque los cantos ruedan inevitablemente cuesta abajo. A la hora de elegir el material debe tener en cuenta su

anchura: una senda de 60 cm de ancho pavimentada con baldosas rectangulares y cuadradas pequeñas parecerá desproporcionada. En los caminos anchos conviene utilizar losas más grandes. Por otro lado, el enlosado con baldosas irregulares pequeñas puede resultar confuso en las sendas estrechas, mientras que este efecto puede salvarse con baldosas más anchas.

Senderos de materiales mixtos

Los senderos pueden ser de diversos materiales. Los caminos que atraviesan zonas rurales pueden incluir secciones de tronco de árbol a modo de pasaderas en medio de un mar de grava o losas hexagonales sobre guijarros; también pueden utilizarse traviesas de vías férreas separadas por intervalos de 7,5–10 cm de gravilla o adoquines. En los jardines naturalistas, construya senderos recubiertos de gravilla o un manto de hierba y delimítelos con troncos; en los jardines rurales con amplios parterres pueden utilizarse esos troncos como pasaderas.

La gama de materiales para construir veredas en jardines formales es mucho más extensa. Pueden crearse senderos geométricos con baldosas de distintas formas, mas similares en color y textura, y rellenar las juntas con guijas. Recuerde que esta elección puede dar lugar a un sendero muy irregular. También es posible crear diseños atractivos con ladrillos y baldosas flexibles.

ANTE LA NIEVE

Si tiene sembradas plantas en la juntas de las lascas, no utilice sal para deshacer el hielo ni emplee palas y picos para rascar la nieve y retirarla. Deje que el invierno siga su curso y aguarde a que la nieve y el hielo se derritan por sí solos.

▲ *Un sendero de base firme y bien drenada recubierta de corteza de árbol desmenuzada y delimitada por un bordillo de caña trenzada es el complemento ideal para un jardín rústico.*

▼ *Las losas de hormigón son excelentes para los caminos de los jardines formales. Pueden disponerse en líneas rectas o creando dibujos elaborados.*

muros y vallas

Casi todos los jardines están cercados por un muro o una valla, que, además de crear mayor intimidad, amortiguan el ruido y ocultan vistas poco estéticas. Un muro necesita unos cimientos sólidos en toda su longitud, mientras que una valla puede estar apoyada en postes de cemento o de madera.

◄ *Los muros de todo tipo, formales o informales, crean rincones aislados y enclaustrados que pueden incluir pequeñas áreas pavimentadas para mobiliario de jardín.*

Elegir entre un muro o una valla

Un muro de ladrillo es mucho más caro que una valla. Un muro de 1,8 m de altura debe tener un grosor de 23 cm y pozos de cimentación cada 1,8 m. Incluso los muros construidos con bloques de celosía (ladrillos cuadrados de 30 cm y 10 cm de grosor con un diseño entramado) deben contar con pozos de cimentación cada 3 m y con apoyos en ambos extremos. Los bloques de celosía pueden combinarse con muros de ladrillo tradicionales o con ladrillos de piedra reconstruida.

Se entiende por «valla» desde una empalizada de madera blanca hasta un cercado con tablas sólidas o contiguo. La estructura de soporte del valladar se construye clavando postes de madera de 10–15 cm de ancho a rieles de acero. Estas cercas suelen tener una altura de 1,2–1,8 m. Elija siempre un elemento de cerramiento que combine con su jardín. Por ejemplo, las estacadas son idóneas para vallar la parte frontal de los jardines rurales, mientras

que los valladares de adobe y cañas, y las empalizadas de madera de castaño son más apropiadas para los jardines traseros. Las cercas de paneles, de 1,2–1,8 m de altura, son muy populares y más baratas que las de tabla sólida.

Las empalizadas de baja altura y las alambradas sencillas son idóneas para delimitar un terreno, pero son fáciles de saltar. Actualmente, las alambradas se revisten con plástico resistente y no requieren ningún tipo de mantenimiento. Las vallas confeccionadas con tablones de madera de 2,4 m de altura y 15–20 cm de ancho clavados a postes transmiten sensación de modernidad y apertura. Los huecos que quedan entre las tablas suelen ser de 10 cm, aunque, si desea resguardar su intimidad, puede clavar tablones en ambos lados de los postes de sujeción fijados con cemento al suelo. Estas vallas suelen medir 90 cm–1,8 m de altura.

Las verjas de hierro forjado son perfectas para bordear la parte frontal de los jardines de las casas victorianas, georgianas o de época. Suelen tener una altura de 90 cm–1,8 m y estar pintadas de negro. Confieren belleza y pueden utilizarse como elemento decorativo por sí solas o plantando flores de colores y plantas de grandes hojas en la parte inferior.

Una verja para cada jardín

Los muros y las vallas deben cerrarse por la parte delantera con una cancela, una verja o un portillo. Las empalizadas de madera blanca combinan a la perfección con portillos de madera rústica, mientras que a los muros de ladrillo viejo y erosionado rematados por un arco les va más una verja de hierro forjado rematada en arco. La gama de diseños decorativos para las verjas de hierro forjado es muy amplia y, por lo general, la complejidad se refleja en los precios. También existen distintos estilos de cancelas de madera, que pueden estar construidas con estacas, con paneles o con tablillas dispuestas en forma de rombo.

▼ *Elija un vallado en armonía con su jardín. Los paneles de cañas sujetados con postes resistentes imprimen un toque informal y rústico a los jardines paisajistas.*

VERJAS ANTIRROBO

Las verjas de hierro forjado suelen fijarse con bisagras, por lo que pueden robarse con facilidad y rapidez. Para impedirlo, coloque las bisagras de manera estratégica, de tal modo que la inferior ajuste la puerta con la clavija hacia arriba y la superior encaje con la clavija hacia abajo. De este modo, la verja no podrá levantarse. Los portillos de madera suelen ser más seguros, porque la bisagra se atornilla tanto a la puerta como al poste de apoyo.

entarimado

Los entarimados, cada vez más populares, resisten a las inclemencias climáticas. Antiguamente, se entarimaba una zona contigua a la vivienda para construir una especie de veranda rematada por un balaustrada. Hoy, el entarimado sirve para bordear los jardines o a modo de elemento aislado.

Construcción de una tarima

Las tarimas básicas se fabrican con cedro rojo u otra madera de coníferas o blanda inyectada a presión con un producto protector de la madera. Los tablones se fijan con puntas galvanizadas a una estructura de rastreles, dejando de 6 a 12 mm entre cada dos planchas.

La estructura de rastreles sobre la que se coloca la tarima se afianza en montantes macizos colocados sobre placas metálicas, que se atornillan a las plataformas de cimentación de hormigón. Esto permite entarimar una zona con pendiente, lo cual debe hacerse con cuidado y nivelando el terreno.

Puede elaborar el entarimado con madera comprada en un establecimiento maderero o una carpintería, si bien actualmente existen en el mercado unidades prefabricadas que pueden adquirirse en los grandes almacenes de bricolaje y decoración del hogar. Las empresas especializadas en tarimas ajustan los productos que ofrecen a las necesidades específicas del cliente e instalan el entarimado.

◀ *Combinar una tarima con una fuente y un estanque puede producir un efecto sorprendente. Las plantas siempre verdes de hojas palmeadas componen un telón de fondo incomparable.*

Tarimas económicas

Construir una tarima lleva tiempo y dinero. Los diseños con varios niveles son particularmente caros. Una alternativa a entarimar el jardín consiste en recubrirlo con bloques de hormigón ligero y postes de madera. Se semientierran los bloques en el suelo y, tras comprobar que las superficies estén niveladas, se colocan sobre ellos los postes (disponibles en longitudes de hasta 3 m). Después, se clavan a los postes losas de gravilla prensada, que se suelen utilizar para cercados de tabla sólida.

Cómo bordear árboles adultos

Es posible que desee entarimar una zona en la que tiene plantado un árbol desde hace tiempo. Para solucionar este problema nimio, rodee el árbol con la tarima. Empiece por podar las ramas bajas y construya en torno al árbol un plinto cuadrado de ladrillo con unos cimientos sólidos. La parte superior del plinto debe quedar unos 38 cm por encima de la altura prevista del entarimado. El último paso consiste en instalar la tarima alrededor del plinto y poner una moldura de entre 15 y 20 cm de ancho sobre éste, que puede hacer las veces de banco.

BALDOSAS DE MADERA

Pese a presentar el aspecto de una tarima, se trata de unidades cuadradas de 60 cm. Su colocación es muy sencilla. El primer paso es nivelar el suelo. Escarde las malas hierbas perennes, extienda una capa de tierra vegetal de unos 5 cm de espesor y dé una labor con el rastrillo. Disponga las baldosas de madera sobre la tierra, alternando la dirección de los listones. Colóquelas muy juntas y utilice jalones resistentes en la zona exterior para evitar que se desplacen al caminar por ellas.

◄ *Los escalones de tarima flanqueados por plantas frondosas constituyen un método práctico y grato de conducir de un lugar a otro.*

▼ *Las traviesas ferroviarias antiguas colocadas a ras de suelo y separadas por gravilla crean una superficie irregular y vistosa.*

una escalera para cada jardín

Unas escaleras en armonía con el resto del jardín constituyen un elemento de interés imperecedero. Las escaleras deben ser funcionales, pero no por ello dejarán de ser bonitas. Las escaleras que aquí se presentan conferirán belleza a su jardín, independientemente de cuál sea su estilo o tamaño.

Escaleras informales y naturales

Las escaleras fabricadas con troncos son ideales para cualquier jardín naturalista situado en una ladera. Para confeccionar los peldaños pueden emplearse desde troncos gruesos hasta traviesas ferroviarias antiguas. Estas escaleras naturales pueden realzarse plantando narcisos aclimatados al lado de los escalones. En lugar de crear franjas estrechas con ellos, plántelos en grupos amplios que ocupen aproximadamente un tercio de la anchura del escalón. Si tiene turberas junto a un sendero y próximas a la escalera, utilice traviesas en lugar de troncos, sobre todo cuando convenga cercar la turba.

Si la escalera desciende por un terraplén pronunciado, piense en flanquearla con árboles. Así, se creará un ligero dosel de ramas y hojas. Los escalones de hierba combinan con los jardines informales y semiformales. Las escaleras de troncos y césped también quedan bien, aunque no resisten las inclemencias del tiempo. Para cortar el césped de largos tramos de escaleras conviene utilizar un recortabordes, mientras que para las escaleras más cortas basta con unas tijeras de podar. Para las escaleras semiformales se usan ladrillos en el borde del peldaño y se siembra césped detrás de ellos.

Escaleras formales

Los tramos largos y anchos de escaleras, especialmente las que están rematadas por amplios descansillos en la base o la parte superior, constituyen elementos predominantes en el jardín. Las escaleras estrechas también confieren atractivo a un jardín modesto, sobre todo si son de materiales originales. La huella del escalón, es decir, la base sobre la que se apoya el

▲ *Los tramos de escaleras, sobre todo si se construyen con materiales naturales, confieren belleza al jardín.*

pie, puede realizarse con ladrillos acanalados. Los escalones semicirculares coronados por un círculo de ladrillos en la parte superior son muy bonitos y llaman la atención. Las zonas interiores de las huellas pueden ser de ladrillo, grava o césped. Las escaleras semicirculares resultan idóneas para unir un patio o terraza con una zona de césped, así como para enlazar

distintos niveles de un jardín. Es desaconsejable crear tramos largos de escaleras de este tipo; se suele utilizar un máximo de tres escalones para salvar pendientes poco pronunciadas.

▼ *Las escaleras de caracol de hierro forjado resultan llamativas, ya sea en los jardines de subsuelo o, cuando son de pocos peldaños, para unir distintos niveles de un mismo pensil.*

ESCALERAS DE CARACOL

Las escaleras de caracol antiguas son muy decorativas y añaden interés a los jardines situados bajo el nivel de la calle. Quedan muy bonitas vestidas de *Hedera* (hiedra) de hoja pequeña y decoradas con maceteros y pequeños cestos colgantes.

patios de luces

Antiguamente, en España, todas las casas tenían un patio interior a cielo abierto que proporcionaba cobijo y sombra durante el día. Por tradición, allí se cultivaban plantas frondosas y flores de colores. Aún se conservan muchos de estos tradicionales patios, sobre todo en Andalucía.

La divulgación del patio

El concepto de «patio» se extendió de España al sur de Estados Unidos y, de allí, a California, donde resultaban particularmente adecuados para el clima. Más tarde empezaron a construirse también en las regiones templadas de Europa, donde este término ha venido a sustituir al de «terraza».

Patios en L

Muchas casas cuentan con un patio trasero con forma de L que puede cercarse, por ejemplo, con una valla. Otra alternativa consiste en colocar espaldares no empotrados a unos 45 cm de las lindes del jardín con un extremo formando una L para crear una zona aún más aislada. Para delimitar su jardín con una pantalla de follaje sempervirente, instale el espaldar y plante una hiedra de hoja grande como la *Hedera colchica* «Oro de Bogliasco» o la *H. c.* «Dentata Variegata», ambas de hoja variegada. En verano, la herbácea trepadora *Humulus lupulus* «Aureus» (lúpulo) genera

◄ *Un patio resguardado de los rayos del sol constituye un oasis de quietud. Las mesas y los bancos son esenciales para la vida al aire libre.*

un espléndido manto de hojas. Si le gustan las flores, recubra el espaldar con una *Clematis montana*.

Suelos para los patios

Es imprescindible que la superficie del patio sea grata a la vista y esté bien drenada, aunque no tiene por qué ser toda homogénea. Por ejemplo, se puede crear un bosquete en un rincón y, en otra zona, cubrir el suelo con guijarros y colocar grandes maceteros.

Otras opciones consisten en recubrir el suelo del patio con baldosas con relieve, ladrillos dispuestos geométricamente o adoquines de granito. Eso sí, conviene evitar las superficies lisas, de colores muy vivos y con diseños de damero.

Naturaleza sanadora

Parte del encanto de un patio estriba en que ofrece la posibilidad de instalar una fuente en el corazón de un estanque. El repiqueteo del agua, pese a ser repetitivo, nunca resulta monótono y tiene efectos terapéuticos que alivian el estrés. Además, al ser cerrados, los patios conservan la fragancia de las flores. El *Helichrysum serotinum* (manzanilla yesquera) puede evocar recuerdos de un viaje pasado a Asia, mientras que el perfume inolvidable de las lilas puede recordarnos un ramo de novia. Las fragancias traen a la memoria vivencias personales. Una amante del novelista H. G. Wells afirmaba que el cuerpo de su amado olía a miel, un aroma que podría haber revivido plantando bulbos con perfume meloso, como el *Crocus chrysanthus* o la *Iris danfordiae*. Ambos pueden cultivarse junto a los senderos y también en recipientes como macetas y jardineras de ventana.

DECORACIÓN DE PATIOS

Los tiestos esculturales y ornamentales añaden interés a los patios. Las tinas grandes son excelentes para cultivar *Clematis macropetala*, la cual despliega su maraña de tallos y flores de dos tonalidades de azul entre finales de primavera y comienzos de verano. Además, la clemátide presenta infrutescencias sedosas y aterciopeladas.

▶ *Los estanques ornamentales tienen propiedades tranquilizantes y terapéuticas, lo cual los torna elementos perfectos para un patio.*

terrazas soleadas

Se denomina «terraza» a la zona al aire libre y normalmente pavimentada que conecta la casa con el jardín. Suele estar delimitada por una balaustrada o un murete. Muchas viviendas poseen un espacio llano en la parte trasera que puede utilizarse para crear una zona de esparcimiento a cielo abierto.

Legado ancestral

Los paisajes aterrazados con vistas magníficas eran célebres ya en la antigua ciudad egipcia de Tebas hacia 1500 a. C. Este estilo de jardinería fue avanzando hacia el oeste, hasta llegar a Italia, donde las terrazas ofrecían vistas a los magníficos parajes rurales y se consideraban símbolos de estatus y de poder. Durante la Edad Media, en las murallas de los castillos se construyeron miradores que venían a sustituir la función de las terrazas. En la España del siglo XIII hallamos construcciones similares en los jardines de las laderas de la Alhambra. El paisajista británico Humphry Repton (1752–1818) era un apasionado de las terrazas; en el siglo XVIII surgió en Inglaterra una nueva versión conocida como «paseo aterrazado», en la que, en lugar de pavimentación, se utilizaba césped para cubrirla. Estos paseos, rectos o ligeramente curvos, solían ser alargados y situados estratégicamente para ofrecer vistas sobre el paisaje aledaño.

Terrazas versátiles

La mayoría de las zonas pavimentadas en países de clima templado son terrazas, por lo general situadas junto a una casa, a cielo abierto y, siempre que es posible, orientadas para recibir la máxima luz solar (a diferencia de los patios, propios de los climas cálidos, en los que disfrutar de sombra es esencial). El suelo de las terrazas puede ser tanto de losas de piedra natural, ideal para zonas rurales, como de baldosas de pavimentación acordes a las necesidades de la vida actual. Para dar un toque aún más informal a los suelos de piedra natural pueden plantarse hierbajos, como lengua de pájaro, entre las losas de forma irregular. Si dispone de una terraza formal con vistas a un jardín, elija baldosas de pavimentación de colores vivos y superficie lisa y dispóngalas, por ejemplo, a modo de damero. En aquellas zonas formales en las que se desee realzar la belleza de las plantas, opte por baldosas de colores más apagados y, a ser posible, con superficies rugosas.

◀ *Las terrazas orientadas al sur disfrutan del sol durante el verano. Un estanque con un surtidor refrescará el ambiente en los días calurosos.*

Las terrazas amplias suelen incluir arriates elevados, en los que puede plantar arbustos y árboles pequeños que le proporcionen sombra. Remate la decoración con tinas, abrevaderos ornamentales de piedra, macetas, jardineras o celosías.

Balaustradas y muros

En la Antigüedad clásica, todas las terrazas tenían balaustradas de piedra labrada. Hoy en día, este magnífico elemento arquitectónico puede utilizarse para imprimir un toque clásico. Las balaustradas encajan sobre todo con la arquitectura formal y, en cambio, desentonan en espacios modernos de colores vivos, donde resulta más acertado construir un muro

con bloques de celosía y paramento de hormigón. Recuerde que la seguridad debe ser una prioridad en cualquier terraza con vistas a una pendiente pronunciada, sobre todo si van a utilizarla niños. En estos casos, conviene levantar un muro o pretil de 75 cm de alto.

Las balaustradas de madera son poco comunes, pero las empalizadas típicamente rurales, de unos 75 cm de altura, resultan idóneas para las terrazas con suelos de baldosas de colores vivos y superficie lisa. Quedan muy bonitas pintadas de blanco y, si desea preservar su intimidad, puede dotarlas de más altura.

▼ *El suelo de la terraza debe ser resistente a las inclemencias climáticas y estar algo inclinado para alejar el agua de la lluvia de la casa.*

▲ *En las zonas del patio en las que dé el sol durante el verano, resguarde las ventanas con toldos que puedan recogerse en otoño.*

patios

La historia de los patios se remonta a hace más de mil años. Se consideraban un espacio funcional clave en las fortificaciones y castillos, y constituían parte integral de los palacios de los gobernadores musulmanes de Arabia, el norte de África y España, donde resguardaban de un sol inclemente.

Sombreados y aislados

En la actualidad, los patios urbanos acostumbran a ser pequeños y a estar aislados y protegidos de los fuertes vientos, aunque en los lugares en los que las cancelas se encuentran situadas en el lado norte se corre el riesgo de que los fríos vientos invernales quemen el follaje de las plantas perennes. En todos los patios hay alguna zona que queda a la sombra, pero esto no debe ser motivo de preocupación, ya que muchas plantas, incluidos los helechos, crecen en suelos húmedos y con sombra (*véanse* págs. 66–67). Además tiene la posibilidad de cultivar toda suerte de plantas, desde arbustos hasta bulbos, en maceteros y colocarlos en zonas donde dé el sol.

El aislamiento y la sombra son algo muy preciado por los jardineros, sobre todo en aquellas poblaciones en las que no es fácil disfrutar de privacidad. Durante el día, los patios brindan cobijo de la intensa luz solar, pero al anochecer la penumbra puede resultar demasiado intensa. Para solucionar este problema,

▶ *Por naturaleza, los patios son lugares aislados y a la sombra. Decórelos con plantas que prosperen en zonas umbrías.*

encargue a un electricista cualificado que instale focos e iluminación indirecta en el patio.

Algunos apartamentos situados en sótanos tienen zonas enclaustradas, que pueden hacer las veces de patios y decorarse con plantas en recipientes. Si el ascenso al nivel de la calle se efectúa mediante escaleras de piedra, ornamente los lados de los escalones con rastreras como las formas variegadas de *Vinca minor* (hierba doncella). La postrada *Lysimachia nummularia* (planta del dinero) también realza

los bordes de los escalones y crece bien en la semisombra. Para añadir color, elija la variedad «Aurea», de hojas amarillas, pero tenga en cuenta que no prospera en las zonas umbrías.

Pavimentación de los patios

La variedad de materiales para pavimentar los suelos de los patios es muy amplia. Las lajas o lanchas, unas losas grandes envejecidas, son ideales para embellecer el suelo, aunque también son caras y difíciles de encontrar. Otras

opciones son los ladrillos de pavimentación, los adoquines de granito y las piedras reconstituidas. Los guijarros son otra posibilidad, pero no resulta fácil caminar por ellos.

Mobiliario y verjas para patios

El mobiliario de hierro forjado o aluminio con aspecto envejecido y ornamental combina perfectamente con los patios enclaustrados y sombreados. Los muebles de metal no ferroso no se deterioran, aunque hay que lijarlos en primavera para eliminar el liquen y el musgo.

Los muebles de madera, como los bancos y las mesas a conjunto, son productos estrella del mobiliario de jardinería. A finales de otoño, afiance cada pata sobre un ladrillo y recubra la mesa con un plástico para protegerla del clima invernal. Los muebles plegables de madera presentan la ventaja de que pueden guardarse a cubierto. Las verjas decorativas de hierro forjado realzan la entrada a los patios ajardinados. Además de no destacar tanto como las verjas de madera, permiten observar los aledaños desde el interior del jardín.

▲ *Ningún patio está completo sin muebles. Los de hierro forjado son ideales para los espacios reducidos, porque ocupan poco y se pliegan.*

MOTELES DE ANTAÑO

En el Lejano Oriente y Oriente Próximo, los caravasares se conocen desde hace varios siglos. Estas posadas construidas alrededor de un atrio, proporcionaban a los mercaderes y viajeros un lugar seguro donde apostar sus caravanas y disfrutar de paz y tranquilidad mientras hacían un alto en el camino.

pérgolas, arcos y espaldares

Las estructuras como las pérgolas se conocen en los países cálidos desde tiempos remotos. En Egipto ya se utilizaban para soportar las vides y dar sombra. Los italianos asimilaron el concepto y, actualmente, «pérgola» significa cenador, emparrado o paseo de enramadas cubierto por viñedos.

Una pérgola para cada jardín

Existen pérgolas formales, informales e, incluso, orientales. Las construidas con postes rústicos, generalmente a horcajadas sobre senderos, son idóneas como soporte para las trepadoras frondosas, como la *Vitis vinifera*. Las hojas de esta variedad de vid tienen una forma más irregular o salvaje que la de la vid común. Si desea decorar su pérgola con una enredadera de flores aromáticas y de aspecto informal, elija la *Lonicera periclymenum* «Belgica» (madreselva). La variedad japonesa, la *Lonicera japonica,* también exhibe una inflorescencia pintoresca.

Las pérgolas fabricadas con madera cepillada, con montantes y vigas transversales escuadradas ofrecen el soporte ideal para cultivar glicina. Aunque ésta puede trepar por la pared de una casa, es más aconsejable que lo haga donde las flores puedan colgar en grandes cúmulos libremente. La glicina es una trepadora vigorosa y drena muy rápidamente cualquier humedad existente en el suelo que bordea el perímetro de la casa, lo cual puede tener efectos nocivos tanto para la vivienda como para las plantas cultivadas junto a ella.

Para conferir cierto aire oriental a las pérgolas corte los extremos de las vigas y los maderos en ángulo de 45 grados. Las pérgolas voladizas son otra variedad. Puede lograrse que adopten el aspecto de un cenador podando las enredaderas de tal modo que se enlacen a las vigas y los montantes. Asegure las vigas transversales a las paredes con escuadras y a los montantes de madera con ejiones.

◀ *Las pérgolas suelen ser rectas y cubrir senderos, si bien puede utilizarlas para encerrar una zona circular, como la de la imagen.*

Arcos y arquerías

En su forma más simple, los arcos son estructuras curvas que descienden sobre un sendero y recubiertas de enredaderas, desde rosas trepadoras hasta herbáceas frondosas como el *Humulus lupulus* «Aureus» (lúpulo). El ingenio de los jardineros ha dado lugar a arcos de las más diversas formas y dimensiones, incluidos los arcos de cruce o a cuatro aguas que presiden las confluencias de los senderos.

Los arcos no sólo añaden altura al jardín sino que constituyen puntos focales en los que cultivar trepadoras. Los metálicos se usan cada vez más para cubrir los senderos de rosas y como motivos decorativos de las zonas de césped, donde, revestidos de plantas frondosas, desempeñan la función de un cenador. Una arquería de metal o madera anexa a un muro o una verja permite disfrutar de una pérgola vistosa y romántica.

Espaldares

Antiguamente, los espaldares se sobreponían a las paredes, pero la tendencia actual es utilizarlos sin soportes para delimitar un espacio íntimo y crear recovecos con distintos ambientes.

Los entusiastas de las rosas sienten inclinación por los espaldares no empotrados, porque les permiten cultivar más trepadoras. Al final de un manto de césped, erija una línea de paneles de espaldar y entrecrúcelos con otros más cortos en ángulo recto, como si se tratara de compartimentos de establos. Para ampliar el abanico de formas de la composición floral, integre rosas trepadoras y enredaderas enlazadas a postes rústicos y trípodes de madera serrada.

▲ *Las flores desplegadas a la altura de la vista componen jardines magníficos que permiten apreciar su belleza y perfume en toda su plenitud.*

▼ *Los espaldares sobrepuestos a una pared permiten cultivar plantas enredaderas que necesitan de un soporte para desarrollarse.*

cenadores y túneles

Existen cenadores y túneles de los más diversos tamaños y formas, admirados por el romanticismo y la frondosidad que exhalan. Los cenadores suelen estar recubiertos de trepadoras con flor, mientras que los túneles los forman árboles frutales o florales guiados por una estructura de madera o metal.

▲ *El laburno podado siguiendo el contorno de los arcos metálicos está repleto de largos racimos colgantes de flores amarillas durante finales de primavera y principios de verano.*

Un cenador para cada jardín

Existen cenadores para todo tipo de jardines. Muchos de ellos son adecuados para zonas pequeñas, ya que pueden colocarse en rincones o en paralelo a paredes. Se comercializan cada vez más totalmente construidos o listos para montar, por lo común acompañados por un banco a conjunto. Los de tipo informal están elaborados con postes rústicos, mientras que los formales lo están con madera serrada. Algunos son de hierro forjado y presentan un aspecto envejecido y delicado que encaja a la perfección con las rosas y otras trepadoras menos vigorosas, como la *Clematis orientalis* (clemátide oriental), la *C. tangutica* y la *C. macropetala*.

Los cenadores ubicados en el corazón del jardín resultan muy atractivos a la vista. Deben colocarse sobre una base pavimentada sólida en la que disponer sillas, bancos o una mesita. Algunos se alzan sobre una base ligeramente elevada, una opción adecuada para los jardines formales. En cambio, los cenadores rústicos rodeados por un área pavimentada con piedra natural quedan mejor a ras de suelo. El enlosado de diseño irregular ofrece un aspecto semiformal y suele combinar más con cenadores construidos en el mismo nivel que el terreno.

Túneles

Los túneles son ideales para conducir a las personas de una parte del jardín a otra. Además, pueden rematarse en el extremo final con un reloj de sol, un pozo ornamental o un banco. Resultan sumamente decorativos, sobre todo si están recubiertos de laburno o rosas trepadoras. Otra opción para crear un túnel consiste en plantar manzanos y perales y revestir con ellos una serie de arcos metálicos a modo de arquería. Antiguamente eran populares los túneles frutales de zarzamora y los paseos de castaños, si bien éstos no tenían estructuras metálicas, sino que las ramas se podaban con forma de arco.

Un túnel largo en un jardín de pequeñas dimensiones pondría de relieve el modesto tamaño del espacio. Dado que se trata de elementos simétricos, los túneles acostumbran a colocarse en puntos centrales. En los jardines divididos diagonalmente por un espaldar no empotrado puede diseñarse el túnel de tal manera que biseque el espaldar y conduzca la mirada hacia otro punto del jardín. Disponga un herbario en un extremo del túnel frutal o bien coloque un reloj de sol o un banco que funcionen como motivos ornamentales, y, para culminar la obra, rodéelos con un sendero circular de gravilla embellecido con arriates.

▲ Esta glorieta de hierro forjado constituye una estructura abierta, ideal para las rosas trepadoras y enredaderas con flores colgantes.

▲ Los rincones enclaustrados, recubiertos por bóvedas de trepadoras frondosas y florales, crean recovecos románticos en los jardines.

◄ Los cenadores pequeños pueden constituir elementos llamativos, sobre todo si se colocan sobre una superficie rígida rodeada de arbustos.

porches y entradas

Los porches sirven para resguardar de la lluvia. Habitualmente, los grandes y ornamentados se construyen en la puerta delantera, mientras que los menos decorativos y más funcionales se destinan a la trasera. También es posible fijar arcos rústicos o formales a las paredes de alrededor de las puertas.

Porches embellecedores

Una zona desnuda, desprovista de toda decoración, alrededor de la puerta delantera transmite la impresión de falta de imaginación o de descuido, mientras que, si esa misma zona se decora con un porche, se realzará la belleza de la casa y del jardín, en especial si éste está repleto de plantas o flores. En los casos en los que no sea posible construir una estructura permanente de ladrillo, puede colocarse un simple arco. Actualmente se comercializan arquerías listas para montar. En las casas rurales tradicionales, utilice arcos rústicos y, en las modernas, arcos de estilo formal. Si es necesario ofrecer una protección adicional para las inclemencias del tiempo, coloque un dosel de madera en la parte superior a modo de techo plano o en pendiente. Las trepadoras acabarán por recubrirlo. Fije bien el arco a la pared y asegúrese de que los cuatro postes estén afianzados al suelo con cemento y bien firmes. Las trepadoras pueden llegar a pesar mucho y los vientos invernales podrían derribar o desencajar las estructuras débiles.

El interior de los porches amplios puede decorarse colgando tiestos con plantas delicadas de colores vivos (recuerde colocar siempre un plato en la base del tiesto para recoger el agua que pueda filtrarse). En verano, dichas plantas pueden ir desde la *Campanula isophylla* (estrella de Italia) hasta el *Chlorophytum*

◄ *Las trepadoras ornamentan las entradas e inundan el jardín y la casa de un ambiente cálido y agradable.*

comosum «Variegatum» (cintas) y la *Tradescantia* (amor de hombre). Además, en verano puede engalanar la parte exterior con tiestos colgantes fijados en soportes. Tenga cuidado con no colocarlos donde sean fáciles de golpear o en puntos en los que el agua del riego pueda caer sobre otras plantas. Las anuales resistentes plantadas en recipientes a ras de suelo aguantan a la intemperie todo el año. Entre ellas se cuentan las coníferas estrechas, los setos recortados y los laureles, que se cultivan en macetones.

Las flores y las plantas frondosas no sólo aportarán belleza a su porche, sino que lo mantendrán colorido durante todo el año. Para decorar su porche de construcción, adquiera paneles de celosía y fíjelos a ambos lados de la puerta, a unos 23 cm del borde exterior del porche, y siembre plantas perennes variegadas o plantas que florezcan en distintas épocas del año para recubrirlos.

Verjas y entradas embellecedoras

Para dar luz a un jardín bordeado por un seto, por ejemplo, un ligustro común o un tejo, pode las ramas de éste formando un arco sobre un sendero. La poda le llevará varios años y ofrece mejores resultados cuando se efectúa en un seto alto. Para las sendas largas, coloque un arco de metal o madera a unos dos tercios del camino y utilícelo como guía. Los arcos metálicos recubiertos de rosas trepadoras casan tanto con zonas formales como informales. En cambio, los arcos construidos con maderos rústicos deben restringirse a los jardines campestres, donde quedan particularmente vistosos recubiertos de madreselvas o jazmines.

Si carece de espacio para tener un arco, flanquee la entrada con un par de columnas de rosas para hacerla más atractiva.

▲ Los porches pequeños ofrecen un refugio útil y lindo. Para unificar el exterior de la vivienda, puede bordearla mediante una valla perimetral.

▼ Las cancelas de hierro forjado y las entradas rústicas lucen más cuando se rematan con un arco de madreselvas o rosas.

proyectar
el jardín

condiciones especiales

Para aprovechar al máximo su jardín debe saber qué planta seleccionar para cada rincón. Algunas requieren mucha luz, otras prefieren la sombra, y ciertas especies pueden cultivarse bajo distintas condiciones. Si vive cerca de la playa, deberá cultivar plantas capaces de sobrevivir en zonas de viento y arena. Por otro lado, si su jardín está situado en una ladera, le convendrá conocer algunos consejos sobre jardinería en zonas difíciles. Aunque muchos de estos factores pueden quedar fuera de su control, son muchas las posibilidades convertir su jardín en un auténtico pensil.

adecuación al terreno

A todos los jardineros les gustaría tener una parcela de terreno ideal: bien drenada, fértil, sin plagas ni malas hierbas, que retuviera la humedad en el verano y con un ligero declive hacia el sur para alentar la floración en primavera y proteger las plantas de los vientos gélidos en invierno.

Evaluación del suelo

En términos generales, los suelos pueden ser sueltos o arenosos, fuertes o arcillosos, y medios o francos. Antes de cultivar un jardín deberá evaluar la composición del suelo. Si la tierra forma terrones y se le adhiere a las botas quiere decir que contiene arcilla. Otro modo de averiguar la composición del suelo consiste en tomar un poco de tierra y comprobar si se escurre entre los dedos. Si presenta una textura

pastosa, resbaladiza y grasienta, el suelo contiene arcilla; en cambio, si se deshace dejando un rastro de arena, será suelto o arenoso.

Para llevar a cabo una evaluación más científica, llene de tierra hasta la mitad un tarro con tapón de rosca y añada un tercio de agua. Agítelo enérgicamente y déjelo reposar una hora. Las piedras se posarán en la base y, sobre ellas, se depositarán la arena gruesa, la fina, el limo y la arcilla. Los materiales orgánicos flotarán en la superficie. La proporción de cada capa le permitirá hacerse una idea aproximada de la composición del suelo.

Mejora de un suelo arcilloso

Lo más importante es mejorar el drenaje y la aireación. Si el agua queda estancada en la superficie, instale sumideros (*véanse* págs. 90–91) y, en invierno, aporte cantidades abundantes de material voluminoso como estiércol bien descompuesto o compost de jardín, y dé una labor para incorporarlos al suelo. El suelo de las zonas pequeñas puede mejorarse

añadiendo tierra vegetal, si bien esta opción puede resultar algo cara para jardines grandes. En invierno, espolvoree la superficie del suelo con cal hidratada o caliza detrítica para que la arcilla se apelmace y, así, retenga mejor el agua. No añada fertilizantes simultáneamente, y compruebe siempre la acidez del suelo para averiguar la cantidad de cal que debe aplicar (*véase* tabla inferior).

Mejora de un suelo arenoso

Los suelos arenosos son fáciles de cultivar, ya que se templan a principios de primavera y nunca quedan anegados. Por desgracia, debido a que el agua se drena muy rápidamente, las plantas sufren carencias de humedad y

◄ *Un método sencillo para analizar el suelo consiste en mezclar un poco de tierra con agua, dejarlo reposar y comprobar su composición.*

CORRECCIÓN DE LA ACIDEZ		
Suelo	**Cal hidratada**	**Caliza detrítica**
Arcilloso	610 g/m²	810 g/m²
Margoso	410 g/m²	540 g/m²
Arenoso	200 g/m²	270 g/m²

nutrientes. Este tipo de suelos puede mejorarse abonándolo con estiércol bien descompuesto y compost de jardín. Otros métodos para potenciar la retención de la humedad son mantener un mantillo de unos 7,5 cm de grosor sobre el suelo durante el verano para evitar la evaporación o instalar aspersores de agua.

Evaluación de la acidez del suelo

La acidez o alcalinidad del suelo se mide aplicando una escala de pH que va del 0 al 14, con un valor neutro de 7,0. Las cifras inferiores a 7,0 indican una mayor acidez, mientras que las superiores señalan una mayor alcalinidad. La cantidad de cal que debe incorporarse para reducir la acidez depende del suelo (*véase* tabla anterior) y del tipo de cal que se aplique.

Puede averiguar si un suelo es ácido o alcalino con uno de los test de cal comercializados. Lo único que debe hacer es mezclar un poco de tierra con agua y productos químicos y contrastar el color obtenido con la tabla de colores. También existen detectores de pH apropiados para jardineros daltónicos.

Si el suelo de su jardín es alcalino, dele una labor y mézclelo con abundancia de compost de jardín o estiércol bien descompuesto y use fertilizantes ácidos, como sulfato de amoníaco. O bien cultive plantas en arriates elevados con suelo franco, o cultive plantas calcícolas. Si es ácido, aplique cal después del desfonde de invierno. La cantidad de cal dependerá del grado de acidez. Las cantidades de la tabla corresponden a cada 1,0 de pH. Un suelo con un pH de 6,5 se considera óptimo.

▶ *Añada compost de jardín o estiércol bien descompuesto al suelo justo antes de la cava de finales de otoño o invierno.*

análisis de la acidez o alcalinidad

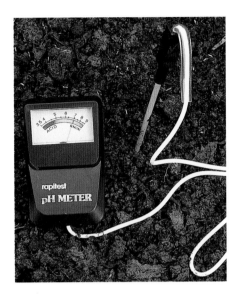

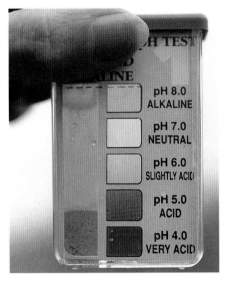

1 Los medidores de pH permiten evaluar con facilidad la acidez o alcalinidad del suelo. Este aparato resulta de suma utilidad para los jardineros daltónicos. Cuando no lo utilice, guárdelo en un armario seco.

2 Los kits para comprobar la cantidad de cal del suelo son baratos y fáciles de usar. Contraste el indicador de color con el gráfico para conocer el nivel de acidez o alcalinidad de su terreno.

jardines con desniveles

Un jardín llano es una ventaja, sobre todo a la hora de crear caminos de fácil accesibilidad para sillas de ruedas o zonas de juegos para niños. Pero los desniveles ofrecen la oportunidad de crear un jardín lleno de emoción. No se preocupe si el suyo se halla en una ladera o un terraplén pronunciado.

Ideas prácticas

En lugar de intentar trabajar contra natura, olvidándose del contorno natural de su jardín, aproveche este elemento en su favor. Trasladar tierra para nivelar grandes superficies es agotador y lleva mucho tiempo, incluso aunque se alquile maquinaria. Además, siempre se corre el riesgo de enterrar la capa arable del suelo (los 30 cm superficiales, que son los mejores para cultivar plantas) bajo capas de subsuelo. Por otro lado, cuando se excava el suelo, éste aumenta de volumen y recolocarlo en otra zona puede resultar bastante problemático hasta que se estabilice. Cabe añadir el riesgo de destruir el drenaje natural del terreno.

TRASLADO DE TIERRA A ZONAS MÁS ALTAS

Para trasladar grandes cantidades de tierra a zonas más elevadas, ate una cuerda a la parte frontal de la carretilla, de tal modo que pueda ayudarle a tirar de ella otra persona. Siempre que sea posible, coloque tablones en el suelo para evitar que las ruedas queden atascadas.

▶ *Salve las pendientes pronunciadas con largos tramos de escaleras serpenteantes intercalados con descansillos.*

Senderos en laderas

Si se ha aterrazado una ladera en varios niveles, lo más normal es unirlos mediante escaleras. Conviene añadir, además, una rampa poco inclinada (en un lateral, si se desea que pase inadvertida) para poder desplazar fácilmente

la carretilla por el jardín. Pueden colocarse grandes pasaderas para recorrer un sendero de césped, pero su uso continuo podría acabar deteriorando el césped. Para las sendas en pendientes pronunciadas, opte por una superficie firme que resista el invierno y por un

material que no resbale al humedecerse o mojarse. En lugar de aterrazar todo el jardín o de salvar la pendiente con una vereda recta, puede trazar senderos serpenteantes que bordeen la ladera. Todos los senderos deben tener unos cimientos sólidos.

Terraplenes escarpados

Construir un terraplén cubierto de césped constituye una alternativa económica a levantar un muro de contención. El terraplén no debe presentar una inclinación superior a 45°. Para el cuidado del césped, utilice una segadora manual. Redondee la parte superior de la pendiente para reducir el riesgo de que las cuchillas de la segadora arranquen el césped de raíz. Apelmace el suelo con turba para evitar que las semillas se deslicen hacia la base del terraplén antes de germinar. En las zonas formales, separe los terraplenes recubiertos de césped con una escalera de ladrillo o baldosas de pavimentación. En las fincas rurales, puede construir los escalones con troncos de madera, una solución más rápida y fácil de instalar.

Muros de contención

Además de retener el suelo y separar un nivel de otro, los muros de contención permiten cultivar plantas de rocalla. Los muros en seco pueden decorarse plantando flores, plantas arbustivas y bulbosas en la abertura superior y tapizando las paredes con enredaderas. Los muros de contención no deben superar los 1,2 m de altura. Rellene la parte posterior del muro con

material de drenaje grueso para evitar que la presión del agua derruya las paredes. Además, deberá dejar agujeros de drenaje cada 1,2 m en la base para que el agua corra libremente.

Otra técnica para impedir que un muro de contención se derrumbe consiste en construirlo con una leve inclinación hacia atrás, asegurándose siempre, eso sí, de que tenga unos cimientos sólidos.

Jardines hundidos

Las áreas del jardín situadas bajo el nivel del suelo deben estar bien drenadas. Si no es el caso, instale sumideros para canalizar el agua hasta un desagüe próximo. Esto reviste vital importancia cuando el agua del resto del jardín o del jardín de algún vecino desemboca en la zona en la que se encuentra el jardín hundido. Este tipo de jardines acostumbra a ser

bastante formal y estar compuesto por un tepe circundado por un muro de piedra seca de unos 90 cm de altura. Incorpore un acceso para poder introducir el cortacésped.

Muro de contención

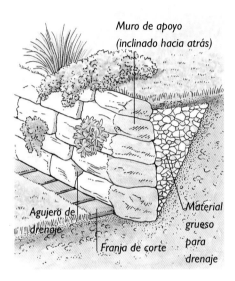

Muro de apoyo (inclinado hacia atrás)

Agujero de drenaje

Franja de corte

Material grueso para drenaje

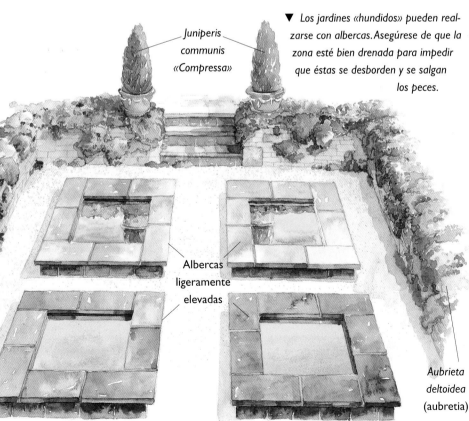

Juniperis communis «Compressa»

▼ Los jardines «hundidos» pueden realzarse con albercas. Asegúrese de que la zona esté bien drenada para impedir que éstas se desborden y se salgan los peces.

Albercas ligeramente elevadas

Aubrieta deltoidea (aubretia)

Aubrieta deltoidea (aubretia)

jardines con forma

Sea cual sea la forma de una parcela (alargada, estrecha, ancha, cuadrada o incluso triangular), puede transformarla en un vistoso jardín. Es más, las zonas que a primera vista parecen tener una silueta imposible suelen dar lugar a los jardines más interesantes.

Proyectar un jardín

Puede proyectar un jardín tan formal o informal como desee, al margen de cuál sea su silueta. Para crear un ambiente tranquilo, opte por una superficie de césped de contorno serpenteante, con senderos sinuosos y un cerezo que dé flor en primavera. Si, por el contrario,

desea crear un diseño más formal, dele al césped una silueta cuadrada o rectangular y rodéelo con lechos de flores. Evidentemente, éstos son sólo dos ejemplos básicos y contrastantes. A continuación, analizaremos otras muchas composiciones. Tenga en cuenta que los árboles y arbustos (es decir, los elementos principales de la estructura del jardín) crecen, por lo que a veces será necesario podarlos o trasplantarlos. Además, las necesidades de una familia con niños cambian cuando éstos crecen. Por lo general, las zonas con césped habilitadas para juegos se transforman entonces en elementos más complejos.

Disfrutar de intimidad

Dado que en las casas de nueva construcción los jardines son cada vez más pequeños, cada día resulta más difícil tener intimidad. Para resguardar su jardín puede utilizar espaldares no empotrados recubiertos de rosas y otras trepadoras, túneles de árboles frutales y laburno, o pérgolas revestidas de glicina y setos. Las

glorietas también crean espacios íntimos. Otro modo excelente de disfrutar de privacidad consiste en construir un cenador junto a una pared o verja perimetral de tal modo que sus ventanas ofrezcan vistas sobre el jardín y abra paso a una pérgola.

Jardines alargados y estrechos

Son los típicos jardines urbanos y ofrecen la posibilidad de crear una serie de cuadros pequeños diferenciados y entrelazados. Para disfrutar de un rincón recoleto durante todo el año, plante setos perennes, como el *Taxus baccata* (tejo), de hoja color verde oscuro, o el *Cupressus macrocarpa* (ciprés de California), de fronda verde claro, y pódelos dándoles forma de arco. Los espaldares de pie y los arcos constituyen soportes ideales para las rosas trepadoras

◄ *Casi todos los jardines pueden decorarse con un pedregal, siempre que el suelo esté bien drenado. Las coníferas aportan altura y color.*

FORMAS CAMBIANTES

Dependiendo del punto en el que se encuentre, la forma de un estanque circular puede parecer distinta. Si se observa un estanque redondo desde una ventana cercana, se verá circular. En cambio, a nivel de tierra y visto desde la distancia, su forma puede parecer ovalada.

y otras enredaderas caducifolias, cuya inflorescencia estival genera nuevos rincones aislados. Por su parte, la trepadora herbácea *Humulus lupulus* «Aureus» (lúpulo), de flor amarilla, florece en verano, desplegando un impresionante colorido. A menos que se desee ofrecer una vista central del extremo final del jardín, por ejemplo, haciendo que una estatua pueda verse claramente a través de una arquería, modifique la dirección del sendero en cada cuadro para dotar de misterio a la parcela.

Formas cortas y anchas

Los jardines con este tipo de forma deben diseñarse con sumo cuidado para que no parezcan demasiado anchos con relación a su profundidad. La ausencia de un foco de atracción podría confundir a la vista. Erija una celosía decorativa que atraiga la mirada. El resto de los elementos no debe verse de manera

tan inmediata. Las pérgolas y los espaldares permiten ocultar el jardín a las casas colindantes. Si dispone de un espacio más amplio, puede instalar un reloj de sol o una esfera armilar sobre un pedestal de baja altura circundado por césped y lechos de rosas. También puede colocar un cenador a modo de elemento central en último plano y plantar césped delante para que jueguen los niños.

Los espaldares no empotrados con un entramado cuadrado o romboidal componen pantallas formales y son fáciles de instalar. Las pérgolas rústicas cubiertas con madreselva son más apropiadas para jardines rurales. La *Clematis montana* combina con cualquier espaldar.

▶ *Diseñe el jardín de tal modo que no pueda verse a simple vista. Los setos y las pantallas frondosas sirven para separar las distintas zonas.*

▼ *Los arcos revestidos de trepadoras frondosas y bien afianzados en el suelo delimitan las distintas zonas del jardín sin escindirlas del todo.*

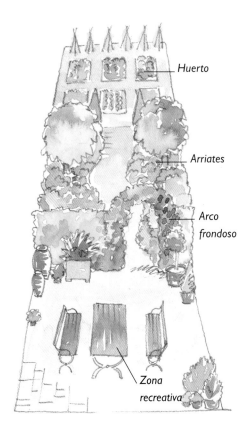

Huerto

Arriates

Arco frondoso

Zona recreativa

jardines a pleno sol

Muchas plantas, incluidas las anuales resistentes, las herbáceas perennes y los arbustos, se desarrollan bien a pleno sol. Por desgracia, el sol intenso conlleva necesariamente un suelo árido, pero esto no constituye un problema sin solución. Muchísimas plantas brotan en estas condiciones.

Suelos áridos

El sol intenso implica necesariamente suelos áridos y pobres, a menos que se tomen medidas para mejorarlos. Entre ellas se cuentan abonar la tierra con compost de jardín o con estiércol bien descompuesto para aumentar la capacidad del suelo de retener la humedad o regar el suelo a conciencia y cubrirlo con un mantillo de aproximadamente 7,5 cm de espesor para potenciar la retención de la humedad y mantener la tierra fría. En los jardines de rocalla y pedregales, añadir un mantillo de gravilla o cascajos ayudará a conservar el suelo frío y húmedo.

Anuales resistentes para zonas soleadas

Algunas anuales resistentes crecen bien en zonas soleadas o de semisombra, mientras que otras se desarrollan mejor a pleno sol. Abonar el suelo con compost de jardín o estiércol bien descompuesto en invierno y regarlo regularmente durante el verano contribuye al florecimiento de dichas plantas, sobre todo en los lugares secos y calurosos. Entre las anuales resistentes que prosperan en solanas se cuentan las siguientes:

- *Agrostemma githago* «Milas» (neguilla)
- *Argemone mexicana* (adormidera espinosa)
- *Asperula orientalis* (asperilla olorosa)
- *Calendula officinalis* (maravilla)
- *Carthamus tinctorius* (cártamo)
- *Centaurea cyanus* (aciano)
- *Eschscholzia californica* (amapola de California)
- *Godetia amoena* (godetia)
- *Gypsophila elegans* (flor de la ilusión)
- *Helichrysum bracteatum* (flor de paja, siempreviva o inmortal)
- *Iberis amara* (zarapinto)
- *Limnanthes douglasii*
- *Malope trifida* (malva anual)
- *Nicandra physaloides* (manzana del Perú)
- *Nigella damascena* (arañuela)

▶ *La* **Achillea** *(milenrama) florece a pleno sol y crea contrastes espectaculares con la madreselva, planta perenne resistente de ciclo bianual.*

- *Phacelia campanularia* (facelia tanacetifolia)
- *Scabiosa atropurpurea* (escabiosa o viuditas)

Plantas herbáceas
para borduras soleadas

Debido a que las herbáceas perennes producen hojas, flores y tallos nuevos cada año,
necesitan crecer rápidamente y sin restricciones entre la primavera y el otoño. Muchas
plantas oriundas de la región mediterránea
sobreviven a pleno sol en suelos áridos, sobre
todo las de hojas plateadas. Entre ellas se cuentan las siguientes:

- *Achillea millefolium* (milenrama)
- *Alstroemeria ligtu* «Hybrids» (azucena peruana
  o flor del gallo)
- *Anaphalis margaritacea* (siempreviva perlada)
- *Asphodeline lutea*
- *Baptisia australis* (índigo silvestre)
- *Buphthalmum salicifolium*
- *Catananche caerulea* (azulejo noble o hierba
  cupido)
- *Centaurea macrocephala*
- *Echinops ritro* (cardo yesquero)
- *Eryngium* (eringio marítimo)
- *Gypsophila paniculata* (gisófila)
- *Heliopsis helianthoides scabra*
- *Limonium latifolium*
- *Nepeta x faassenii* (albahaca o, también, menta
  de gato)
- *Solidago* (vara de oro)
- *Stachys byzantina* (ortiga lanosa)

Arbustos para borduras soleadas

Antes de plantar los arbustos es esencial preparar bien el suelo de las borduras situadas en
lugares áridos y soleados. Los arbustos que
mejor prosperan a pleno sol son los siguientes:

- *Artemisia abrotanum* (abrótano macho)

- *Artemisia absinthium* (ajenjo)
- *Brachyglottis* «Sunshine» (más conocido como
  Senecio «Sunshine»)
- *Buddleja davidii* (budleia)
- *Caryopteris x clandonensis*
- *Ceratostigma willmottianum*

▲ *La Achillea es una herbácea perenne ideal
para cultivar en un arriate seco y expuesto a
una luz solar intensa. Con sus flores pueden
elaborarse bellos y decorativos arreglos florales.*

- *Choisya ternata* (azahar mexicano o naranjo
  de México)
- *Cistus* (jaguarzo)
- *Cytisus x praecox* «Warminster» (retama de
  marfil «Warminster»)
- *Genista aetnensis* (retama del monte Etna)
- *Hebe speciosa* (verónica)
- *Helichrysum serotinum* (manzanilla yesquera)
- *Kolkwitzia amabilis* (kolkwitzia)
- *Lavandula angustifolia* (espliego)
- *Lavatera* «Rosea» (malva real)
- *Romneya coulteri* (adormidera de árbol)
- *Rosmarinus officinalis* (romero)
- *Salvia officinalis* (salvia): variedades con hojas
  de diversos colores
- *Spartium junceum* (retama de olor)

JARDINERÍA EN
RECIPIENTES

La jardinería en recipientes es una práctica
extendida en países cálidos y soleados, donde
se cultiva un amplio abanico de plantas
resistentes al sol en macetas, tinas y jardineras
de ventana. Colocar los recipientes por
grupos, por ejemplo, a un lado del patio,
le facilitará el riego. Además, agrupando los
recipientes, las plantas se mantendrán más
frescas. Si le resulta difícil acceder a las tinas
y las macetas situadas en último término para
regarlas, ate una caña de bambú rígida de
1,2 m de largo al extremo de una manguera
para poder sostenerla recta.

jardines a la sombra

Casi todos los jardines tienen alguna zona con sombra, como bajo un árbol o junto a la casa, una valla o un seto. Estos lugares pueden suponer un problema, pero también permiten cultivar un amplio abanico de plantas. De hecho, muchas plantas crecen a la sombra, tanto en suelos secos como húmedos.

Establecimiento de las plantas

Resulta más difícil lograr que una planta se establezca en una zona seca y sombreada que en un suelo que retenga la humedad. Excave la tierra reseca, abónela con estiércol bien descompuesto o compost de jardín y dele una

▲ Muchas plantas frondosas crecen con fuerza en la sombra. En este rincón húmedo, la Fatsia japonica decora la margen del sendero.

labor para mezclarlos bien. Si el suelo está empobrecido, por ejemplo, si se halla bajo árboles o en torno a arbustos, enriquézcalo con fertilizante, con cuidado de no alentar el crecimiento de las plantas existentes. A tal fin, deposite harina de huesos sólo en el hoyuelo donde va a sembrar la planta y, durante el primer año, aporque la tierra de alrededor del tallo y, con un rastrillo, mézclela con un fertilizante general. Pase lo que pase, riegue las plantas regularmente hasta que se establezcan. Cada primavera, esparza un mantillo de 7,5 cm de grosor alrededor de las plantas. En las zonas húmedas y sombreadas, añada tierra vegetal para drenar el suelo, ya que el estancamiento del agua puede pudrir las raíces de las plantas.

Plantas para sombras secas

Muchos arbustos vistosos sobreviven en sombras secas, como la *Mahonia aquifolium* (mahonia o uvas de Oregón), que posee hojas coriáceas de color verde brillante y flores aromáticas de color amarillo intenso que florecen en primavera, el *Ruscus aculeatus* (rusco), el *Symphoricarpos* y el osmanthus. Entre las herbáceas perennes más resistentes se encuentra la *Anaphalis margaritacea*, de hojas verde grisáceo y

flores blancas nacaradas, cuya inflorescencia tiene lugar a finales del verano. Su pariente cercana, la *Anaphalis triplinervis*, también brota en lugares secos y sombríos. Para obtener una fronda más alta e imponente, plante una *Crambe cordifolia* (col marina), capaz de alcanzar una altura de entre 1,5 y 1,8 m, de cuyos pecíolos brotan flores blancas a principios de verano. Los epimedios se elevan hasta los 30 cm de altura y tapizan el suelo de flores y hojas coloridas. La *Persicaria affinis* (más conocida como *Polygonum affine*) también crea una lucida alfombra en el jardín.

Plantas para sombras húmedas

Algunos arbustos crecen en lugares sombríos con suelo húmedo, como las camelias, cuya floración anuncia la llegada de la primavera, la *Elaeagnus angustifolia*, la *Gaultheria shallon*, la *Gaultheria procumbens* y la *Fatsia japonica*, con sus peculiares hojas aciculares de un verde brillante. Entre las herbáceas perennes se cuentan el *Aruncus dioicus* (barba de chivo), la *Brunnera macrophylla*, la *Cimicifuga racemosa* (raíz de culebra negra), las célebres hostas, la *Lysimachia nummularia* (planta del dinero), la *Pulmonaria angustifolia* y la *Rodgersia pinnata*.

Trepadoras y arbustos para muros a la sombra

Todo muro tiene una cara a la sombra. Por fortuna existen trepadoras que crecen perfectamente incluso en la cara septentrional y menos agradable de los muros.

La *Garrya elliptica,* arbusto perenne, crece tanto en las paredes soleadas como en las sombrías, si bien florece mejor en las primeras. La *Hydrangea anomala petiolaris* (hortensia trepadora) es una trepadora vigorosa capaz de desarrollarse en los muros orientados al norte y al nordeste; sus flores blanco crema brotan a principios de verano. El *Jasminum nudiflorum* (jazmín de invierno) también arraiga bien en las paredes umbrías orientadas al norte y echa flores amarillas en invierno. Varias pyracanthas o espinos con bonitas bayas también trepan por las paredes soleadas y sombrías.

Los helechos y la sombra

La mayoría de los helechos crece a la semi-sombra en suelos húmedos, aunque también los hay que arraigan en zonas secas de sombra cerrada. Consulte en una floristería especializada las variedades de plantas que pueden cultivarse de manera beneficiosa en una bordura a la sombra. Los helechos adecuados para suelos húmedos son el *Asplenium scolopendrium* (lengua de ciervo, también conocido como *Phyllitis scolopendrium* y *Scolopendrium vulgare*), la *Matteuccia struthiopteris* (helecho de pluma de avestruz), la *Onoclea sensibilis* (helecho sensible) y la *Osmunda regalis* (helecho real). Los helechos adecuados para suelos secos y moderadamente húmedos incluyen el popular *Dryopteris filixmas* (helecho macho), el *Athyrium filix-femina* (helecho hembra) y el *Polypodium vulgare* (polipodio común).

PLANTAS RASTRERAS DE SOMBRA

Existen muchas plantas para tapizar suelos sombríos, pero, antes que nada, conviene intentar mejorar la calidad del suelo (*véase* pág. 66). Entre dichas plantas se cuentan:

- *Ajuga reptans* (búgula)
- *Alchemilla mollis* (pie de león)
- *Bergenia* (hortensia de invierno)
- *Epimedium* (epimedio)
- *Hedrea* (hiedra)
- *Hypericum calycinum* (hipérico)
- *Lamium maculatum* (chupamieles)
- *Pachysandra terminalis* (paquisandra)
- *Tellima grandiflora*
- *Tiarella cordifolia* (tiarela)
- *Vinca* (nomedejes o dominica)

▼ *Muchos helechos crecen en zonas húmedas, si bien también algunos lo hacen en suelos secos. Aquí, un ejemplo de helecho con* **Fatsia japonica***.*

jardines de litoral

Los vientos fuertes y el rocío marino cargado de sal son dos de los principales problemas a los que se enfrentan los jardineros del litoral. Por suerte, muchas plantas crecen en estas condiciones, desde coníferas, arbustos y herbáceas hasta bulbos, siempre que se resguarden tras un seto resistente.

Cortavientos y setos

Es posible que en los jardines pequeños dependa de la plantas existentes para frenar la velocidad del viento, pero, si dispone de espacio para colocar una protección, cree un cortavientos con la conífera *Cupressus macrocarpa* (ciprés de California), capaz de generar un seto de hasta 6 m de altura. El híbrido x *Cupressocyparis leylandii* se recomienda en ciertas ocasiones, pero es demasiado vigoroso para un jardín de dimensiones modestas. Si se decide a plantarlo, recuerde podarlo regularmente.

Arbustos para jardines litorales

La gama de arbustos que toleran el rocío salino es considerablemente extensa e incluye, entre otros, el híbrido de crecimiento rápido *Elaeagnus* x *ebbingei,* que alcanza una altura de 3 a 4,5 m en tan sólo doce años. Sus hojas perennes de color plateado sirven de fondo a otras plantas durante las cuatro estaciones. La *Griselinia littoralis* presenta un crecimiento más lento, pero es ideal como seto o como arbusto para arriates. Se trata de una planta perenne, con hojas robustas y lustrosas de color verde manzana, si bien es frecuente verla en una de sus formas variegadas, como la «Dixon's Cream», que tiene las hojas salpicadas de un color blanco cremoso.

La *Hippophae rhamnoides* (espino amarillo) es un arbusto caducifolio resistente que, además de dar bayas naranjas desde otoño hasta el fin del invierno, puede plantarse también a modo de seto. Sus bayas ahuyentan a los pájaros. El arbusto oriundo de Nueva Zelanda *Olearia macrodonta* es perenne, de hoja similar a la del acebo y racimos de florecillas blancas parecidas a la margarita, pero es algo más delicado y crece mejor en zonas cálidas. La *Olearia* x *haastii* es una variedad más resistente para plantar en jardines de zonas frías.

▲ *Muchas plantas ayudan a desdibujar los límites de los senderos, entre ellas la ortiga lanosa* (Stachys byzantina), *de hoja plateada.*

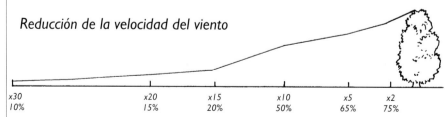

Reducción de la velocidad del viento

x30	x20	x15	x10	x5	x2
10%	15%	20%	50%	65%	75%

Este diagrama simplificado muestra cómo un seto o un cortavientos pueden frenar el viento hasta una distancia de 30 veces la altura del seto o del anillo protector, si bien la mayor protección se brinda en el primer tercio de dicha distancia.

El resistente arbusto caducifolio *Tamarix tetrandra* (tamarisco) tiene un aspecto ralo y atractivo. Llega a alcanzar entre 3 y 3,6 m de altura y, a finales de la primavera, queda recubierto de flores rosadas. Dado que su fronda no es compacta, crece con fuerza en las proximidades del mar, si bien le desagradan los suelos calcáreos. Si necesita vestir grandes extensiones, el arbusto caducifolio absorbente *Symphoricarpos albus* no tiene parangón. En breve cubrirá todo un talud y, además, presenta la ventaja de dar bayas blancas desde principios de otoño hasta las primeras heladas. Existen una o dos variedades magníficas, entre las que destaca la «White Hedge». Si tiene predilección por las flores amarillas, plante el arbusto caducifolio *Spartium junceum* (retama de olor), cuyos racimos de pecíolos verdes lo hacen parecer siempre verde, aunque su rasgo distintivo son las flores amarillas aromáticas que brotan durante la estación estival.

El *Pittosporum tenuifolium* no resiste por completo los climas templados, si bien resulta ideal como seto en un jardín litoral de clima suave. Es célebre por sus hojas de color verde pálido con bordes ondulados que brotan de pedúnculos prácticamente negros.

Herbáceas perennes para zonas litorales

Una vez plantado el seto para filtrar el viento, muchas herbáceas sobrevivirán en los jardines del litoral, ya sean plantas con flor como la *Aster amellus* (argamula) y algunos híbridos de la tritoma *(Kniphofia foliosa)* o plantas de follaje vistoso como la *Stachys byzantina* (ortiga lanosa), de hojas plateadas. También son herbáceas perennes las siguientes:

• *Anemone* x *hybrida*
• *Centaurea macrocephala*
• *Crambe cordifolia*
• *Cynara scolymus* (alcachofera)
• *Dierama pulcherrimum*
• *Eryngium alpinum* (eringio alpino)
• *Eryngium varifolium* (eringio marroquí)
• Híbridos de *Kniphofia*
• *Phlomis russeliana*
• *Salvia superba*
• *Sedum spectabile*
• *Veronica spicata*

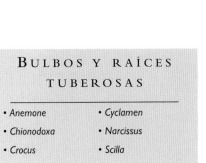

▲ *Las pantallas formadas con listones clavados a una estructura de soporte actúan como cortavientos artificial hasta que crecen las plantas.*

BULBOS Y RAÍCES TUBEROSAS

• Anemone	• Cyclamen
• Chionodoxa	• Narcissus
• Crocus	• Scilla

▲ *Las* Kniphofias *son herbáceas perennes afines a las zonas litorales. Existen muchos híbridos entre los que escoger.*

senderos, escalones y espaldares

Muchos elementos del jardín, como senderos, escalones y espaldares de pared y no empotrados, son muy fáciles de construir. Este capítulo muestra cómo pavimentar una senda con distintos materiales, de losas sobre mortero para jardines formales a pavimentos irregulares más versátiles y menos formales. Aprenderá a realizar un camino de gravilla y a delimitar sus márgenes para que no se desfigure, a construir escaleras con troncos y baldosas de pavimentación, y a erigir espaldares.

senderos y accesos de gravilla

Los accesos y senderos de gravilla poseen una naturaleza informal que encaja a la perfección con muchas plantas y estilos de jardinería. Son fáciles de construir y relativamente baratos; además, actúan como sistema de alarma, por el crujido de las piedras al pisarlas.

Construcción básica

Para los senderos y los accesos cortos lo mejor es utilizar gravilla de 6 mm. La grava es más adecuada para los accesos grandes, ya que no se esparce con tanta facilidad y no se engancha a las suelas de los zapatos ni se dispersa con el roce de los neumáticos.

Tanto la gravilla como la grava tardan un tiempo en asentarse, por lo que en los primeros años puede que tenga que ir añadiendo nuevas capas. Si brotan malas hierbas, emplee un herbicida para acabar con ellas. No aplique clorato sódico si hay plantas en los derredores, ya que, si el suelo está constantemente húmedo, se corre el riesgo de que el sodio se esparza y las mate. En su lugar, utilice un herbicida sin residuos especial para limpiar senderos.

Construcción de un sendero

Para impedir que la grava se desplace, delimite los márgenes con troncos gruesos clavados al suelo en las zonas rurales, y haga un bordillo de hormigón o de madera para las sendas rectas de los entornos más formales. Utilice calzos de borde romos de hormigón de 90 cm de largo, 15 cm de profundidad y 42 mm de grosor. O bien tablones de corte tosco de 1,8 m de largo, 15 cm de ancho y 2,5 cm de grosor, barnizados con un conservante de la madera.

Excave una zanja de entre 90 cm y 1,2 m de ancho y 15 cm de profundidad que demarque el trazado del sendero. Transfiera la capa superficial de tierra arable a borduras con arbustos y deseche la capa inferior. Coloque los bordillos en su sitio y compruebe que la parte superior de éstos queda ligeramente por encima del nivel del terreno o del manto herboso de los aledaños. Verifique con un nivel que ambos bordillos estén nivelados. A continuación, fije el bordillo de hormigón con cemento o utilice estacas de madera para sujetar los troncos. Rellene el sendero con una capa de cascajos o cascotes limpios que quede a unos 7,5 cm del borde del bordillo y recúbrala con una capa de gravilla de 2,5 cm de espesor.

Creación de un acceso de grava

Compruebe que el terreno esté bien drenado (*véanse* págs. 90–91) y, en caso contrario, instale sumideros. Delimite la zona reservada a la entrada con una manguera y contémplela desde todos los ángulos para asegurarse de que sea correcta. Excave el área unos 20 cm y escarde la maleza perenne. La profundidad de la base dependerá del peso y del uso que vaya a darse a esta zona. Si tiene previsto que sea un espacio para estar de pie, bastarán 15 cm.

Instale bordillos resistentes para impedir que la grava se disemine. Fije con cemento una hilera de ladrillos, de tal modo que la parte superior de éstos quede unos 18 mm por encima de la capa de grava. Los ladrillos con bordes biselados son menos dañinos para los neumáticos de los vehículos.

Rellene la base con una capa de unos 7,5 cm de cascajos o cascotes limpios y compactados y después recúbrala con grava.

ACCESOS RÚSTICOS

Pueden construirse alquilando un motocultor y removiendo la tierra a 15 ó 20 cm de profundidad. A continuación, se extiende una capa generosa de cemento en polvo por la superficie y se mezcla todo bien. Es fundamental compactar el suelo conduciendo un vehículo pesado sobre él repetidamente. Cubra la superficie con una capa de grava, riéguela con agua abundante y no la pise durante cuatro o cinco días.

▶ *Para añadir interés a una senda de grava, coloque en el centro un diseño de ladrillos o losas resistentes y fíjelas con cemento.*

construcción de una senda de guijarros

1 Excave una zanja de entre 90 cm y 1,2 m de ancho y 15 cm de profundidad. Traspase la tierra de la capa superficial a borduras arbustivas y deseche el subsuelo arcilloso. Escarde las malas hierbas perennes.

2 Instale a modo de bordillo losas de hormigón de 90 cm de longitud y afiáncelas con cemento. Si lo prefiere, puede utilizar tablas de madera de aproximadamente 1,8 m de longitud.

3 Cubra la base con una capa de cascotes limpios que quede a 7,5 cm del borde superior del bordillo. Si ha escardado las malas hierbas añada la grava en seguida. Si no, cubra la senda con una membrana permeable.

4 Rellene la senda con una capa de grava a unos 2,5 cm del borde superior del bordillo y nivele la superficie con una llana. La grava acabará por asentarse, lo cual le obligará a añadir otra capa en el futuro.

pavimentación

Las baldosas de pavimentación permiten construir patios y senderos con una superficie firme y resistente a las inclemencias climáticas. Las hay de muy diversos tipos, y pueden colocarse solas o combinadas con ladrillos y guijarros. Eche un vistazo a los jardines aledaños en busca de ideas.

Pavimentos variados

Las baldosas prefabricadas se comercializan en una amplia variedad de colores, texturas, formas y tamaños. Su grosor puede variar, pero suele oscilar entre los 42 y los 50 cm. Pese a que el tamaño más común es un cuadrado de 45 cm, también pueden adquirirse baldosas de la mitad y un cuarto de estas dimensiones. Existen, además, otros formatos, como cuadrados de 60 cm y rectángulos de 75 x 60 cm,

▲ *Las losas de pavimentación para exteriores permiten disfrutar de rincones al aire libre funcionales y bonitos.*

aunque su manejo puede resultar arduo para una sola persona. También se venden baldosas hexagonales. Las superficies dentadas o irregulares permiten disfrutar de zonas no resbaladizas. Por su parte, las baldosas lisas de colores vivos sirven para pavimentar zonas formales, como el contorno de un estanque, pero no casan con entornos más informales.

Si recibe el pedido de baldosas varias semanas antes de tener tiempo para colocarlas, no las deje amontonadas. Coloque dos tablones resistentes separados por unos 30 cm sobre una superficie firme y nivelada y en ángulo recto con la pared. A continuación, manteniendo la distancia impuesta por los tablones, apoye las baldosas contra la pared.

Pavimentación de un sendero

Utilice una cuerda para delimitar el trazado del sendero. Procure que la anchura de éste no desentone con el entorno: una senda demasiado estrecha en un jardín amplio parecería una cinta. La anchura del sendero debe permitir que dos personas paseen juntas por él, aunque lo ideal es que quepa una silla de ruedas y, al menos, una persona al lado. Es importante que el sendero resulte atractivo a la vista.

Pavimentación de un patio

La preparación previa a la pavimentación de un patio es exactamente igual a la de un sendero, pero a mayor escala. Es imprescindible comprobar que el terreno está nivelado. Si el patio linda con un edificio, su superficie debe estar como mínimo a 15 cm por debajo de la membrana aislante, que suele tener el aspecto de una línea continua de pizarra o membrana impermeable. Si ello no fuera posible, deje un espacio de 10 x 15 cm entre las baldosas y el edificio y rellene el hueco resultante con gravilla para facilitar el drenaje.

NIVELACIÓN

Si necesita comprobar que una superficie extensa está nivelada, utilice una manguera llena de agua con un trozo de tubo de plástico transparente insertado en cada extremo. En cada tubo haga una marca a unos 7,5 cm del borde superior. Ate uno de los extremos de la manguera a un poste rígido de tal modo que el agua coincida con la marca. A continuación, lleve el extremo suelto de la manguera hasta el otro extremo del jardín y verifique que el terreno está nivelado.

pavimentación

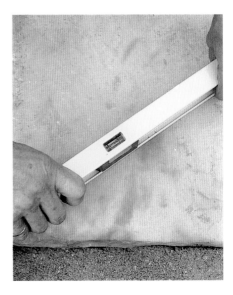

1 Cree con cascotes limpios compactados una base de unos 10 cm de grosor y después esparza por encima una capa de arena hortícola de 5 cm de grosor. Rastríllela hasta obtener una superficie firme y lisa.

2 Fije cada baldosa como en la imagen, con cinco montoncitos de cemento. Así, se nivelan más fácilmente las baldosas. Protéjase las manos con guantes siempre que manipule cemento.

3 Compruebe que cada baldosa esté nivelada colocando un nivel en una de sus caras más estrechas. Luego, verifique que las baldosas adyacentes estén niveladas situando el nivel sobre cada par de unidades.

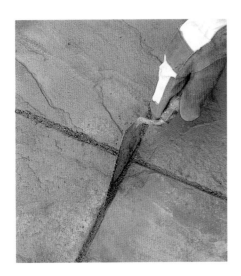

4 Rellene las juntas de las baldosas con una mezcla de mortero seco y consistente, con cuidado de no esparcirlo sobre las baldosas; limpie en seguida las gotas que caigan, si no se convertirán en manchas eternas.

▲ *Los rincones de relajo deben tener una base firme y sólida, sobre todo los que colindan con elementos acuáticos.*

pavimentos irregulares

Los senderos, caminos de acceso y patios con un enlosado de diseño irregular suelen construirse con baldosas rotas de superficie y colores lisos. No obstante, cada vez es más frecuente incorporar baldosas de colores vivos para conferir más atractivo al pavimento.

Senderos de pavimento irregular

Es imprescindible colocar bordillos para impedir que la arena hortícola de la base se esparza. Utilice tablas de madera de 15 cm de ancho, 1,8 m de largo y 18 mm de grosor, o bien tablones más delgados y flexibles si desea crear

▲ *Las baldosas irregulares son idóneas para senderos serpenteantes y para aquellos espacios que presentan distintas inclinaciones.*

un contorno serpenteante. Empiece por fijar los bordillos con estacas por la parte exterior; ello le permitirá retirarlos en el futuro en caso de querer plantar césped junto al camino. Distribuya las baldosas de tal modo que se aprecie perfectamente la forma irregular de cada una de ellas. Coloque las unidades con bordes rectos en los flancos. Después, excave la tierra del sendero hasta unos 15 cm de profundidad y esparza por encima una capa compacta de cascotes limpios de 25 cm de espesor. Distribuya sobre ella una capa de arena hortícola de un grosor similar y rastríllela hasta que quede nivelada. Acto seguido, vierta sobre ella una capa de mortero de 18 mm de grosor. Lo más recomendable es pavimentar los senderos por secciones de aproximadamente 1,8 m de longitud para eludir el riesgo de que el mortero se seque antes de colocar las baldosas.

Sitúe las baldosas más grandes y de contorno recto en los flancos del sendero y rellene el espacio que quede entre ellas con unidades más pequeñas, distribuyéndolas como si se tratara de piezas de un puzzle. Es imprescindible que la superficie esté nivelada, aunque es posible que se creen inclinaciones hacia distintas direcciones. Cada baldosa debe colocarse sobre

un lecho firme de mortero. Una vez completado el sendero, rellene, con cuidado de no manchar, las juntas con mortero por debajo del nivel de las baldosas y con un leve surco en el centro para canalizar el agua de la lluvia.

Senderos de piedra natural

De todos los materiales de revestimiento, la piedra natural es la que crea un efecto más informal, sobre todo si se dejan crecer plantas entre las losas. Puede sustituir la piedra natural por piedra reconstituida, más barata. Debido al distinto grosor de las piedras, la pavimentación resulta más difícil y, a menos que se corten (con lo cual pierden parte de su encanto), la senda presentará un contorno irregular. Si desea cultivar plantas entre las losas,

CAMINOS DE ENTRADA

Para pavimentar un camino de entrada, deberá cubrir la superficie con una base de cascajos compactados de 10 cm de grosor, capaz de soportar el peso de los vehículos; en los casos en los que el tráfico sea intenso, es aconsejable verter una capa base de hormigón sobre la tierra y los cascajos compactados. Sobre una u otra, extienda un lecho de mortero y coloque sobre él el pavimento.

pavimentación de dibujo irregular

1 Use bordillos resistentes (de cemento o madera) y excave el sendero hasta 15 cm de profundidad. Esparza una capa de cascotes limpios de 5 cm de grosor y compáctela.

2 Distribuya por encima de los cascotes una capa de arena hortícola de unos 5 cm de espesor que quede a unos 5 cm del borde superior de los laterales de sujeción.

3 Extienda una capa de mortero sobre la arena y coloque las piezas más grandes y de bordes rectos en los laterales. Compruebe que estén niveladas.

coloque el pavimento sobre una capa de arena hortícola de 5 cm de grosor distribuida sobre el suelo firme. Pero si prefiere trazar un sendero más funcional, siga el mismo procedimiento que para colocar las baldosas irregulares.

Para un sendero decorativo de piedra natural, delimite con cuerdas su trazado y, luego, excávelo hasta unos 7,5 cm de profundidad. Compacte la base y vierta sobre ella una capa de arena hortícola de 5 cm de grosor. Coloque cada piedra sobre la tierra hasta que quede estable. Para que no se muevan, fíjelas con cinco montoncitos de mortero. Rellene las rendijas en las que no vaya a cultivar plantas.

▶ *Los senderos de pavimento irregular se adecuan a los jardines informales. Disimule el perfil de la senda con plantas a ambos lados.*

4 Reparta las lascas más pequeñas por el núcleo del sendero y rellene las juntas con mortero, procurando que éste quede algo por debajo de la superficie de las losas.

pavimentos de hormigón

Los ladrillos o adoquines de hormigón permiten construir senderos y accesos resistentes. A veces reciben el nombre de pavimentos flexibles, porque se aplican sobre un lecho de arena hortícola y pueden levantarse y volverse a colocar. Este tipo de pavimento ha ganado popularidad en los últimos años.

Surtido de ladrillos de pavimentación

Existen ladrillos de pavimentación de varios colores y texturas. Suelen medir 20 cm de longitud o soga, 10 cm de ancho o tizón y 5 cm de grueso, aunque también los hay de 3,5 y 6 cm de grosor. Algunos de ellos tienen

▲ *Los senderos de ladrillo dan un toque de informalidad a los jardines. Coloque las juntas empalmadas para una superficie más resistente.*

las aristas biseladas. La mayoría, no obstante, presenta ángulos rectos y se diferencia de los ladrillos de construcción en que no tiene hendiduras en los laterales. Algunos de ellos están machihembrados, lo cual permite acoplarlos y formar superficies ultrarresistentes.

Pavimentación de un sendero

Es imprescindible colocar un bordillo para retener en su sitio los cimientos y los ladrillos. Seleccione el tipo de aparejo (*véase* figura inferior), disponga varios ladrillos creando el dibujo que desee en un trozo de suelo nivelado y mida la anchura. Esta medida le indicará la distancia existente entre los dos bordes, que pueden ser de hormigón, ladrillo o madera. Excave la tierra del trazado del sendero hasta 15 cm de profundidad y, después, coloque los bordillos. Extienda una capa de cascotes limpios y compactados de 7,5 cm de espesor sobre la zona excavada y cúbrala con un lecho de arena hortícola del mismo grosor que los ladrillos, procurando que quede unos 9 mm por debajo del reborde de los bordillos. Para ello, alise la superficie con un tablón de madera de 13 cm de grosor y algo más ancho que el sendero. Mida la anchura del camino y corte

unas lengüetas en los extremos del tablón que le permitan colocarlo sobre los bordillos y deslizarlo por la superficie para nivelar la tierra a la altura deseada. No compacte el suelo aún.

A continuación, coloque los ladrillos sobre la tierra creando el dibujo que prefiera. Las superficies de los ladrillos sobresaldrán ligeramente por encima de los bordillos. Para nivelarlas utilice un compactador motorizado, también llamado apisonadora o vibrador (pueden alquilarse), o bien coloque un tablón grueso de madera sobre la superficie y golpéelo repetidamente con un pisón (este método manual suele bastar para pavimentar un sendero). Una vez haya colocado los ladrillos, cubra la superficie del sendero con arena hortícola seca y repártala con un cepillo por toda la superficie. Obtendrá mejores resultados si repite esta operación varias veces. Para terminar, riegue la superficie ligeramente.

DISEÑOS CON LADRILLOS

En espiga   Aparejo a soga   Parqué

Aparejos o diseños con ladrillos

Los ladrillos pueden disponerse creando distintos dibujos (*véase* pág. 78). Algunos de estos aparejos son bastante complejos y requieren experiencia y habilidad, si bien los siguientes son bastante fáciles de lograr:

✹ Aparejo a soga: además de ser fácil de realizar, sólo requiere cortar por la mitad algunos ladrillos para los extremos (utilice una sierra de arco si no dispone de una astilladora hidráulica). Los ladrillos se colocan longitudinalmente, con las juntas escalonadas.

✹ Aparejo entretejido: compone una superficie vistosa y no requiere cortar los ladrillos. Es adecuado para sendas pero no para caminos de acceso, pues no es lo suficientemente resistente. Se crea colocando hileras de tres ladrillos en paralelo interseccionadas por un ladrillo en perpendicular.

✹ Aparejo en espiga: popular para sendas e idóneo para los caminos de acceso, ya que crea una superficie altamente resistente. Obliga a cortar una gran cantidad de ladrillos.

✹ Aparejo alterno: fácil de colocar, se disponen dos ladrillos paralelos en ángulo recto con otros dos. Es ideal para senderos, pero no así para accesos.

✹ Aparejo cuadriculado: excelente para zonas rectangulares y cuadradas, así como para caminos de acceso poco transitados por vehículos y para senderos. Se dibuja un cuadrado con ladrillos enteros y se rellena el hueco central con medio ladrillo. Este diseño obliga a cortar bastantes ladrillos, por lo que necesitará disponer de una espigadora hidráulica si pretende pavimentar una zona extensa.

✹ Aparejo en espinapez: crea una superficie muy resistente, ideal para jardines informales.

colocación de ladrillos de hormigón

1 Excave la zona del sendero hasta 15 cm de profundidad y coloque bordillos resistentes. Compacte una capa de cascotes limpios de unos 7,5 cm de grosor en la base. Golpéelos hasta que queden uniformes.

2 Extienda por encima de los cascotes una capa de arena hortícola del mismo grosor que los ladrillos cuya superficie quede a 9 mm del borde superior de los bordillos. Coloque los ladrillos sobre la arena.

3 Compacte los ladrillos con un compactador motorizado (también llamado vibrador o apisonadora) o bien colocando sobre ellos una tabla de madera y golpeándola con un mazo.

4 Una vez la superficie de los ladrillos está nivelada con los bordillos, recúbralos con tierra hortícola y barra la superficie. Repita la operación y, para concluir, riegue la zona.

selección y colocación de bordillos

A la hora de seleccionar los bordillos de una bordura, un sendero, un manto de césped, etc., debe procurarse que éstos sean funcionales y lucidos, y que guarden armonía con el entorno. Existe una amplia gama de bordillos, desde cantos de plástico corrugado hasta ladrillos, hormigón y troncos.

Ladrillos y baldosas de pavimentación

Los ladrillos resistentes a las heladas y las baldosas de hormigón componen vistosos bordillos alrededor de los arriates con flores y como delimitación de senderos y caminos de acceso de grava. Se colocan de pie y se cementan. Dado que sólo miden 10 cm de ancho, pueden utilizarse tanto en zonas curvas como rectas. Si se instalan inclinados en ángulo de 45°, apoyados sobre los ladrillos contiguos, se dará un toque informal al bordillo. Además, al quedar entre la mitad y un tercio del ladrillo enterrados en el suelo, no es necesario aplicar mortero.

Azulejos

Los azulejos, ya sean esmaltados o sin esmaltar, componen vistosos bordillos. Suelen medir 23 x 15 cm y se colocan directamente en el suelo, sin necesidad de aplicar mortero.

Encintado

Existe una gran variedad de cintas para bordillo, desde encintados moldeados de hormigón hasta simples bandas de plástico. El primero suele medir 90 x 15 cm y 42 mm de grosor, y puede presentar remates redondeados o festoneados. Es ideal para delimitar senderos y accesos rectos de grava, y requiere una fijación con cemento. Las bandas de plástico corrugado verde, que se adquieren por rollo y en distintos grosores, son más adecuadas para el contorno de las borduras. Su forma corrugada suaviza los bordes de los mantos de césped.

▲ *Los troncos en posición vertical crean contornos llamativos en las borduras informales. Son muy fáciles de instalar y pueden adquirirse en diversas longitudes.*

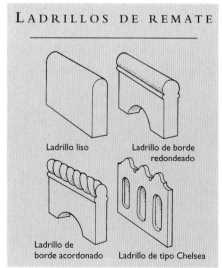

LADRILLOS DE REMATE

Ladrillo liso

Ladrillo de borde redondeado

Ladrillo de borde acordonado

Ladrillo de tipo Chelsea

colocación de ladrillos de remate

1 Si el camino es recto, tense una cuerda a lo largo de su perfil antes de instalar el bordillo. Cave un surco estrecho de 7,5 a 10 cm de profundidad.

2 Coloque los ladrillos teniendo en cuenta que, al final, deberán quedar enterrados en unos dos tercios. Verifique que estén rectos y a la misma altura.

3 Rellene con arena la base de los ladrillos y compáctela hasta que quede a la altura del resto del terreno. Tenga cuidado de no mover los ladrillos al hacerlo.

Bordillos de madera

Pueden ser desde troncos largos, perfectos para zonas rústicas, hasta tablones de madera, utilizados para delimitar senderos rectos. Para garantizar su buen estado, barnícelos con algún conservante para madera.

Los troncos crean bordillos magníficos, sobre todo en los senderos sinuosos que recorren los jardines rústicos e informales. Se realizan fijando entre un tercio y la mitad del tronco a alambres galvanizados, que pueden adquirirse en longitudes de 1 m y en distintas alturas, por ejemplo, de 15, 30 y 45 cm. La instalación de los troncos o rollizos es muy sencilla: se inserta el tronco en un surco cavado de aproximadamente la mitad de la altura del bordillo y se compacta el suelo del contorno.

Los troncos enteros pueden emplearse en sendas rectas y sinuosas en jardines informales. Seleccione troncos de unos 10 cm de grosor. Excave dos surcos poco profundos, uno a cada margen del camino, coloque en ellos los troncos y compacte el suelo. Fije los troncos en su sitio con estacas de madera.

SUMIDEROS DE GRAVA

Los sumideros que bordean las pistas de petanca pueden cavarse alrededor de un manto de césped y rellenarse con gravilla. Uno de 15 a 30 cm de ancho compone un marco atractivo y mejora la capacidad de drenaje de la zona. Para no pisar el césped de los bordes, extienda tablones de madera de tal modo que su superficie quede nivelada con el césped. Después, rellene el sumidero con gravilla hasta unos 5 cm de la superficie del césped.

▲ *Los ladrillos colocados en ángulo ligeramente oblicuo quedan muy llamativos en los jardines informales y no necesitan cementarse.*

escaleras de jardín

Una escalera no tiene por qué ser simplemente un modo seguro y cómodo de pasar de un nivel a otro del jardín, sino que puede convertirse en un elemento llamativo, de proporciones y estilo acordes al resto del jardín, construido con materiales afines al entorno.

Estructura de una escalera

Para que una escalera resulte cómoda de utilizar debe presentar unas proporciones correctas. A continuación se indican las distintas partes que componen una escalera:

❀ Estrado: piedra colocada en la base de un tramo de escalones. Es esencial cuando las escaleras conducen directamente a una pradera de césped.

❀ Tramo: conjunto global de escalones.

❀ Descansillo: plataforma más ancha situada entre dos tramos en la que, a menudo, se efectúa una parada al subir una escalera muy larga.

❀ Vuelo: canto de la huella de un peldaño que sobresale sobre la contrahuella. Aporta un toque profesional a la escalera.

❀ Contrahuella: distancia entre la huella de un peldaño y la del siguiente; normalmente mide de 10 a 18 cm.

❀ Huella: superficie sobre la que se apoya el pie. La huella suele tener entre 30 y 45 cm de profundidad y una ligera inclinación para que corra el agua.

❀ Ancho de escalón: el ancho mínimo para que dos personas puedan transitar un escalón al mismo tiempo es de 1,3 m. Para el paso de una sola persona, basta con 75 cm.

Tipos de escaleras

Las escaleras de un jardín pueden construirse con múltiples materiales y en estilos variados:

❀ Escaleras encastradas: se construyen en laderas con baldosas de pavimentación y ladrillos. Se cortan y excavan los escalones en el terreno, dejando una profundidad algo superior para los cimientos. Se recubre la huella con losas de pavimentación y la contrahuella se alza con ladrillos.

❀ Escalones independientes: necesarios para salvar desniveles prácticamente verticales. Los escalones se construyen en una superficie nivelada, de tal modo que el superior empalme con la cima del terraplén. Lo más sencillo es utilizar baldosas de pavimentación y ladrillos. Requieren más tiempo, material de cimentación y hormigón que las anteriores.

❀ Escalones de madera: ideales para jardines rústicos, sobre todo, para cuestas con poca pendiente. Los descansillos entre los distintos tramos pueden vestirse con un manto de césped, aunque, si tiene previsto transitarlos todo el año, es aconsejable cubrirlos con una capa delgada de grava. La contrahuella se forma con troncos de 10–15 cm de grosor, o con tablones toscos de madera resistente barnizados con una

impregnación antihumedad inocua para las plantas. Comience por la base de la cuesta. Entierre el primer tronco hasta la mitad y asegúrelo con dos estacas. Rellene la huella del escalón con grava, compáctela bien, allane la superficie y coloque otro tronco. En lugar de grava puede usar corteza de árbol desmenuzada, aunque puede resultar resbaladiza si llueve o si se coloca en una cuesta pronunciada.

LOS ESCALONES

Para que los escalones resulten cómodos de usar, es esencial que la profundidad de la huella y la altura de la contrahuella sean correctas. Antes de decidirse por una u otra medida, suba y baje las escaleras de los jardines de sus amigos y conocidos. Tome las medidas de las que le resulten más cómodas y aplíquelas a su jardín.

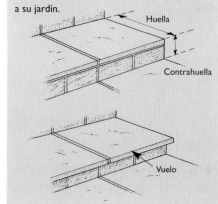

construcción de unos escalones encastrados

1 Empiece por la base de los escalones. Excave el suelo hasta una profundidad de 15 cm. Vierta una capa de cascotes limpios de 5 a 7,5 cm de grosor y compáctela.

2 Recúbrala con una capa de arena hortícola, compáctela y alísela. Compruebe su horizontalidad con un nivel. Disponga las baldosas, cada una sobre un lecho de mortero.

3 Cuando el mortero se haya estabilizado, coloque los ladrillos de la contrahuella. Compruebe que estén nivelados. Excave la tierra y prepare la base del siguiente escalón.

▲ *Un tramo de escalones fabricado con ladrillos resistentes a heladas conforma un elemento a un tiempo atractivo y práctico en cualquier jardín rural o informal.*

4 Esparza una capa de cascotes limpios en el fondo y allánela. Acto seguido, añada una capa de arena hortícola y alísela. Verifique que la superficie esté nivelada.

construcción de un espaldar

Los espaldares cumplen distintas funciones en un jardín. Además de ofrecer la oportunidad de cultivar trepadoras, permiten crear rincones íntimos junto a las lindes del jardín. También pueden utilizarse en el centro del jardín para construir un cenador o, a modo de pantalla, para separar dos zonas.

Espaldar de pared

Examine con atención la pared antes de colocar el espaldar. Compruebe que sea sólida y que aguante bien los tacos de fijación para los tornillos. Retoque la pintura si es necesario. Adquiera un espaldar conforme a las medidas

▲ *Los espaldares quedan muy bonitos revestidos de plantas. Construir un espaldar, ya sea de pared o de pie, es muy sencillo.*

de la pared. Asegúrese de que la anchura máxima de las trepadoras que tiene pensado plantar equivalga a las dimensiones del espaldar. Cultivar una enredadera vigorosa en un espaldar inadecuado puede conducir al desastre.

El espaldar debe fijarse a la pared de tal modo que su base se sitúe a entre 23 y 30 cm del nivel del suelo. Utilice un nivel para verificar que esté recto y, a continuación, marque en la pared los puntos correspondientes a las esquinas del espaldar y aquellos en los que es necesario hacer un taladro para atornillar el espaldar. Retire el espaldar, haga los taladros pertinentes y avellánelos para asegurarse de que la cabeza de los tornillos quede alineada con la superficie de la madera. Sobreponga de nuevo el espaldar a la pared, inserte un tornillo en cada agujero y deles un leve martillazo para marcar su posición en la pared.

Retire el espaldar y utilice un taladro de mampostería para taladrar la pared. Después, inserte un taco en cada agujero. Coloque el espaldar en su sitio y atorníllelo. En un primer momento, introduzca los tornillos sólo hasta la mitad y, una vez los haya enroscado todos, atorníllelos con fuerza. Use siempre tornillos galvanizados para sujetar un espaldar.

Lo mejor para cultivar plantas con tendencia a enredarse hacia arriba es fijar el espaldar a unos listones que lo mantengan a unos 2,5 cm de la pared. Así, los tallos podrán enlazarse en el entramado del espaldar.

Espaldar no empotrado

Puede emplear paneles de emparrado con trama cuadrada o romboidal sin sujeción a una pared. Deberá engastarlos en rastreles fijados a puntales de hormigón con una base cuadrada de 10–15 cm y cementados a una profundidad mínima de 45 cm. Para una pantalla de 1,8 m de altura, necesitará postes de 2,4 m de longitud y paneles de celosía de 1,8 m de largo y 1,5 m de alto. Delimite el espacio que ocupará el espaldar con una cuerda, así como cuadrados de 30 cm a 1,8 m para los postes. Excave hoyos de 45 cm de profundidad.

SUELOS CON PENDIENTE

Por lo general, en los terrenos con pendiente se instalan los paneles de espaldar escalonados. La punta del poste del extremo inferior debe quedar 2,5 cm por encima de la parte superior del espaldar. Conviene alinear y nivelar cada panel de espaldar con los colindantes.

construcción de un espaldar de pared

El modo más sencillo de empezar consiste en tumbar dos postes en el suelo y sujetar a ellos el espaldar con clavos galvanizados, de tal modo que la parte superior de éste quede a unos 2,5 cm por debajo de la punta superior de cada poste. Con la ayuda de dos personas, levante el espaldar e inserte los postes en sus hoyos correspondientes. Compruebe que el espaldar esté nivelado y los postes rectos. Calce los postes con tacos de madera.

Prepare el siguiente panel clavándolo a un poste. Introduzca el poste en su hoyo y fije el espaldar al poste levantado anteriormente. Continúe construyendo el espaldar de este modo. Verifique de vez en cuando que el espaldar y los postes estén alineados; prepare una pequeña cantidad de hormigón y viértalo en los hoyos para cimentar los postes. Una semana después, recubra el extremo superior de los postes con un tope para impedir que el agua penetre en la madera y la pudra.

1 El espaldar debe ser proporcional a la pared. Colóquelo y marque los puntos en los que se necesita taladrar. Apóyelo en el suelo y haga los taladros pertinentes.

2 Coloque el espaldar en la pared, nivélelo y señale los puntos en los que debe taladrar la pared con un lápiz, un punzón o la punta de la broca.

▲ La gama de espaldares ornamentales es muy variada e incluye tramas romboidales, además del tradicional enrejado cuadrado.

3 Taladre la pared y, con un martillo, inserte los tacos. El diámetro del taco debe coincidir con el de los tornillos que se utilizarán para fijar el espaldar a la pared.

4 Atornille el espaldar a la pared con un destornillador normal o con un taladro al uso. No los apriete demasiado para no dejar marcas en el espaldar

nociones básicas

No es imprescindible ser un jardinero experto para tener un jardín bonito, si bien conviene

saber cómo puede mejorarse la calidad del terreno y cómo y cuándo deben plantarse

los árboles para obtener buenos resultados. Esta guía básica de jardinería proporciona

información sobre cómo cavar y drenar el suelo, formar pilas de compostaje y arrodrigar

las plantas altas. Además, se relacionan las herramientas y el equipamiento necesarios

para evaluar la calidad del suelo, iluminar el jardín, aplicar cal y almacenar la leña.

En suma, todo lo que debe saber para que su jardín empiece a brotar con brío.

herramientas imprescindibles

Las herramientas de jardín deben ser agradables de usar, además de funcionales. Adquiera las de mejor calidad y, siempre que sea posible, manéjelas antes de comprarlas para comprobar que su peso y tamaño le resultan cómodos. Con los cuidados apropiados, le durarán muchos años.

Herramientas para excavar y desterronar

✺ Palas de jardinería: se comercializan en distintos tamaños, con hojas de 27 cm de largo y 19 cm de ancho; la hoja de las palas para borduras mide 23 cm de largo por 14 cm de ancho. Algunas palas tienen un reborde que permite ejercer mayor presión con el pie para clavar la hoja en el suelo. Los mangos suelen medir 72 cm de largo (distancia entre la punta del mango y la unión con la hoja), si bien también pueden encontrarse de 82 cm.

✺ Horcas de jardín: se emplean para excavar superficies profundas, para desterronar el suelo en primavera y para entrecavar alrededor de los arbustos y las plantas herbáceas. Se comercializan en distintos tamaños: las horcas de cavar tienen cuatro púas de 27 cm, mientras que las púas de las horquillas o horcas de espiga miden 23 cm. Las horcas para patatas tienen cuatro púas planas de 27 cm de longitud.

Herramientas para azadonar

✺ Azadas binadoras: constan de un mango de plástico o de madera de 1,5–1,8 m de longitud ensamblado a una hoja afilada mediante un empalme redondeado a modo de cuello de cisne. Se emplean, entre otras cosas, para sallar la tierra a escasa profundidad antes de la siembra y para desherbar las malas hierbas anuales.

✺ Azadillas: constan de un mango de madera o de plástico de 1,5–1,8 m acoplado a una hoja estrecha acabada en punta. Sirven para escardar las malas hierbas y para sanear la tierra cultivable. Camine hacia atrás al utilizarla.

✺ Escardillos: similares a las azadas binadoras, pero de 30–38 cm de longitud, se emplean para carpir la tierra que rodea las plantas jóvenes.

Herramientas para rastrillar

✺ Rastrillos metálicos: también denominados rastrillos de hierro, se utilizan para nivelar el terreno. Constan de un mango de madera o de plástico de 1,5–1,8 m unido a un travesaño de 25–30 cm de ancho del que emergen entre 10 y 14 púas de 6 a 7,5 cm de longitud.

✺ Rastrillos de desterronar: se emplean para nivelar grandes extensiones. Constan de una cabeza de madera de 72 cm de ancho con púas de 7,5 cm de longitud espaciadas 36 mm.

Herramientas para cultivar

✺ Palas plantadoras: constan de una hoja metálica unida a un mango de 15–30 cm de largo.

✺ Plantadores: los hay en varios tamaños y se usan para realizar los hoyos en los que plantar repollos y otras coles, así como las plantas de los semilleros y almácigas.

✺ Plantadores de bulbos: al plantar bulbos en la hierba extraen un brote de césped.

◀ *Las palas y las horcas de jardinería tienen múltiples usos, como excavar el suelo en invierno para preparar la siembra primaveral.*

▲ *Las palas plantadoras, tridentes y plantadores largos se utilizan para sembrar plantas pequeñas y decorativas.*

Herramientas para cortar y serrar

❀ Podaderas: diseñadas para cortar los tallos, las hay de dos tipos: las de yunque, cuya hoja permite podar sobre superficies firmes y llanas, y las tijeras podadoras «bypass», que constan de dos cuchillas con forma redondeada y hueca que se entrecruzan.

❀ Sierras de poda: la gama incluye de sierras griegas (que incorporan una cuchilla circular dentada que corta al tiempo que estira) a serruchos grandes para serrar troncos gruesos.

Herramientas para cuidar el césped

❀ Rastrillos de desbroce: se utilizan para limpiar el césped. Los hay con dientes flexibles, y con púas de goma y plástico.

CUIDADO DE LAS HERRAMIENTAS

Si no se limpian con regularidad, las herramientas de jardinería se afean y resultan más difíciles de utilizar. Después de usarlas:

• lávelas con agua limpia y séquelas con un paño (mangos incluidos);

• frote las partes metálicas con aceite;

• guárdelas en un lugar seco y aireado, a ser posible, colgadas.

❀ Recortabordes: para cortar los bordes del césped; deben mantenerse afilados.

❀ Tijeras cortacésped: se usan para cortar el césped largo en los bordes de los tepes. Suelen tener mangos resistentes de 82 cm de longitud y hojas de 20 cm de largo.

❀ Tijeras de podar: se utilizan para cortar tanto el césped largo como los setos.

▲ *Herramientas para la poda y los recortes: sierra de mango largo (arriba), podadera de jardín (centro) y sierra de mano (abajo).*

◄ *Las azadillas y las azadas binadoras se emplean para sachar las malas hierbas y realizar los hoyos para la siembra.*

drenaje del suelo

Si el suelo de su parcela queda anegado con frecuencia, las raíces de las plantas cultivadas pueden pudrirse. Algunas crecen con fuerza en los suelos húmedos, pero la mayoría de las plantas de jardín necesitan que los 60 cm superficiales de tierra estén bien drenados durante gran parte del año.

Necesidad de colocar sumideros

Si la superficie del terreno queda empantanada con frecuencia, necesitará instalar sumideros. Si crecen en el suelo juncos y carrizos es un indicio de que tiene exceso de agua. Para determinar si debe instalar sumideros excave un hoyo de 1,2 m de hondo en otoño y observe el nivel de agua de éste durante todo el invierno. Si el agua se estanca a 23 cm de la superficie, deberá instalar sumideros.

Opciones de drenaje

Existen distintas opciones de drenaje:

⚙ Drenaje mediante cascotes: resulta relativamente barato si se dispone de cascotes suficientes. Basta con trazar un sumidero principal en el que desagüen otros ramales menores, que desemboque en un foso o una acequia. La distancia entre los distintos ramales variará en función del terreno: 3,6–4,5 m en suelos arcillosos y 12 m en los arenosos. Cave surcos de 30–45 cm de ancho y 60–75 cm de profundidad, con una inclinación máxima de 5 cm hacia el desagüe. Rellene dichos surcos hasta la mitad con cascotes y recúbralos con una lámina gruesa de polietileno para impedir que el desagüe se obstruya. Rellene el resto del surco con tierra, hasta nivelarlo con la superficie, y compáctelo.

⚙ Tubos de barro cocido: éste es un método tradicional de drenar el suelo. Utilícelos sin barnizar, de 30 cm de longitud y 13 cm de diámetro para construir las canalizaciones principales y tubos de 10 cm de diámetro para las secundarias. Del mismo modo que los sumideros de cascotes, los tubos de barro cocido se introducen en zanjas. Extienda una capa de cascotes de 7,5 cm de espesor en cada zanja, coloque los tubos encima y recubra las juntas con trozos de tejas rotas o con láminas de polietileno de doble grosor. Vierta sobre la capa de cascotes un lecho de tierra bien drenada. Hoy día puede resultar difícil encontrar tubos de barro cocido, en cuyo caso se recomienda sustituirlos por tuberías de plástico.

⚙ Tuberías de plástico perforadas: son más rápidas de instalar y más resistentes que las normales. Se adquieren por rollos de 25 m con un calibre de 10 cm o de 7,5 cm.

Acequias y pozos ciegos

Es imprescindible dirigir el agua sobrante a un pozo ciego o una acequia. Si tiene la suerte de contar con una acequia, conduzca el tubo hasta ésta y recúbralo con una malla para mantenerlo limpio de bichos. Si no, deberá construir un pozo ciego en el punto más bajo del terreno. Cave un hoyo cuadrado de 1,2 m bastante profundo; el fondo debe estar a 30 cm por debajo de la base la zanja. Rellene el pozo hasta la mitad con cascotes limpios y, luego, añada una capa de grava que quede a 30 cm de la superficie. Cúbrala con polietileno de doble grosor y rellene el resto con tierra.

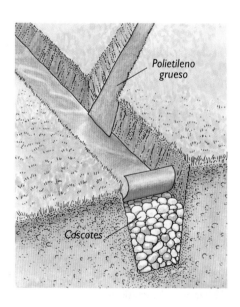

Polietileno grueso

Cascotes

▲ *Los sumideros de cascotes son relativamente baratos, sobre todo si acaba de adquirir la propiedad y el constructor ha dejado escombros.*

instalación de tuberías de plástico

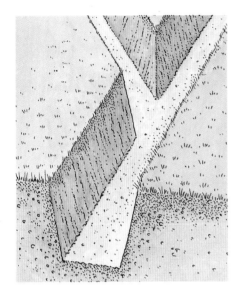

1 Marque con una cuerda la ubicación de los sumideros. Excave las zanjas, dejando una cierta pendiente en dirección a la acequia o pozo ciego donde desaguarán las aguas, procurando que queden rectas.

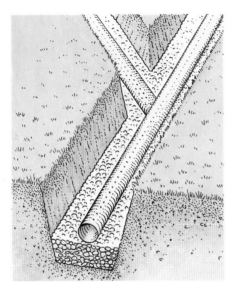

2 Extienda una capa de grava de 7,5 cm de grosor en cada zanja y coloque encima la tubería de plástico. Corte los extremos de los ramales secundarios en diagonal para unirlos a la tubería principal.

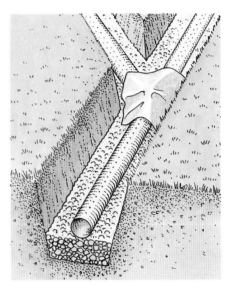

3 Recubra las juntas con polietileno de doble grosor para que las tuberías no se llenen de tierra y queden obturadas. Sujete el polietileno con un montoncito de grava mientras recubre el resto de las juntas.

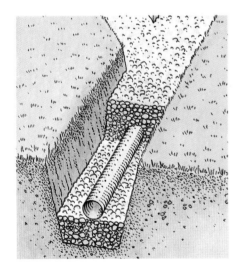

4 Recubra las tuberías con una capa de grava de 7,5 cm de grosor. Cúbralo con una lámina resistente de polietileno y rellene las zanjas con tierra bien drenada, formando pequeños montículos para poder asentarla.

▲ *La mayoría de plantas de jardín necesita un suelo bien drenado. Si las raíces están continuamente encharcadas, acaban por pudrirse y morir.*

preparación del suelo

La cava, una de las labores tradicionales de la jardinería, se realiza a finales de otoño o principios de invierno con objeto de preparar el suelo para la siembra del año siguiente. Antes de la siembra se efectúa una cava simple: se le da a la tierra una labor superficial a la profundidad de una palada.

La cava

Además de para limpiar y ordenar el jardín, la cava tiene beneficios adicionales: permite que el agua y el aire penetren en la capa arable, los 25 cm superiores de suelo, y contribuye a drenar el exceso de agua del subsuelo. No obstante, si las capas inferiores son impermeables, el agua permanecerá en la superficie, por lo que deberá instalar sumideros (*véanse* págs. 90–91).

Al quebrar la capa arable, se facilita la penetración de las raíces en el suelo, se entierran las malas hierbas anuales y se escardan los hierbajos perennes. Además, al darle una labor al terreno se mezcla el compost del jardín y el estiércol bien descompuesto con el suelo. Al cavar suelen quedar terrones grandes en la superficie, pero no debe preocuparse: el clima invernal los romperá y los convertirá en excelente tierra de cultivo para la primavera. Por otra parte, al cavar se desentierran plagas como las larvas de las típulas y los gusanos blancos, que, al quedar más cerca de la superficie, se convierten en alimento para las aves.

Cava simple o primera cava

La cava es una actividad sistemática fácil de dominar. Cave con tranquilidad y realizando pausas. Con el tiempo, descubrirá su propio ritmo y esta labor le resultará más satisfactoria y menos extenuante.

Rotación de cultivos

Si se cultivan siempre hortalizas del mismo tipo en la misma parcela de tierra, se esquilman los nutrientes del suelo, se perjudica el crecimiento de las plantas y se fomenta la aparición de plagas y enfermedades. Salvo el ruibarbo y los espárragos, que pueden cultivarse permanentemente en una misma era, para plantar el resto de hortalizas es aconsejable dividir el huerto en tres partes y distribuir las hortalizas con acuerdo a estos tres grupos:

❀ Cultivo de tubérculos: no añada cal ni estiércol cuando prepare el suelo. Para acondicionarlo, un par de semanas antes de las siembra o plantación rastríllelo y abónelo con un fertilizante general. Ejemplos de tubérculos son la remolacha, la zanahoria, la aguaturma, la chirivía, la patata, el salsifí y la escorzonera.

❀ Coles: si al labrar la tierra aprecia que le falta humus, añádale compost de jardín o estiércol bien descompuesto y dele una labor. Si se trata de un suelo ácido, aplique cal a finales de invierno y un fertilizante general antes de la siembra o plantación. Entre las coles figuran el brécol, la col de Bruselas, el repollo, la coliflor, los rabanitos, el colinabo y el nabo.

❀ Otros cultivos: dé una labor a la tierra para mezclarla con estiércol bien descompuesto o compost de jardín. Si el suelo es ácido, espolvoréelo con cal a finales de invierno y, justo antes de la siembra o plantación, aplíquele un fertilizante general y rastríllelo. Entre estos cultivos se cuentan la berenjena, el pimiento, el apio, el puerro, la lechuga, el calabacín, la cebolla, los guisantes, el maíz y el tomate.

LA FILOSOFÍA DE NO CAVAR

Aunque cuenta con muchos partidarios, esta filosofía sólo debe aplicarse a los suelos ligeros, bien drenados y aireados en los que no crecen malas hierbas perennes. Los cultivos se siembran sobre el compost extendido de manera uniforme en la superficie del terreno a modo de mantillo. Un inconveniente es que comprar compost cada año puede ser caro. En el caso de los suelos arcillosos no queda más remedio que cavar y mezclar la tierra superficial con compost o estiércol bien descompuesto.

▶ *Excavar los arriates de flores y hortalizas en invierno mejora la calidad del suelo y ayuda a conservar el jardín más ordenado.*

cava simple

1 En primer lugar, cave una zanja de 25 o 30 cm de profundidad y 30 cm de ancho a lo largo de uno de los lados de la era. Traslade la tierra a otra zona de la parcela.

2 Escarde las malas hierbas y el césped de la franja adyacente de suelo e introdúzcalas en la zanja. Incorpore una base de compost de jardín o estiércol descompuesto.

3 Clave la pala en el suelo, en ángulo recto a la zanja, para sacar una palada generosa de tierra.

4 Transfiera la tierra a la zanja y repita la operación hasta haberla rellenado por completo.

pilas de compostaje

El compost elaborado con los restos de la comida y las partes tiernas de las plantas constituye un método económico y ecológico de alimentar y airear la tierra, y de potenciar la retención de la humedad. El compost se aplica dando una labor en invierno o a modo de mantillo en primavera y verano.

Cómo elaborar compost de jardín

Puede ir amontonando los desperdicios de la cocina y del jardín en una pila y aguardar a que se descompongan, pero no es el método más recomendable. Lo más adecuado es ir acumulando los desechos en tres composteras a modo de estratos: una en proceso de llenado; una segunda cuyo contenido se encuentre en fase de descomposición, y una tercera, con el compost ya putrefacto, que se utilizará para abonar el jardín.

Las mejores composteras son las cuadradas de entre 1 y 1,3 m de altura, porque permiten que el aire penetre en el compost sin resecarlo. En el mercado se comercializan composteras, pero también resultan sumamente útiles las de fabricación casera, elaboradas con tablas de madera de 15 a 20 cm de ancho separadas por rendijas de 5 cm. Si opta por una compostera de malla de alambre, fórrela con polietileno negro perforado para evitar que el compost se seque.

Cómo llenar una compostera

Coloque la compostera en un lugar bien drenado y cubra la base con una capa de 23 a 30 cm de espesor de material basto, como pajuz. Compáctela bien y, después, añada residuos vegetales (recortes del césped, anuales marchitas, malas hierbas y partes tiernas de las plantas, etc.) hasta formar una capa de 15 cm de grosor. Si sólo utiliza césped, las capas deberán ser más finas, ya que, de otro modo, se compactarían en exceso e impedirían la aireación.

A continuación, coloque sobre las anteriores una capa de unos 5 cm de grosor de tierra arable. Para acabar, riegue abundantemente la compostera y rocíela con sulfato de amoníaco (14 g/m²). También puede adquirir alguno de los activadores de compost y emplearlo tal y como se indica en las instrucciones.

◀ *Forre los laterales de las composteras circulares de malla de alambre con polietileno perforado para conservar el compost húmedo.*

Continúe añadiendo capas y, cuando la pila alcance el borde de la compostera, riéguela con agua abundante y recúbrala con entre 2,5 y 5 cm de tierra. Tápela con un plástico para evitar que el compost se moje o se reseque demasiado. En invierno, el compost tarda unos seis meses en estar listo para su uso; en cambio, en verano, el proceso de descomposición se acelera.

Mezcla de residuos

Además de las plantas blandas del jardín, puede añadir a la pila de compostaje otros materiales, como periódicos (no revistas de hojas satinadas), cáscaras de huevo machacadas, vainas de guisantes, peladura de patatas y bolsitas de té. Deseche el césped cortado si ha tratado el tepe recientemente con un herbicida hormonal. Tampoco deben añadirse al compost los hierbajos perennes.

Mezcle los residuos a medida que los va introduciendo en la compostera, ya que las capas gruesas de un mismo material pueden impedir que el aire penetre en la mezcla.

Compost de jardín descompuesto, listo para su uso

Compost en descomposición

Compostera en proceso de llenado

▲ *Utilice tres composteras contiguas para asegurarse de tener siempre compost bien descompuesto listo para usar.*

MANTILLO VEGETAL

En otoño, recoja las hojas de los arbustos y árboles caducifolios y dispóngalas por capas de 15 a 23 cm en la compostera, espolvoreando una pequeña cantidad de sulfato de amoníaco entre las distintas capas. Las hojas de los arbustos y árboles perennes deben descartarse y cabe tener en cuenta que las de los álamos, plátanos y sicómoros tardan más en descomponerse que las de haya o roble. Para alentar la descomposición de las hojas, introdúzcalas en bolsas perforadas de polietileno negro (método excelente para jardines pequeños), añada una pizca de sulfato de amoníaco entre las capas y, una vez la bolsa esté llena, agregue agua y séllela. Transcurridos unos seis meses, el mantillo vegetal puede extenderse sobre la superficie o bien mezclarse con la tierra arable dando una labor. Es excelente como tratamiento para regenerar el suelo.

▲ *Entre las múltiples composteras a la venta en el mercado destaca este diseño verde, a un tiempo bonito y práctico para un jardín de pequeñas dimensiones.*

tutores y rodrigones

Muchas plantas necesitan entutorarse. Los tutores o rodrigones usados como guía o apoyo de las plantas decorativas deben ser discretos, mientras que los de los árboles frutales deben ser resistentes, funcionales y duraderos. Existen múltiples maneras de arrodrigar las plantas del jardín.

Anuales resistentes

Estas plantas se cultivan anualmente en almácigas y florecen en verano. Muchas de ellas ganan en belleza si se las guía con un tutor.

❀ Tutores: también llamados «rodrigones», se trata de varas o estacas de haya, abedul o carpe

▲ *La planta del tirabeque puede entutorarse con palos atados o con una vara. También la planta de la judía común requiere un tutor.*

de tamaños comprendidos entre los 30 cm y 1,2 m de longitud. Insértelos entre las plantas jóvenes inmediatamente después de la última poda de aclareo. Clave la vara firmemente en el suelo y corte con una tijera de podar el extremo superior justo por debajo de la altura final que se espera que alcancen las plantas.

Herbáceas perennes

La parte aérea, es decir, la visible, de estas plantas muere en invierno y renace en primavera. No todas necesitan una guía para crecer derechas, pero, en caso necesario, utilice:

❀ Tutores de estaca: parecidos a los utilizados para las plantas anuales, pero más fuertes y

largos. Clávelos entre las plantas jóvenes en primavera y principios de verano. Muchas herbáceas perennes crecen rectas por sí solas, mientras que otras, en especial las que tienen muchos tallos, necesitan la ayuda de un tutor.

❀ Estacas y bramante: método excelente para mantener derechas las dalias. Clave en el suelo tres estacas de 1,2 m de largo a una profundidad de 23 cm formando un triángulo alrededor de la planta. Luego, rodee la planta con bramantes atados firmemente a cada estaca.

❀ Soportes metálicos: los hay de varias marcas. Uno de los más populares consta de dos mitades que, al juntarse, forman un círculo que sirve de límite a los tallos.

Soportes para herbáceas

Postes y bramante

Tutores de estaca

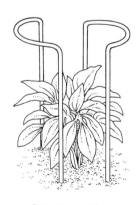

Soportes metálicos

Árboles

Para impedir que el viento rompa las ramas y los troncos de los árboles se necesitan soportes muy resistentes, como los siguientes:

❀ Soportes verticales u horcas: constituyen el método más fácil de mantener derechos los árboles ornamentales y frutales. Clave una estaca de madera de fresno, abeto falso o castaño a unos 30 cm de profundidad, de tal modo que la parte superior quede ligeramente por debajo de la rama más baja. Inserte la estaca en el agujero antes de plantar el árbol. Colóquela en el lado de barlovento y utilice los tensores comercializados para asegurar el tronco y evitar que roce con la estaca. Éste constituye el método más adecuado para aguantar recto un árbol ornamental en el césped, ya que permite cortar fácilmente el que lo circunda.

❀ Soportes oblicuos: consisten en una estaca que se clava inclinada en ángulo de 45 grados en el suelo y cuyo extremo superior se deja ligeramente por debajo de la rama más baja. La cabeza de la estaca debe estar encarada a los vientos preponderantes. Estos soportes suelen emplearse para sustituir una estaca rota.

❀ Estacas en forma de H: se aplican una vez se han plantado los árboles. Clave dos estacas en el suelo, una a cada lado del tronco, y únalas con un travesaño situado algo por debajo de la rama más baja. Ate el travesaño al tronco.

Hortalizas

Los soportes para las hortalizas deben resistir todo el verano. Además, algunas hortalizas deben guiarse también durante el otoño.

❀ Judía común: clave cañas para judías de 2,4–2,7 m de largo a unos 30 cm de distancia en dos hileras separadas por unos 60 cm, con sus extremos superiores inclinados hacia adentro y cruzados, creando una especie de V invertida. Coloque una caña horizontal en la parte superior y átela. Una alternativa consiste en construir un emparrado con tres o cuatro ramas al que se puedan encaramar las plantas.

❀ Guisantes: utilice tutores o bien una malla ancha de alambre de entre 90 cm y 1,2 m de altura sostenida con cañas.

❀ Habas: clave estacas resistentes en los extremos de la hilera de cultivo y rodee las plantas con un cordel fuerte atado a ellas.

▶ *Las herbáceas perennes con tallos abundantes pueden entutorarse clavando varas en el suelo cuando las plantas aún son jóvenes.*

Soportes para árboles

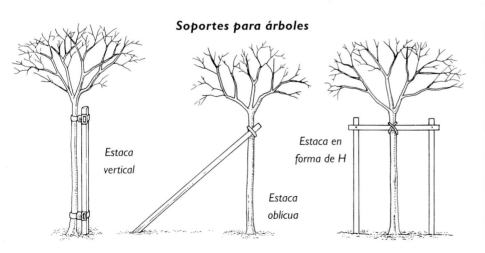

Estaca vertical

Estaca oblicua

Estaca en forma de H

ENTUTORADO DE RAMAS CARGADAS DE FRUTOS

En ocasiones, las ramas de los árboles frutales pesan tanto que se doblan hacia abajo. Si esto ocurre, coloque varas de madera con forma de Y bajo la rama a modo de soporte, o bien clave una estaca de 3 m de longitud junto al tronco y mantenga las ramas en su sitio tensándolas a ella con bramante resistente.

elección y creación del cobertizo

Todo jardín debería disponer de un cobertizo donde guardar las herramientas de jardinería y cualquier otro tipo de equipamiento. Adquiera siempre el de mayores dimensiones posible. El tamaño medio es de unos 2,4 por 1,8 m. Antes de montarlo e instalarlo, nivele y compacte el suelo.

Gama de cobertizos

Existen cobertizos de infinidad de formas y tamaños, algunos con un tejado a dos aguas tradicional (con caballete en el centro) y otros con un tejado a una sola agua. Los hay incluso que combinan el tejado de aguas con una pequeña zona de invernadero en un extremo. También se comercializan cenadores que constan de un almacén y una zona al aire libre. A la hora de elegir un cobertizo, procure que combine con el estilo de su jardín, aunque vaya a situarlo en un rincón apartado (si tiene previsto almacenar en él gasolina o keroseno, no lo ubique junto a la vivienda). Sitúelo en un lugar de suelo pobre o utilícelo para ocultar vistas poco atractivas. Los cobertizos feúchos pueden camuflarse recubriendo las paredes con emparrados. Necesitará trazar una senda resistente a las inclemencias climáticas que enlace el cobertizo con la vivienda.

Casi todos los cobertizos son de madera. También los hay de PVC rígido, pero no son tan bonitos. Los cobertizos de madera se construyen revistiendo una estructura de madera con tablones superpuestos o machiembrados. El tipo de madera influye en el precio del cobertizo, así como en su duración. La madera blanda (normalmente de pino o abeto) debe tratarse con un conservante inyectado a presión, mientras que la madera de gama superior, como la del cedro rojo occidental, ofrece mayor resistencia al agua, aunque debe barnizarse regularmente con aceite para cedro.

Construcción de un cobertizo

El terreno en el que va a erigirse el cobertizo debe estar firme y nivelado. Antes que nada, limpie la zona de ramas y vegetación. El cobertizo puede construirse directamente sobre rastreles inyectados a presión con conservante de madera, de sección cuadrada de entre 5 y 6,5 cm y colocados sobre el suelo. No obstante, es recomendable pavimentar el terreno. Marque en el suelo un área cuadrada en la que colocar el cobertizo. Utilice un nivel para comprobar la horizontalidad del terreno. Acto seguido, pavimente la base con baldosas

lisas cuadradas de 45–60 cm. Disponga las baldosas en tres hileras separadas por 30–45 cm. Coloque sobre ellas los rastreles en ángulo recto para afianzar el suelo del cobertizo.

Si el cobertizo es de madera de conífera, barnice bien todas las superficies y juntas con un conservante para la madera. Después, coloque los tablones y vuelva a comprobar que las superficies estén niveladas. Para construir un cobertizo de forma fácil y rápida se requieren de dos a tres personas. Atornille o clave las tablas de las paredes, sujetando cada pieza en su sitio hasta que quede fija. Luego, coloque el tejado. Revístalo con fieltro impermeable de techar y pegue los bordes del fieltro con un adhesivo. Las ventanas deberán acristalarse. Los vidrios de las ventanas fijas pueden inmovilizarse con junquillos de acristalamiento o abrazaderas, y los de las ventanas practicables quedan más seguros si se sellan con masilla.

CENADORES

Los cenadores o glorietas permiten disfrutar del espectáculo del jardín bajo un techo. Su historia se remonta muy atrás en los tiempos. Los cenadores que decoraban los antiguos jardines persas eran una evolución de los palomares que en la época había en todos los rincones. Situados en las lindes de un plantel, los cenadores constituyen vistosos motivos ornamentales. También pueden erigirse en un rincón desde el cual se disfrute de una vista panorámica del jardín. Suelen consistir en una estructura de madera con celosía en la parte trasera y un tejado decorado. Los más sencillos pueden construirse erigiendo cuatro postes resistentes y armando sobre ellos el tejado. La parte posterior y el tejado se revisten con una celosía pintada de blanco.

◀ *Plante arbustos, trepadoras y bianuales altas alrededor del cobertizo para fusionarlo con el jardín y armonizarlo con las plantas cultivadas.*

construcción de un cobertizo

1 La base del cobertizo puede colocarse directamente sobre rastreles de madera resistente. Pero para una base más sólida y a prueba de heladas, conviene pavimentar la zona antes de tender los rastreles.

2 Solicite ayuda a un par de amigos para levantar las paredes y los ángulos del cobertizo. Sujételos con tornillos o clavos. Las paredes deben quedar rectas y formar un cuadrado perfecto.

3 Ajuste firmemente los extremos del tejado a las ranuras correspondientes y dé una vuelta alrededor del cobertizo para verificar que el tejado sobresale de manera uniforme por todas las caras.

4 Coloque el fieltro impermeable de techar, longitudinalmente o partiendo de la cresta del tejado. Clávelo con clavos galvanizados de cabeza larga y pegue los salientes con un adhesivo para tejados.

electricidad en el jardín

Disponer de electricidad en el jardín le permitirá utilizar una amplia gama de equipamiento, como iluminación en cobertizos, fuentes y estanques, y luces decorativas en el patio. El tendido eléctrico debe encargarse a un profesional para garantizar su seguridad y adecuación a la normativa.

Iluminación de patios

Los patios iluminados ofrecen un marco incomparable para disfrutar de las cálidas noches de verano. Además, la iluminación constituye un excelente método para disuadir a los ladrones, sobre todo si se instala un detector de

Distintos tipos de iluminación

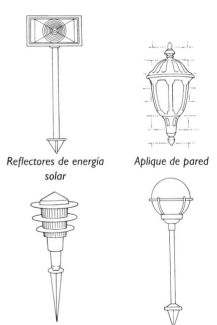

Reflectores de energía
solar

Aplique de pared

Farolillo

Lámpara de globo

◄ *Las fuentes y los estanques iluminados con focos de luz tenue confieren belleza al jardín en la oscuridad de la noche.*

infrarrojos: al detectar el calor de un cuerpo, enciende automáticamente las luces. También puede integrarse con el circuito de focos instalados para iluminar un sendero o una vía de acceso, pero debe asegurarse de que no se active con el paso de transeúntes en la calle, ya que, si no, las luces estarían encendiéndose y apagándose toda la noche. La gama de iluminación para patios es muy amplia e incluye de focos de baja altura a apliques instalados a diferentes alturas. Algunos focos pueden instalarse entre las plantas de las borduras.

Electricidad en estanques

En los estanques puede utilizarse electricidad de la red de suministro general o electricidad de bajo voltaje. En muchas zonas de un jardín (patios, invernaderos, cobertizos, etc.), la electricidad general suele ser la mejor opción, porque tiene más potencia. En cambio, en el interior o los alrededores de los estanques es preferible un suministro de menor voltaje y mayor seguridad para los focos y las fuentes iluminadas. Si necesita iluminar varias fuentes, una catarata y focos muy potentes, deberá utilizar la corriente general, pero tenga en cuenta que su instalación resulta mucho más cara que la de un sistema de bajo voltaje. También puede utilizar fuentes acuáticas que funcionan con energía solar: resultan fáciles de instalar, si bien el jardín ha de estar en un lugar soleado para que la fuente funcione constantemente.

Electricidad en invernaderos

En los invernaderos conviene tener corriente general, sobre todo si cuentan con calentadores de aire tubulares. Los aerotermos y las unidades de multiplicación también usan esta corriente. Hoy día se comercializan boquillas

nebulizadoras que también funcionan con la corriente general.

Contrate a un electricista cualificado para que realice la instalación y solicítele que ubique el contador cerca de la puerta y a una distancia mínima de 1,2 m del suelo. Recúbralo con un plástico clavado con tachuelas para impedir que se moje y garantizar una buena circulación del aire. Exija que le instalen un interruptor del circuito de fallos de conexión a tierra (GFCI) que corte el suministro eléctrico en caso de producirse un cortocircuito.

Electricidad en cobertizos

No es imprescindible pero sí muy útil, sobre todo en invierno, cuando es necesario emplear el cortacésped y otras herramientas eléctricas. Solicite que le instalen un segundo contador para que el suministro de corriente en el jardín sea independiente del de la vivienda.

▲ Los focos colocados a baja altura o a ras de suelo son ideales para iluminar las plantas que bordean las zonas pavimentadas. Las macetas y tinas pueden colocarse directamente sobre ellos.

JARDINES SEGUROS

Siga estos consejos:
◉ Consulte a un especialista a la hora de instalar electricidad en el jardín. No utilice materiales de baja calidad ni haga «apaños».
◉ Si los cables van a ir enterrados, dibuje y guarde un esquema de su ubicación. Introduzca los cables enterrados en un conducto. Si vende su propiedad, indíquele al nuevo propietario el recorrido de los cables subterráneos.
◉ Solicite una revisión anual de la instalación. El equipamiento debe estar diseñado para su uso en exteriores.
◉ Verifique siempre que la instalación posee un interruptor del circuito de fallos de conexión a tierra, y en especial si tiene previsto utilizar un cortasetos o un cortacésped.

el césped y su cuidado

El césped es un elemento fundamental del jardín, que a menudo ocupa la zona más extensa y llamativa. Ofrece un lugar donde jugar, sentarse y comer, además de enlazar las distintas zonas y de constituir un fondo ideal para un amplio abanico de plantas. Su cuidado es sencillo, pero hay que saber bien qué hacer. En este capítulo le ofrecemos algunos trucos esenciales para su abono y riego, así como para reparar calvas, hoyos y bultos. Asimismo, se incluyen ideas para crear una pradera de manzanilla y darle a su jardín un toque de estilo.

cultivo de césped con semillas

En las zonas templadas se cultiva el césped con la plantación de semillas o mediante tepes. Sin embargo, hay otros métodos: en los climas cálidos, se plantan matas de césped separadas entre sí 7,5 cm; y en los tropicales, se extiende una capa de fango mezclada con césped cortado, agua y tierra.

Preparación del terreno

Tanto si planta semillas como si coloca tepes, la preparación del terreno es idéntica. Primero, compruebe que el suelo esté bien drenado (*véanse* págs. 90–91) y, en caso necesario, instale sumideros. En invierno, cave el suelo (*véanse* págs. 92–103) y carpe las malas hierbas perennes. Varias semanas antes de plantar las semillas, rastrille la zona hasta dejarla nivelada

o con una ligera pendiente. Compacte el terreno arrastrando los pies hacia los lados hasta que quede firme y uniforme. Prescinda del rodillo. Finalmente, rastrille el suelo.

Siembra de semillas de césped

Una semana antes de plantar las semillas de césped (lo habitual es a finales de la primavera o entre finales de verano y principios de otoño), esparza un fertilizante general de manera uniforme, en una proporción de 50 g/m². Con un rastrillo de metal mezcle el fertilizante con la tierra arable. Dos días después, cuando la superficie del suelo esté seca, divida la zona en franjas de 1 m de amplitud con cordel. Utilice un par de cañas de bambú de 1,2 m de longitud para formar un cuadrado de 1 m en un extremo de una de las franjas.

Plante en ese cuadro las semillas de césped en una cantidad de unos 50 g/m². Una proporción inferior daría lugar a un manto ralo y fino, mientras que una superior daría lugar a un manto demasiado espeso, propenso a contraer enfermedades.

Desplace una de las cañas para formar otro cuadrado y siembre el nuevo cuadro delimitado. Repita la operación hasta sembrar

toda la zona. Extienda en el suelo un tablón de madera y utilícelo como pasarela para rastrillar la zona sembrada y mezclar las semillas de manera uniforme con la tierra superficial. No camine sobre las zonas recién sembradas porque se compacta el suelo y las semillas pueden enganchársele a las suelas de los zapatos. Si la predicción del tiempo anuncia sequías, riegue el suelo con poca agua de manera uniforme. Tienda una red de hilos negros separados entre sí 20 cm y a 15 cm del suelo para ahuyentar a los pájaros. Otro método, inofensivo para los pájaros, es cubrir la superficie sembrada con láminas de polietileno negro, que contribuyen a retener la humedad. Retire las láminas en cuanto las semillas germinen.

▶ *El césped compone un fondo ideal sobre el que realzar las plantas. Es posible conectar distintas zonas del jardín con senderos de césped.*

VENTAJAS DE CULTIVAR SEMILLAS

⊛ Resulta más económico que plantar tepe.
⊛ Requiere menos esfuerzo que colocar tepe.
⊛ Permite trazar más fácilmente zonas de formas complejas.
⊛ Existen semillas de césped para casi todos los rincones del jardín, ya sean soleados o sombríos, zonas de juego o planteles ornamentales.

DESVENTAJAS

⊛ Debe aguardarse entre 3 y 4 meses para utilizar el césped.
⊛ Los gatos, los perros y los niños pequeños pueden estropear los lechos de siembra si caminan por ellos.
⊛ Pueden brotar malas hierbas perennes si el suelo no se prepara a conciencia.

cultivo de césped a partir de semillas

1 Nivele el suelo y retire las piedras grandes. Aplique un fertilizante general en una proporción de 50 g/m^2 y dé una labor al suelo con un rastrillo.

2 Delimite la zona a sembrar con dos cordeles y, a continuación, disponga dos cañas de 1,2 m de longitud en perpendicular a ellos para formar un cuadrado.

3 Siembre las semillas al voleo en el cuadrado, en una proporción de 50 g/m^2. Asegúrese de distribuirlas bien por toda la superficie, y no sólo en el centro.

4 Una vez haya sembrado el primer cuadrado, forme otros cuadrados y repita la operación hasta sembrar toda la zona. Dé una fina labor con un rastrillo para mezclar las semillas con la tierra superficial.

tepe

Existe la creencia de que los mantos de tepe son algo instantáneo, pero lo cierto es que han de transcurrir un mínimo de cuatro semanas para que el césped se establezca antes de poderlos utilizar. La preparación del terreno es idéntica que para el césped cultivado con semillas (véanse págs. 104–105).

Colocación del tepe

El tepe puede colocarse entre primavera y otoño, si bien lo más efectivo es hacerlo a principios de otoño, cuando el suelo está cálido y húmedo. Tras preparar el terreno a conciencia, utilice un rastrillo de metal para nivelar la superficie. Más o menos una semana antes de colocar el tepe, esparza un fertilizante general en una proporción de 70 g/m² y dé una labor suave con el rastrillo para mezclarlo con la tierra arable.

Delimite con cuerda un lado de la zona que desea cubrir con tepe. Para prevenir posibles males ocasionados por sequías o deterioros de los bordes del tepe, dele a la zona una amplitud adicional de 7,5 cm. Así, en caso de que se reseque la hierba de los flancos, la alfombra verde no se verá afectada, ya que podrá recortarse al tamaño previsto inicialmente.

Para colocar el tepe, disponga una hilera de losetas muy juntas a lo largo de la cuerda. Después, coloque un tablón de unos 20 cm de ancho y 2,4–3 m de largo sobre el tepe. Utilícelo de pasarela para colocar la siguiente hilera de losetas. Acto seguido, traslade el tablón y coloque una nueva hilera. Repita la operación hasta haber recubierto toda la superficie.

Al colocar una loseta de tepe, verifique que queda en contacto total con el suelo compactándola con un pisón o un trozo grueso de madera de sección cuadrada de unos 45 cm unido por la parte central a un mango vertical de 1,5 m de largo. Es inevitable que queden rendijas entre las losetas, así como en los extremos y en los laterales: tamice un poco de tierra y turba, y rellénelas con la mezcla. Una vez haya recubierto toda la superficie con el tepe, riéguelo con un aspersor.

Tipos de tepe

Existen dos tipos principales de tepe para jardín. Uno de ellos es el tepe *meadow* o de pradera, que se comercializa cortado en losetas de 90 cm de largo por 30 cm de ancho y 36 mm de grosor, si bien no es raro encontrarlo en otras medidas. Procede de prados de pasto y suele ser el tepe más económico.

El otro tipo se denomina «tepe cultivado» o «tepe sembrado». Se cultiva específicamente para su venta, es más caro que el tepe de pradera y se comercializa en rollos. Antes de adquirirlo, conviene verificar que el tamaño de los rollos se ajusta a nuestras necesidades.

VENTAJAS DEL TEPE

◉ Se obtiene una superficie practicable en tan sólo cuatro semanas desde la colocación de las losetas.
◉ Se suprimen los problemas con los pájaros, perros y gatos.
◉ Es ideal para familias con niños.
◉ Puede colocarse entre primavera y otoño, si bien no conviene hacerlo con el suelo seco. Si el tepe se reseca, debe regarse con regularidad.

DESVENTAJAS

◉ Resulta más caro que sembrar las semillas.
◉ Su colocación es más ardua que la siembra.
◉ Las losetas deben colocarse en las 24 horas posteriores a su adquisición. Si el tepe se deja enrollado, el césped amarillea y las puntas empiezan a resecarse. Si se retrasa la colocación, deberá regar el tepe en cuanto lo desenrolle.

TRUCOS Y CONSEJOS

Compre siempre algunas losetas de tepe adicionales. Esto es indispensable si los contornos del terreno son curvos. Además, dado que el tepe se planta empalmando una loseta con la siguiente, en los bordes siempre quedan recortes inutilizables.

tepe

1 Prepare el suelo con cuidado, aplique un fertilizante general y dé una labor con el rastrillo. Extienda una cuerda para delimitar la línea de colocación del tepe y empiece a disponer las losetas muy juntas.

2 Coloque una tabla ancha y resistente sobre el tepe y utilícela como pasarela para colocar otra hilera de tepe, muy junta a la primera y con los extremos empalmados. No camine sobre el tepe para evitar marcas.

3 Improvise un pisón golpeando un tablón con el mango de un martillo o bien construya uno ensamblando un mango vertical de 1,5 m al punto central de una toza de madera de sección cuadrada de 45 cm.

4 Esparza una mezcla de tierra tamizada y turba entre las juntas y rellene las rendijas con una escoba o un escobón. Una vez colocado todo el tepe, riéguelo ligeramente de forma homogénea.

▲ *Un césped bien cuidado transmite una sensación de amplitud y realza las plantas y los motivos decorativos del jardín.*

cuidado del césped

El césped es un elemento fundamental de todo jardín, y realza las plantas decorativas. Los mantos de césped unifican el jardín y sirven como zona de juegos para niños y mascotas. Con un cierto cuidado, puede conservarse en buen estado y resistir el desgaste propio de un uso habitual.

Reparación de los bordes

Transcurridos unos años, es inevitable que los bordes del césped se deterioren y afeen. No obstante, su reparación es sumamente sencilla (*véase* pág. siguiente).

Reparación de calvas

Si el césped se utiliza como zona recreativa para niños y mascotas, no es extraño que surjan calvas o rodales sin vegetación. Repárelos en la mayor brevedad posible para evitar que se extiendan (*véase* pág. siguiente).

▲ *Para disfrutar de un césped tupido y elegante deben procurársele cuidados durante todo el año. Si se desatiende, el césped se afea.*

Nivelación de hoyos y bultos

Nivelar los hoyos y los bultos de un manto de césped es muy sencillo, siempre y cuando éstos midan menos de 1,5 m de ancho. Extienda una cuerda a lo largo de la parte central del montículo u oquedad y, con unas tijeras cortacésped, corte una línea de 6 cm de profundidad. Luego, creando franjas de 30 cm de ancho, corte nuevos surcos en ángulo recto a esta línea central. Con una pala de jardín o una herramienta de corte especial, y partiendo del centro y hacia fuera, separe las losetas de césped resultantes del suelo y enrolle el tepe para dejar al descubierto el desnivel. Alise el terreno excavando la tierra sobrante o rellenando el hoyo con compost. Vuelva a colocar el tepe y compáctelo. Rellene las juntas de las losetas con compost y riegue la zona copiosamente.

Calvas

Suelen ser el resultado de un desgaste excesivo del césped. Para que crezcan hierbas nuevas, recubra la calva con una malla de alambre y manténgala siempre humedecida. No obstante, si el terreno es muy compacto, necesitará aplicar un tratamiento de choque. Ahueque el área con una horca hasta una profundidad de unos

15 cm. Añada tierra vegetal y dé una ligera labor. Nivele el terreno, compáctelo y siembre las semillas en una proporción de 50 g/m². Riegue la zona con poca agua, espere que la superficie se seque un poco y recúbrala con una lámina de polietileno limpia. Retírela cuando las semillas germinen con fuerza.

CUIDADOS RUTINARIOS

Un manto de césped bien cuidado confiere gran belleza al jardín. He aquí tres consejos para contar con un césped en perfecto estado:
◉ Corte el césped con regularidad entre principios de primavera y principios/mediados de otoño. Utilice un cortacésped con caja colectora, excepto si el clima es cálido y seco.
◉ Abone el césped durante la primavera y principios de verano. Excepto en los períodos de sequía, aplique abono de efecto rápido cada 6–8 semanas. A finales de verano y principios de otoño emplee abono de efecto lento. Para saber la cantidad de abono que debe utilizar, consulte las recomendaciones del fabricante.
◉ Airee el césped a finales de verano. Para hacerlo, clave las púas de una horquilla de jardín a una profundidad de unos 10 cm y a una separación de unos 7,5 cm en la superficie del césped, o utilice una horquilla de dientes huecos fabricada para este fin. Luego, rastrille la tierra, mezclándola bien con una capa de recebo. Pinche la superficie del césped en primavera antes de incorporar los fertilizantes.

reparación del césped de los bordes

1 Coloque una plancha de madera de 20–23 cm de ancho, 30 cm de largo y 12–18 mm de grosor sobre la zona deteriorada, de tal modo que una de sus caras quede a ras del borde del césped.

2 Con un cortador de césped con hoja de media luna, recorte el césped a 6 cm de profundidad siguiendo el contorno de la plancha de madera y recortando las esquinas.

3 Retire la plancha y excave la zona recortada con una pala. A continuación, rellene la zona a reparar con compost, compacte el suelo y siembre en ella semillas nuevas de césped.

reparación de una calva

1 Coloque una plancha de madera cuadrada de 25–30 cm sobre el rodal sin vegetación y, con un cortador de césped con hoja de media luna, recorte el césped siguiendo el contorno de la plancha.

2 Retire el trozo de tepe dañado. Utilice la misma plancha para recortar un trozo sano de tepe de una zona no transitada. Colóquelo en la clapa y nivélelo con la superficie del césped circundante.

3 Compacte el tepe con suavidad para colocarlo en su sitio y rellene con compost las juntas. A continuación, riegue la zona a fondo repetidamente hasta que el césped empiece a brotar.

prados de manzanilla, sendas de tomillo

Los prados de manzanilla y las sendas de tomillo son elementos vistosos y originales. La historia de los prados de camomila se remonta a la Inglaterra isabelina, época en la que los nobles jugaban a la petanca sobre su aromática superficie. El aroma del tomillo añade una nueva dimensión al jardín.

Prados de manzanilla

Se siembran con *Chamaemelum nobile,* antaño popularmente conocida como *Anthemis nobilis,* una herbácea perenne, postrada y tapizante cuyas hojas finamente diseccionadas exhalan un perfume afrutado con el roce. La variedad sin flor, la «Treneague», despide un aroma similar al del banano.

Los prados de manzanilla recién sembrados pueden verse afectados por las hierbas adventicias, por lo que es fundamental preparar bien el terreno. Excave toda la zona hasta una profundidad de 30 cm y carpe las malas hierbas perennes. Durante los 12 meses siguientes, sache la tierra y escarde los hierbajos. En el segundo invierno, realice una nueva cava y, en la primavera siguiente, plante la manzanilla.

Siembra de un campo de manzanilla

Tras nivelar la zona con un rastrillo, holle el suelo arrastrando los pies hacia los lados. Después, dé una fina labor de rastrillo para eliminar las huellas de los pies. Si el suelo está seco, riéguelo con agua abundante y aguarde hasta que la superficie se

reseque y aterrone para realizar la siembra. Puede sembrar el prado entre finales de primavera y comienzos de verano.

Siembre las plantas a 15–20 cm de distancia, en hileras escalonadas, y utilice una pala plantadora para hacer orificios que no constriñan las raíces. Compruebe que la corona de cada planta se halle justo por debajo de la superficie, compacte el suelo y riegue ligeramente toda la parcela de manera uniforme. Cuando las plantas empiecen a brotar y formar un manto, córtelas con tijeras de podar afiladas.

Sendas de tomillo

El *Thymus serpyllum* (serpol o serpillo) es una planta perenne tapizante con hojas aromáticas de un gris verdáceo y flores que van del blanco al rojo durante el verano. Una vez se establece, el tomillo puede llegar a extenderse 45–60 cm. Para acelerar el proceso del alfombrado, se recomienda sembrarlo muy tupido.

Creación de sendas de tomillo

En invierno, delimite el ancho del sendero y trabaje la zona a fondo para carpir las malas hierbas perennes. Deje la superficie sin compactar y aguarde a que el paso del tiempo desterrone la tierra y cree una capa de alta calidad o labranza fina. En primavera, rastrille el suelo y cree un caminillo con pasaderas (disponga las piedras de modo que su uso resulte cómodo). Coloque las pasaderas directamente en el suelo, de tal modo que sobresalgan unos 12 mm por encima del terreno. Para acelerar el tapizado, siembre las plantas a 23–30 cm de distancia.

Compacte el suelo de alrededor y riegue la zona a fondo. Hasta que el sendero se haya establecido, riéguelo con regularidad, sobre todo por los bordes, ya que son más propensos a resecarse.

▲ *Los prados de manzanilla, tapizados de hojas verdes de fragancia afrutada, componen un elemento vistoso en cualquier jardín.*

▶ *En la estación estival, las sendas de tomillo devienen decorativas cintas de color que unen las diversas zonas del jardín.*

DESCANSADEROS AROMÁTICOS

Constituyen elementos originales en un jardín pequeño. Se trata de estructuras elevadas de unos 45 cm de altura, 1,2–1,8 m de longitud y 50–60 cm de ancho en las que se planta manzanilla o tomillo. Dado que el arriate está elevado, la tierra tiende a secarse, sobre todo en climas calurosos y soleados, por lo que es imprescindible regarla con cierta regularidad. Una alternativa consiste en intercalar las plantas con adoquines, los cuales, además de proveer un lugar para sentarse, contribuyen a mantener la tierra húmeda y fría.

agua y roca en el jardín

Con la popularización de los jardines acuáticos, cada vez parece más inexcusable carecer de un motivo ornamental con agua, ya sea un estanque poblado por ranas y tritones, una fuente de pared cuyo chorro repiquetee sobre guijarros de colores dispuestos en el suelo o, para los más osados, un jardín cenagoso cuyo suelo permita el cultivo de algunas plantas especiales. Sin embargo, es posible que los jardines de rocalla, con suelo de drenaje rápido y plantas exquisitas, sean más de su estilo. Todos ellos son fáciles de conseguir aplicando unos cuantos trucos prácticos.

jardines acuáticos

El agua transmite sensación de paz y confiere movimiento al jardín. Un estanque enclavado en un rincón soleado del jardín genera un ambiente sosegado, sobre todo si está recubierto de nenúfares y las libélulas rondan sus aguas.

Elementos acuáticos para jardines

Además de estanques, existen muchos otros elementos acuáticos, algunos de los cuales son la opción ideal para las familias con niños, como una fuente cuyo chorro repiquetee sobre guijarros o una alberca poco profunda accionada por una bomba. Dadas las reducidas dimensiones de estos motivos ornamentales, encontrarles un hueco en el patio no suele suponer ningún problema.

Otorgue a su estanque la forma y el tamaño que desee. La superficie del agua puede estar a ras de suelo o elevada a unos 45 cm. Los estanques con un contorno irregular situados a ras de suelo combinan a la perfección con un jardín cenagoso o una zona agreste. Hace unas décadas, casi todos los estanques eran de hormigón y tenían una forma cuadrada o rectangular. Construir un estanque era una tarea ardua y, a menos que se encofrara, no tardaban en aparecer grietas. Hoy día, los estanques ovalados con orillas en gradación son una opción popular y más duradera.

Los estanques actuales se componen, en su inmensa mayoría, de una cuba interna flexible (estanques de lámina de plástico) o rígida (estanques prefabricados). Las cubas flexibles se utilizan para forrar hoyos cavados con el

▲ *Los estanques aportan sensación de paz y tranquilidad al jardín. La gama de plantas afines a parajes acuáticos es muy amplia e incluye desde nenúfares hasta aromáticas plantas de orilla.*

PAUTAS PARA ELEGIR UNA FUENTE

✹ El chorro no debe caer directamente sobre los nenúfares o las plantas marginales.
✹ El caño no debe situarse a una altura superior a la mitad de la anchura del estanque.
✹ En las zonas ventosas, opte por fuentes con un chorro constante.
✹ Vigile que las gotas de agua no deterioren las plantas flotantes.

contorno y a la profundidad deseados. Su duración depende del material del que estén fabricadas. Las membranas de polietileno son más baratas, pero su vida es relativamente corta, sobre todo si se exponen a la luz solar. Los revestimientos de butilo son más resistentes (duran unos 20 años), pero también más caros.

Para evitar que con la presión del agua las rocas subyacentes la perforen, la cuba debe colocarse sobre un lecho de arena. Los estanques rígidos prefabricados se insertan en un hoyo excavado. Los más baratos son los de plástico, pero son también los que menos duran. Los estanques de fibra de vidrio, más caros, pueden llegar a durar más de 20 años.

Elección de los nenúfares

Es imprescindible seleccionar bien los nenúfares para asegurarse de que las variedades vigorosas no predominen y abarroten los estanques de dimensiones reducidas. Existen de cuatro tipos: enanos, pequeños, medianos y vigorosos. Las variedades enanas son idóneas para estanques de 10 a 25 cm de profundidad; las pequeñas, para estanques de 15 a 45 cm; las medianas, para estanques de 30 a 60 cm, y las vigorosas, para aguas con una profundidad de entre 45 y 90 cm.

Para plantar un nenúfar (*Nymphaea* spp), introdúzcalo en un recipiente de malla de plástico con compost y cúbralo con una capa de gravilla de 2,5 cm de grosor. Deje que el compost se empape y deposite el contendor en el estanque. Coloque el recipiente sobre ladrillos, de tal modo que las hojas del nenúfar floten en la superficie. Retire los ladrillos a medida que la planta vaya desarrollándose, vigilando siempre que las hojas permanezcan en la superficie.

Estanques en miniatura

Incluso el patio del jardín más pequeño puede albergar un elemento acuático. Las cubas de madera resistente constituyen casas de verano ideales para los nenúfares enanos y otras plantas acuáticas. Dado que el volumen de agua que pueden contener en su interior es limitado, las plantas deben trasplantarse a un invernadero o jardín de invierno durante la estación más fría. Entre los nenúfares enanos de mayor calidad destacan:

la *Nymphaea* «Aurora», cuyo color vira del amarillo rosado al naranja y, finalmente, al rojo;

la *Nymphaea* «Indiana», de color naranja, con estambres rojizos, y

la *Nymphaea tetragona*, de color blanco, con estambres amarillos.

Algunas plantas acuáticas marginales son:

la *Carex elata* «Aurea», de hojas estrechas y doradas, y

el *Scirpus latifolia* «Zebrinus», con estambres en remera a rayas verdes y blancas.

▲ *Los estanques elevados componen bellos adornos. Deben construirse con un material acorde al resto de estructuras del jardín.*

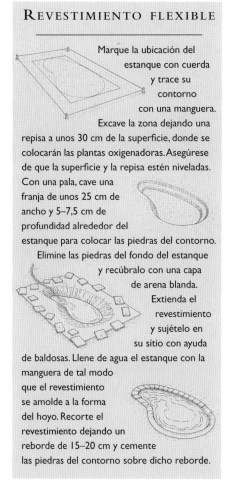

REVESTIMIENTO FLEXIBLE

Marque la ubicación del estanque con cuerda y trace su contorno con una manguera. Excave la zona dejando una repisa a unos 30 cm de la superficie, donde se colocarán las plantas oxigenadoras. Asegúrese de que la superficie y la repisa estén niveladas. Con una pala, cave una franja de unos 25 cm de ancho y 5–7,5 cm de profundidad alrededor del estanque para colocar las piedras del contorno. Elimine las piedras del fondo del estanque y recúbralo con una capa de arena blanda. Extienda el revestimiento y sujételo en su sitio con ayuda de baldosas. Llene de agua el estanque con la manguera de tal modo que el revestimiento se amolde a la forma del hoyo. Recorte el revestimiento dejando un reborde de 15–20 cm y cemente las piedras del contorno sobre dicho reborde.

jardines cenagosos

Las plantas que prosperan en lugares húmedos pueden cultivarse a orillas de un estanque o en charcas naturales para componer un jardín cenagoso. La gama de plantas al uso es amplia y variada, e incluye de prímulas a helechos de zonas húmedas y múltiples herbáceas perennes coloridas.

Creación de un jardín cenagoso

Son muy pocos los jardines donde el suelo permanece húmedo durante la cuatro estaciones. en términos generales, es más recomendable crear un jardín cenagoso en una zona seca que en un humedal natural, por un sencillo motivo: la tierra mixta de los jardines artificiales se retiene en un revestimiento plástico que ayuda a conservar la humedad a lo largo de todo el año, mientras que el suelo de lo que puede parecer una zona húmeda por naturaleza suele resecarse en las estaciones calurosas. A la hora de proyectar un jardín cenagoso, deben tenerse en cuenta algunas condiciones «de obligado cumplimiento», como son dar acceso a todas las zonas del jardín sin tener que pisar el lodo y compactar el suelo innecesariamente. Para que la tierra mixta se conserve humedecida sin anegarse, se practican unas perforaciones en el revestimiento. Al diseñar el jardín cenagoso, compruebe que la capa superior del suelo queda ligeramente por debajo de la superficie del agua del estanque adyacente. Es importante tener a mano un aspersor durante la primavera y el verano para regar el suelo.

Construcción paso a paso

Delimite con una manguera la zona junto al estanque informal en la que desea construir el jardín cenagoso. Al ser flexible, la manguera le permitirá variar el contorno tantas veces como considere oportuno en esta fase de planificación. Otorgue al jardín una forma atractiva, irregular si lo desea, pero velando siempre por facilitar el acceso a todos los rincones.

Excave la zona. Amontone la capa superficial del suelo extraída a un lado (a punto para reutilizarla) y, con la ayuda de la carretilla, despréndase del subsuelo. La profundidad idónea para un jardín cenagoso es de 38–45 cm. Recubra el hoyo con una capa de arena húmeda de unos 2,5 cm de grosor y fórrelo con el revestimiento, remetiendo los bordes bajo el plástico o la membrana del estanque.

Realice varios orificios de 12 mm de diámetro en la base a una distancia de 75–90 cm para garantizar un buen drenaje. Recubra el revestimiento con una capa de grava o gravilla limpia de 5 cm de grosor y, luego, con una

◄ *Las Hostas crecen con fuerza en los jardines cenagosos; sus hojas ayudan a desdibujar los bordes de los estanques de paredes rectas.*

mezcla de tierra hecha con tres partes de tierra arable, tres de turba y una de arenisca no caliza. Compacte la tierra mixta con delicadeza y bordee con grandes rocas el jardín cenagoso para camuflar la membrana de plástico.

Cultivo y plantas

La primavera o principios de verano son las mejores épocas para sembrar las plantas. Antes de la siembra, pulverice la superficie con un fertilizante general y dele una labor ligera con la horca para mezclarlo con la tierra. Después, distribuya las plantas por la superficie, creando una composición atractiva. Utilice un trasplantador para plantarlas (se recomienda partir del centro y avanzar hacia las márgenes). Compacte el suelo alrededor de las raíces y riegue la zona ligeramente de manera homogénea. Entre las plantas más indicadas para un jardín cenagoso se cuentan las prímulas, los helechos y las herbáceas perennes.

Prímulas

Primula denticulata: cáliz denso y globular en primavera. La gama de colores incluye el blanco, el azul y el malva.

P. florindae (prímula gigante): inflorescencias aromáticas con forma de campanilla entre principios y mediados del verano. La gama de colores va del naranja pálido al rojo sangre.

P. japonica (prímula o primavera japonesa): las flores brotan en verticilos sobre los tallos rectos entre finales de la primavera y principios del verano. La gama de colores engloba el blanco, el magenta, el rosa y el rojo fuego.

Helechos

Onoclea sensibilis (helecho sensible): 60 cm de altura y fronde de color verde pálido.

Osmunda regalis (helecho real): entre 1,2–1,8 m de altura y fronde de color verde guisante.

Herbáceas perennes

Astilbe x *arendsii:* inflorescencias espigadas laxas en colores rojo, rosa y blanco en verano.

Hostas: amplia gama, muchas con hojas de un solo color y otras con hojas variegadas.

Iris sibirica (lirio de Siberia): flores azules al entrar el verano.

Lysichiton americanum: flores de un color amarillo intenso similares a las del *Arum* durante primavera y principios de verano.

Rodgersia pinnata: hojas grandes de color verde intenso, en ocasiones con matices marrones.

Trollius x *cultorum:* inflorescencias globulares entre finales de primavera y principios de verano. Gama de colores del amarillo al naranja.

Construcción de un jardín cenagoso

▲ *Los saltos en los que el agua cae en cascada añaden espectacularidad a los estanques, independientemente de sus dimensiones.*

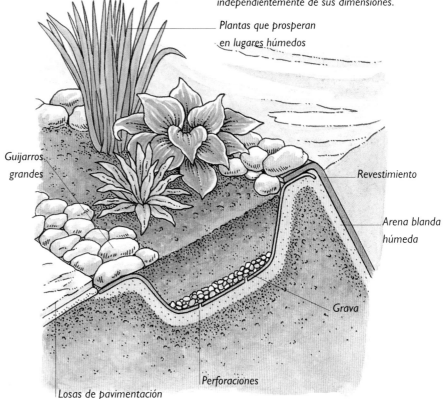

Plantas que prosperan en lugares húmedos

Revestimiento

Arena blanda húmeda

Grava

Guijarros grandes

Losas de pavimentación

Perforaciones

jardines de rocalla

Los jardines de rocalla realzan la belleza de las parcelas reducidas, pues en ellos es posible cultivar un sinnúmero de plantas. El jardín de rocalla puede acomodarse a una pendiente leve o erigirse en un montículo aislado fabricado con tierra drenada y estratos de piedra.

Jardines de rocalla

Si se cuenta entre las personas afortunadas de tener un jardín con una ladera orientada al sur o al oeste, podrá diseñar un jardín de rocalla extendiendo varias capas de piedra natural como caliza o arenisca a modo de estratos. Para un jardín de rocalla con una superficie de aproximadamente 4,5 m² necesitará de una a dos toneladas de piedra.

La gama de plantas disponible para los jardines de rocalla es amplia y abarca desde alpinas hasta herbáceas perennes pequeñas, bulbos enanos y coníferas en miniatura y de desarrollo lento. Los arbustos enanos como el *Cotoneaster linearifolius* alcanzan una altura de unos 30 cm y se extienden otros 50 cm, dando lugar a una estructura permanente. Existen muchos otros arbustos, como el tomillo, el

Hypericum olympica, de espléndidas flores amarillas, y la *Zauschneria californica,* de flores rojas y tubulares, similares a las de la fucsia, cuya floración tiene lugar a finales de la estación estival y principios de la otoñal.

Jardines de rocalla aislados

Los jardines de rocalla construidos sobre un montículo se erigen sobre estratos de piedra natural. Habitualmente ofrecen más espacio para cultivar plantas que un jardín de rocalla situado en una ladera, ya que permiten plantar en la parte frontal y en los laterales. Dado que el frontal suele ser pequeño, conviene no recargarlo de plantas arbustivas y, en su lugar, cultivarlo con columnas de coníferas en miniatura de desarrollo lento para otorgar mayor sensación de altura. Entre dichas plantas se

PLANTAS ESTRELLA

Aubrieta deltoidea	Sedum acre
Aurina saxatilis	Saponaria ocymoides

◀ *Los arroyuelos imprimen un atractivo especial a los jardines de rocalla.*

cuentan el *Juniperus communis* «Compressa» (de 45 cm de altura a los 10 años de edad) y el *Juniperus scopulorum* «Skyrocket» (1,8 m de altura a los 10 años). Cuando lo que interesa es transmitir sensación de amplitud en la base del jardín, plante un *Juniperus squamata* «Blue Star» (38 cm de altura y 60 cm de anchura a los 10 años) o bien un *Juniperus* x *pfitzeriana* «Gold Coast» (50 cm de altura y 75 cm de envergadura a los 10 años).

Muretes de piedra seca

Los muretes de piedra seca (también llamados «muretes en seco») vestidos de flores añaden color y vistosidad al jardín. Pueden utilizarse diversas rastreras, aunque quizá la más lucida sea la *Aurinia saxatilis*, más conocida como *Alyssum saxatile,* que se disemina 30–45 cm sobre el muro de piedra y llena con sus flores doradas más de 60 cm. Existen otras variedades también bonitas, como la *Aubrieta deltoidea,* una perenne siempre verde que da flores cruciformes de tonos rosáceos, liliáceos y purpúreos en primavera y principios de verano.

También es posible cultivar plantas sobre el muro, de tal modo que su follaje caiga en cascada y desdibuje los bordes de éste. Dos de ellas, que en su máximo esplendor se propagan unos 60 cm, son la *Saponaria ocymoides,* que exhibe inflorescencias rosa pálido durante gran parte de la estación estival, y el *Sedum acre* «Aureum», con flores de un amarillo intenso. Los arriates elevados son similares a los muretes en seco, si bien en este caso el contorno encierra un lecho macizo de entre 45 y 90 cm de alto y hasta 1,5 m de ancho.

Pedregales

Es costumbre disponer pedregales alrededor de los jardines de rocalla, si bien éstos también quedan bonitos por sí solos. En ellos pueden plantarse desde coníferas en miniatura y de desarrollo lento hasta arbustos enanos y perennes como la aethionema, el *Erodium* (alfilerillo), el *Phlox douglasii* y el *Silene* (clavel de mar).

▲ *Los pedregales componen adornos ideales para los jardines reducidos, ya sea como extensión de un jardín de rocalla o como elementos autónomos.*

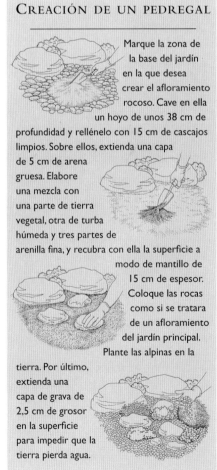

CREACIÓN DE UN PEDREGAL

Marque la zona de la base del jardín en la que desea crear el afloramiento rocoso. Cave en ella un hoyo de unos 38 cm de profundidad y rellénelo con 15 cm de cascajos limpios. Sobre ellos, extienda una capa de 5 cm de arena gruesa. Elabore una mezcla con una parte de tierra vegetal, otra de turba húmeda y tres partes de arenilla fina, y recubra con ella la superficie a modo de mantillo de 15 cm de espesor. Coloque las rocas como si se tratara de un afloramiento del jardín principal. Plante las alpinas en la tierra. Por último, extienda una capa de grava de 2,5 cm de grosor en la superficie para impedir que la tierra pierda agua.

estanques con fauna y flora

Los estanques ofrecen refugio a la fauna lugareña, desde insectos acuáticos hasta pequeños mamíferos, anfibios y aves. No conviene poblarlos con peces de colores y shubunkins, más típicos de los estanques ornamentales, ya que éstos no tardarían en convertirse en pasto de las aves.

Creación de un estanque con vida

Existe la creencia de que este tipo de estanques sólo es adecuado para los jardines rurales, pero lo cierto es que revisten suma importancia para las ciudades y poblaciones, ya que ofrecen a las aves un lugar donde abastecerse de alimento, bañarse y beber agua.

Para su confección se utiliza un revestimiento flexible, por lo general de caucho de butilo. Excave la zona a distintos niveles, con una profundidad máxima de 60–75 cm. La provisión de varios estratos es esencial para que la fauna del estanque sobreviva cuando la superficie se congele. Dibuje un contorno irregular, dejando espacio a un lado para un jardín cenagoso (*véanse* págs. 116–117) con plantas propias de parajes húmedos. Cree una ligera pendiente en las márgenes del estanque para permitir la entrada y salida de sus pobladores. Extienda una capa de arena húmeda de 5 cm de grosor y coloque el revestimiento flexible encima. Si desea construir un sendero en torno al estanque, deje un reborde de 23 cm para recubrirlo con losetas de piedra. Incorpore otra capa de arena para tapar la membrana de plástico y, por último, extienda una capa de tierra pesada de 5–7,5 cm de espesor.

Sujete el revestimiento en todo su perímetro con guijas u otro material. Deposite en el fondo un cubo con la boca de la manguera en su interior. Accione la manguera y deje que el agua desborde el cubo y vaya llenando el estanque. Puede plantar plantas oxigenadoras directamente en el fondo, mientras que los nenúfares y las plantas marginales deben plantarse en recipientes de malla de plástico.

Cuidado del estanque

Deje que la naturaleza siga su curso y disfrute de un estanque lo más natural posible. No obstante, deberá procurarle algunos cuidados,

◄ *Los estanques naturales crean remansos de paz en los jardines, atraen a los pajarillos y dan cobijo a anfibios y mamíferos pequeños.*

Construcción de un estanque natural

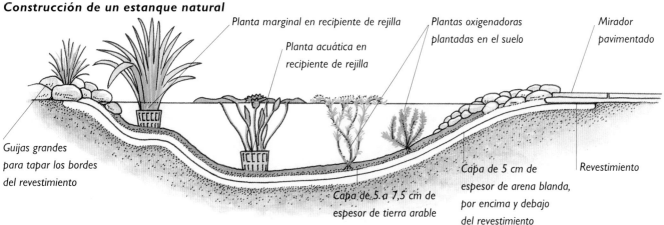

Planta marginal en recipiente de rejilla

Planta acuática en recipiente de rejilla

Plantas oxigenadoras plantadas en el suelo

Mirador pavimentado

Guijas grandes para tapar los bordes del revestimiento

Capa de 5 a 7,5 cm de espesor de tierra arable

Capa de 5 cm de espesor de arena blanda, por encima y debajo del revestimiento

Revestimiento

como eliminar la maleza y las lentejas de agua, así como las hojas y los tallos caídos durante el otoño que floten en la superficie. Al cambiar el agua del estanque, introduzca fauna acuática incorporando unos cuantos cubos de agua de un estanque establecido.

Protección de la fauna

⚙ No emplee pesticidas ni aerosoles de jardín sobre las plantas de las márgenes o el interior del estanque. Las ranas, los sapos y los tritones son altamente sensibles a estos productos.

⚙ No utilice herbicidas en el césped de los alrededores del estanque.

⚙ Coloque rampas en las orillas para facilitar el acceso a animales pequeños y anfibios.

⚙ Si es posible, deje una zona despejada en torno al estanque para evitar que los gatos acechen a los pajarillos que reposen en él.

⚙ No plante árboles caducifolios cerca del estanque. Si no se retiran, las hojas en el agua pueden pudrirse y producir gases tóxicos.

⚙ No sitúe el estanque cerca de árboles con bayas o frutos venenosos, como el laburno.

▶ *Existe un sinfín de plantas que pueden cultivarse a orillas de un estanque natural. Los helechos, en concreto, son muy lucidos.*

propagación de plantas

Todo jardinero siente la necesidad de crear nuevas plantas, ya sea a partir de semillas, esquejes, divisiones de matas o acodos. Muchos de estos métodos son sencillos, baratos y rápidos de aprender. Debe tener en cuenta, no obstante, que para sembrar anuales a principios de primavera se necesita disponer de un invernadero; los plantones se trasplantan a cajones sembradores y, una vez desaparece el riesgo de heladas, se traspasan a las borduras y arriates. Las vivaces resistentes se siembran en el exterior a finales de la primavera, poco antes de que germinen y broten.

propagación simple

La multiplicación de las plantas por métodos fáciles y económicos es una pasión común a casi todos los jardineros. Algunos son casi instantáneos y consisten en dividir las plantas que forman macizo, como las herbáceas perennes. Otros, como el acodo, hacen esperar para ver nacer una planta.

Multiplicación por división

Cuando tienen unos cinco años, las plantas herbáceas forman macollas leñosas, con centros desnudos. En otoño o en primavera, corte todos los tallos a la altura del suelo y utilice una horca de jardín para desenterrar el macizo. Clave en la macolla un par de horquillas juntas, con las caras hacia fuera, y haga palanca con los mangos para aflojarla y poder dividirla en partes. Seleccione los vástagos jóvenes y sanos del exterior y replántelos en una bordura. Finalmente, deseche las partes leñosas viejas.

ARBUSTOS Y ÁRBOLES PARA ACODAR

Amelanchier	Euonymus
Azalea	Forsythia
Calluna (brezo)	Hamamelis
Camellia	Jasminum nudiflorum
Chaenomeles	Magnolia
Chimonanthus	Pieris
Cornus (cornejo)	Rhododendron
Cotinus	Rhus (zumaque)
Cotoneaster	Vaccinium
Erica (brezo común)	Viburnum

Acodo de arbustos y árboles

Éste es un método muy sencillo para multiplicar las plantas, aunque puede transcurrir más de un año hasta que las raíces se establezcan y pueda separarse el nuevo retoño de la planta madre. Es una técnica ideal para las plantas leñosas con ramas flexibles. El acodo o enterramiento del tallo puede efectuarse en cualquier momento, pero las mejores épocas son la primavera, fines de verano y principios de otoño.

Propagación por esquejes leñosos

Este método es excelente para multiplicar arbustos y árboles frutales de madera blanda. Lo único que se necesita es una almáciga o un semillero, una pala y arena mezclada con turba o arena vegetal. Una vez cortados y enterrados, los esquejes apenas requieren cuidados. Los esquejes se obtienen a principios o mediados de otoño y corresponden a brotes nuevos. Entre los arbustos que se multiplican mediante este método se cuentan el agracejo, la deutzia, la forsitia, el acebo, el ligustro, el celindo o falso jazmín, la espirea y la weigela o veigelia.

Para multiplicar el grosellero negro *(Ribes nigrum),* corte a mediados de otoño un vástago de 20–25 cm de largo ligeramente por encima y debajo de un nudo, y plántelo doblado hacia arriba en un surco de paredes rectas, de modo que los dos extremos del esqueje queden por encima de la tierra. Sepárelos 7,5–10 cm y deposítelos sobre una capa de arena hortícola. Compacte la tierra de alrededor. Obtenga los esquejes de grosellero espinoso blanco o rojo a mediados de otoño, cortando un vástago de 30 cm por encima y debajo de un nudo. Corte los brotes, salvo los cuatro superiores, y entierre el esqueje a 15 cm de profundidad en una zanja de paredes rectas. Plántelos separados 7,5–10 cm y sobre una capa de arena fina. Compacte la tierra de alrededor.

PLANTAS HERBÁCEAS PARA DIVIDIR

Achillea	Geranium
Alchemilla mollis	Helenium
Anaphalis	Leucanthemum
Aruncus	x superbum
Astilbe	Lysimachia punctata
Campanula	Monarda
Coreopsis	Ásneres perenne
Echinacea	Rudbeckia
Erigeron (zamárraga)	Solidago (vara de oro)
Filipendula	Tiarella (tiarela)

división de herbáceas perennes

1 Para dividir las raíces de una macolla, clave dos horcas y haga palanca con los mangos para destrabar las raíces. Retire las horcas y deseche la parte central, más vieja, de las raíces.

2 Separe y carde con cuidado los vástagos más jóvenes del exterior del macizo, dividiéndolos en varias partes. No separe las partes minúsculas, ya que tardarían mucho en dar lugar a inflorescencias vistosas.

Esquejes leñosos (ligustro)

Escoja un brote maduro y sano de 23–30 cm de longitud y córtelo por debajo de un nudo.

Arranque todas las hojas, excepto las seis u ocho superiores.

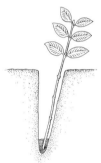

Cave una zanja de 15–20 cm de profundidad y paredes rectas. Espolvoree la base con tierra fina, plante en ella el esqueje y rellene de tierra la zanja.

acodado de arbustos

1 Elija un tallo largo de lento crecimiento de menos de 2 años. Cave una zanja de unos 7,5–15 cm de profundidad y de 23–45 cm desde el ápice del tallo.

2 Entiérrelo en la zanja y dóblelo hacia arriba a 23 cm del extremo. A continuación, haga varios cortes oblicuos en el acodo.

3 Fije los brotes al suelo con grapas de metal o aros de madera e inserte suavemente una caña. Compacte con cuidado el suelo alrededor del acodo.

4 Ate con suavidad el tallo a la caña . Cuando brote la planta, excave la tierra, separe el tallo de la planta madre y pase la nueva plántula a una almáciga.

siembra de anuales resistentes

Estas plantas tienen una vida relativamente corta: se plantan en parterres en primavera y germinan, florecen y mueren con la llegada del frío otoñal. Pero, pese a su efímera vida, crean composiciones espectaculares, sea en borduras donde gozan de todo el protagonismo o como relleno en parterres.

Borduras de anuales resistentes

A finales de otoño o principios de invierno, dé una cava simple al suelo (a la profundidad de una palada) y mézclela con compost o estiércol putrefacto; sepulte las malas hierbas anuales y queme las perennes. Alise el suelo y aguarde a que el clima invernal rompa los terrones y los reduzca a tierra arable que se desmenuce fácilmente. Entre mediados y finales de primavera, camine arrastrando los pies hacia los lados sobre el suelo para compactarlo y dele una labor con el rastrillo para nivelarlo.

Siembra de anuales resistentes

Las anuales resistentes se siembran a mediados o finales de primavera, cuando el suelo está templado. Con un hilillo de tierra fina, delimite zonas de formas y tamaños variados en las que plantar las distintas especies y variedades. En las borduras se aplica una lógica de altura progresiva: las plantas de delante serán más bajas que las de atrás, y sus raíces, más cortas.

Sembrar las anuales a voleo en la superficie resulta algo caro. Lo más recomendable es hacer agujeros de 6–12 mm de profundidad y separados entre sí por 23 cm con una vara afilada. Para una composición más lustrosa, siembre las hileras de plantación en distintas direcciones. Plante las semillas separadas y de manera uniforme, y, con el mango de un rastrillo, entiérrelas en el hoyo y apórquelas con tierra desmenuzable. Compacte la tierra con la cabeza del rastrillo. Una vez realizada la siembra, marque los finales de cada hilera con cañas cortas, para facilitar la desyerba posterior. Etiquete las semillas con el nombre y la fecha de la siembra, y mantenga el suelo húmedo.

Si los pájaros picotean el suelo, recubra la plantación con un hilo negro a modo de malla. Una vez hayan germinado y los plantones puedan manejarse con las manos, entresáquelos. La distancia a la que deberá replantarlos dependerá de la especie y la variedad (lea el paquete). Esparza las plantas en dos fases: plántelas a la mitad de la distancia recomendada y, una vez desarrolladas, sepárelas del todo.

▲ *Las anuales resistentes se usan como relleno en borduras de herbáceas o mixtas durante los primeros años, hasta que las plantas enraízan.*

CULTIVO DE BIANUALES

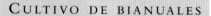

Se denominan «bianuales» las plantas que producen inflorescencias durante su segunda estación de crecimiento. Entre finales de la primavera y comienzos del verano, siembre las semillas de las bianuales de manera homogénea en una almáciga, en agujeros de 12 mm de profundidad separados a 23 cm. Una vez que las plántulas puedan manejarse con las manos, entresáquelas o, si ha plantado las semillas muy juntas, páselas a otro semillero. Si se han plantado espaciadas, entresaque las plántulas. Por ejemplo, espacie las bianuales como las margaritas a 7,5–10 cm, y los alhelíes y otras flores altas a 13–15 cm. Si se han plantado muy abarrotadas, separe los macizos con una horca y elija los plantones más fuertes. Trasplántelos separados a 15–20 cm en hileras dejando un caballón de 30 cm. A finales del verano o principios del otoño, trasplante las plantas establecidas a arriates, macetas y demás.

siembra de anuales resistentes

1 Dé una cava al suelo en invierno y, en primavera, nivele la superficie con un rastrillo. Compáctela con los pies. Con un rastrillo, nivele la superficie y delimite las zonas de plantación con arena hortícola.

2 Con una vara de madera marque la posición de los surcos, y cave surcos de 6–12 mm de profundidad, separados entre sí unos 23 cm. Trace las hileras en un ángulo distinto en cada zona de siembra.

3 Siembre varias semillas de manera homogénea a lo largo de los surcos. No las siembre muy juntas para evitar que las plantas se hacinen y broten pobres. Recoja las semillas que caigan en los caballones.

4 Una vez haya sembrado un surco, utilice la parte posterior del rastrillo para tapar las semillas con tierra desmenuzada. Allane la superficie del surco sembrado ejerciendo presión con la cabeza del rastrillo.

▲ *Las anuales resistentes son fáciles de cultivar y generan abundantes flores de colores y formas muy distintos durante el verano, si bien mueren con la llegada del otoño.*

anuales semirresistentes

Las anuales semirresistentes, también llamadas «plantas de inflorescencia estival» o «de trasplante», despliegan todo su esplendor en verano, inundando de vida borduras, jardineras, cestos de pared y demás. Son de naturaleza tierna, por lo que se dañan fácilmente con las heladas.

Siembra de anuales semirresistentes
Debido a su naturaleza tierna, las anuales semirresistentes se siembran en invernaderos o jardines de verano templados entre finales de invierno y principios de primavera. Su plantación es muy sencilla. El primer paso consiste en rellenar una almáciga o semillero

con abono para semillas y compactar la tierra con cuidado, en especial por los bordes. El abono demasiado suelto se seca enseguida.

Añada más abono al semillero y utilice una tabla de madera de bordes rectos para apisonar la superficie. Ayúdese con un prensador de abono, una especie de pisón de madera

cuadrado, de 13–15 cm de largo y 18 mm de grosor, con un mango en un extremo. Compacte el abono a 12 mm del reborde del semillero. Para sembrar las semillas, ponga unas cuantas en un trozo de cartón rígido plegado en forma de V, colóquelo sobre el abono y agítelo suavemente para que las semillas vayan

siembra de anuales semirresistentes

1 Rellene un semillero con abono para semillas. Compáctelo con un prensador, nivélela y húndala a unos 12 mm del borde del cajón.

2 Ponga algunas semillas en un papel doblado por la mitad y agítelo para distribuir las semillas por la superficie. Deje un margen en los bordes.

3 El grosor del abono con el que se recubren las semillas depende de la especie. Consulte el paquete de las semillas y cúbralas con un tamiz.

4 Sumerja el semillero en un barreño con agua hasta que la superficie se humedezca. Extraiga el cajón y deje que escurra el agua sobrante.

cayendo de manera uniforme sobre la superficie. Deje sin sembrar un margen de 12 mm en los bordes. Cubra las semillas con abono tamizado con un cedazo de huerto o de cocina para que su textura sea fina y regular. El espesor de la capa de abono para semillas variará en función de la especie (consulte el paquete de semillas), aunque lo normal es que sea de 3–6 mm. Riegue las semillas colocando el semillero en un barreño con 2,5 cm de agua limpia. Cuando la humedad se filtre hasta la tierra superficial, retire el semillero del barreño.

Para alentar la germinación se requiere una temperatura de 16–21 °C, aunque ésta puede variar según las especies (consulte el paquete de semillas). Tape el semillero con un plástico o con un vidrio y recúbralo con una hoja de papel de periódico, porque la mayoría de semillas germinan en la oscuridad, aunque algunas requieren luz.

Compruebe regularmente que el abono para semillas sigue estando húmedo y seque el vidrio o el plástico para eliminar el agua que se ha condensado en la cara inferior. Dependiendo de la especie, la germinación tarda entre 7 y 21 días. En cuanto las semillas germinen, retire el periódico y destape el semillero durante más tiempo cada día. Reduzca poco a poco la temperatura para que las plántulas vayan acostumbrándose a las condiciones climáticas normales.

TRUCOS Y CONSEJOS

Utilice sólo abono para semillas limpio cuando siembre las semillas o trasplante las plántulas de una almáciga. La tierra del jardín puede contener plagas y enfermedades que no tardarían en dañar los nuevos vástagos; además, puede estar mal drenada y pudrir la raíz.

entresaca de plántulas

1 Los plantones crecen rápidamente y, si no se separan, se hacinan y deterioran. Cuando pueda manejarlos, trasplántelos a un nuevo semillero más espaciados.

2 Con un plantador pequeño, realice agujeros de 25–36 mm de profundidad y separados a 36 mm. Deje un margen de 12 mm sin plantar alrededor del semillero.

3 Con una espátula o un tenedor viejo, extraiga las plántulas con delicadeza. Colóquelas sobre papel de periódico humedecido para que las raíces no se sequen.

4 Sostenga la plántula suavemente por una de las hojas (no por el tallo) y entierre el cepellón.

5 Compacte el abono para semillas alrededor de las raíces con un plantador, con cuidado de no aplastarlas. Después, nivele la superficie del abono.

6 Coloque el semillero sobre una superficie lisa y bien drenada. Riegue las semillas con un chorro fino para que el abono se asiente en torno a las raíces.

multiplicación por esquejes

La propagación de plantas por esquejes es habitual. Al tratarse de un proceso vegetativo, las nuevas plantas son idénticas a la madre. Los esquejes leñosos arraigan con facilidad y no requieren ningún equipamiento especial. El cultivo de los de tallo tierno y semileñoso se efectúa de modo distinto.

Esquejes de tallo tierno

Es frecuente utilizar los ápices de los brotes jóvenes para propagar plantas del hogar y herbáceas perennes. Dichos ápices reciben el nombre de «esquejes de tallo tierno».

Este tipo de esqueje se obtiene de plantas de invernadero de tallo tierno durante todo el año, si bien la primavera y el principio de verano constituyen las mejores épocas. Los esquejes de las herbáceas perennes se cortan entre principios y mediados de verano, salvo algunas excepciones. Para incentivar el agarre de los brotes de crisantemo tierno a comienzos de año, las raíces durmientes se entierran en una caja con compost a principios de invierno y se conservan templadas y húmedas. De ellas surgirán vástagos tiernos que podrán emplearse como esquejes. A finales de invierno o en primavera, corte varios esquejes de 5–7,5 cm y entierre tres o cuatro a 2,5 cm de profundidad en macetas con una parte de turba húmeda y otra del mismo espesor de arena hortícola. Compacte la tierra de alrededor de los esquejes, riéguelos y consérvelos a 13 °C. El polvo de hormonas de enraizamiento también acelera el agarre del esqueje.

Esquejes semileñosos

Estos esquejes, algo más duros, reciben también el nombre de «esquejes semimaduros» y, como su nombre indica, son más maduros que los de tallo tierno. (*Véase* pág. siguiente.)

Esquejes leñosos

Muchos arbustos anuales y árboles de bayas pueden propagarse mediante esquejes extraídos de los vástagos duros de la estación en curso. Entre otoño y mediados de primavera, antes del despertar de las plantas, corte un vástago de 23–38 cm de largo, dependiendo del arbusto. Recórtelo justo por encima de un nudo en un extremo y por debajo de otro nudo, en el extremo opuesto. Cave con una pala una zanja con una cara vertical en una almáciga y entierre los esquejes hasta la mitad, separados entre sí por unos 10 cm. Compacte la tierra de los alrededores. Los esquejes leñosos tardan un año en enraizar. Una vez lo hayan hecho, trasplántelos de uno en uno a otro semillero, espaciándolos más.

◄ *El arbusto caducifolio resistente* Chaenomeles *(membrillo de flor), puede multiplicarse entre mediados y finales de verano.*

esquejes de tallo tierno

Desqueje las plantas semileñosas a mediados del verano. Seleccione un vástago de 10–13 cm y córtelo conservando un talón en la base.

1 La primavera y comienzos del verano son las mejores épocas para desquejar los tallos tiernos. Llene una maceta a partes iguales con turba húmeda y tierra de huerto y prénsela bien, sobre todo por los bordes.

2 En un tiesto de unos 7,5 cm caben con comodidad tres o cuatro esquejes. Utilice un plantador para realizar los agujeros a unos 12 mm del borde y de 36 mm de profundidad.

Con un cuchillo afilado, corte las hojas inferiores y retire los bigotes del talón.

Inserte los esquejes en una maceta llena a partes iguales con turba húmeda y arena hortícola. Prense la tierra de alrededor de los esquejes y riéguelos con poca agua.

3 Con un cuchillo afilado, corte el vástago justo por debajo de un nudo, y retire las hojas inferiores. Inserte un esqueje en cada agujero, allane la tierra de alrededor y riegue los esquejes con poca agua.

4 Para alentar un enraizamiento rápido, clave en la tierra de tres a cinco cañas de 15–20 cm y recubra la planta con una bolsa de plástico. Ajuste la bolsa colocando una goma alrededor de la maceta.

ARBUSTOS CULTIVABLES A PARTIR DE ESQUEJES SEMILEÑOSOS

Abelia
Camellia
Ceanothus (lila silvestre)
Chaenomeles (membrillo de flor)
Chimonanthus (macasar)
Cistus (jara)
Cotoneaster
Escallonia
Potentilla
Viburnum

cuidado de árboles, arbustos y trepadoras

Todas las plantas del jardín, sobre todo los arbustos, trepadoras y árboles longevos deben plantarse con sumo cuidado; una raíz aprisionada o un suelo pobre pondrán trabas al arraigo y posterior crecimiento de las plantas. Los setos también requieren una atención especial. Es importante podar los setos, árboles, trepadoras ornamentales, arbustos y árboles frutales. Las técnicas de poda de los rosales dependen de si se trata de híbridos del té, floribundas, trepadoras o enredaderas.

plantación de árboles y arbustos

Los árboles y arbustos componen una estructura permanente en su jardín, por lo que conviene adquirir ejemplares sanos y resistentes. Las plantas de baja calidad nunca ofrecen resultados satisfactorios y acaban por ser una decepción continua, mientras que las sanas agracian la vista durante años.

Plantación de arbustos con cepellón

Pueden plantarse en cualquier época, siempre que el suelo no esté helado ni anegado. No obstante, la mejor época es la primavera, porque la planta dispone de todo el verano para arraigar antes de la llegada del invierno.

Una semana antes de la plantación, abone el suelo con un fertilizante y voltéelo con el rastrillo para mezclarlo con la tierra arable. El día previo a la plantación, coloque la planta de pie (aún dentro del recipiente) sobre una superficie bien drenada y riegue el suelo. El día siguiente, cave un hoyo para acomodar las raíces, rellene el fondo con un poco de la tierra extraída y compacte el suelo de alrededor. Introduzca el cepellón en el hoyo, de tal modo que la cara más vistosa quede enfocada hacia el frente del arriate. Ajuste la altura del cepellón para que la parte superior quede algo por debajo del suelo circundante. Para comprobarlo, tienda un listón de madera a través del hoyo. Añada tierra alrededor del cepellón y compáctela por capas. Siga rellenando el hoyo y apretando la tierra con el talón. Una vez concluida la plantación, dé una labor a la zona con el rastrillo o la horca para eliminar las huellas de los pies y riegue la planta.

Plantación de árboles a raíz desnuda

Puede adquirir árboles caducifolios con la raíz desnuda en centros de jardinería y viveros. Se venden sin hojas durante el invierno, tras ser extraídos de viveros durante el período de reposo. También pueden plantarse en cualquier época, siempre y cuando el suelo no esté helado ni inundado.

La primera fase de la plantación comienza inmediatamente después de adquirir la planta, una vez en casa. Retire el envoltorio e introduzca las raíces en un cubo de agua durante un día, más o menos. A continuación, plántela o, si el suelo no está en condiciones, acódela en una zanja de aproximadamente 30 cm de hondo. Inserte las raíces en la zanja y recálcelas. Antes de la plantación definitiva, recorte las raíces largas, delgadas o deterioradas y las ramas dislocadas o dañadas. Cave un hoyo lo suficientemente grande como para acomodar las raíces y siga los pasos indicados en la ilustración de la pág. 135. Asegúrese de que la tierra que quede entre las raíces sea friable.

En los casos en los que deba entutorar un árbol con ayuda de una estaca vertical, clávela en el suelo por el lado de barlovento antes de plantar el árbol. Ate la estaca al tronco. Para saber los tipos de entutorado, consulte las págs. 96–97.

VENTAJAS DE LOS ÁRBOLES Y ARBUSTOS CON CEPELLÓN

Desde la aparición de los centros de jardinería a principios de los años sesenta, las plantas se han comercializado cada vez más en recipientes, lo cual encierra múltiples ventajas:
⊛ Las plantas no requieren cuidados excesivos una vez plantadas.
⊛ Pueden inspeccionarse antes de adquirirse.
⊛ Permiten disfrutar de un jardín instantáneo.

VENTAJAS DE LOS ÁRBOLES A RAÍZ DESNUDA

⊛ Acostumbran a ser más baratos que las plantas con cepellón.
⊛ Suelen tener las raíces menos aprisionadas que las de las plantas con cepellón.
⊛ Es probable que las especies raras de árboles y arbustos sólo puedan adquirirse a raíz desnuda en planteles o viveros especializados.

plantación de un arbusto con cepellón

1 Una semana antes, abone el suelo con un fertilizante general y dé una labor con la horca. Voltee el fertilizante con la tierra de la zona en la que va a plantar el arbusto.

2 El día antes, riegue la tierra de la maceta con abundante agua. Cave un hoyo para acomodar las raíces, rellene el fondo con un poco de la tierra extraída y compáctela.

3 Inserte el cepellón en el hoyo. Con un listón de aristas vivas de madera, compruebe que el cepellón se halle algo por debajo del nivel del suelo circundante.

4 Recalce el cepellón con tierra y compáctela con el tacón de las botas. Rastrille la superficie hasta nivelarla y riegue abundantemente la planta y el suelo de los alrededores.

plantación de un árbol o arbusto a raíz desnuda

1 Antes de plantar, sumerja las raíces en agua. Cave un hoyo y plante el arbusto; la marca de tierra del tronco debe quedar por debajo del terreno actual.

2 Algunos arbustos tienen un «perfil bueno», es decir: una cara más vistosa que el resto. Asegúrese de plantarlos en la dirección correcta.

3 Esparza tierra friable entre las raíces y compáctela por capas. Una vez completada la plantación, rastrille el suelo para nivelarlo y eliminar las huellas.

4 Riegue el suelo y atetille el tronco del arbusto o árbol con un mantillo de compost de jardín de entre 5 y 7,5 cm de espesor.

setos y cortavientos

Los setos, que pueden componerse con árboles y arbustos perennes o caducifolios, desempeñan múltiples funciones, desde bordear un jardín y cortar el viento hasta separar zonas y crear cuadros aislados para plantas tiernas. Además, permiten disfrutar de privacidad y reducen el ruido.

Setos multiusos

Los setos cumplen múltiples funciones, tanto funcionales como decorativas. En las zonas rurales y urbanas, es importante resguardar el jardín de animales intrusos. Algunos arbustos y árboles no sólo componen excelentes setos, sino que además tienen hojas espinosas que pueden ayudar a este fin. Entre ellos se cuentan el acebo, el espino de fuego y el agracejo rojo, los cuales pueden podarse para formar setos bajos y densos.

Por tradición, las parcelas se han delimitado con plantas como hayas, ligustros y tejos,

pero tan importante como esta frontera exterior son los setos de interior, con los que pueden flanquearse senderos y separarse distintas zonas del jardín. Entre los mejores candidatos para estos fines destacan el espliego y el *Buxus sempervirens* «Suffruticosa» (boj enano).

En las zonas expuestas a los vientos es importante instalar un cortavientos. El efecto de éstos se percibe a una distancia de 30 veces la altura del seto, aunque la mayor protección se brinda en el primer tercio (*véase* pág. 68). En las zonas costeras es necesario resguardar las plantas de los vientos fuertes y cargados de

sal. Entre las plantas para setos que sobreviven en estas condiciones figuran el tamarisco y variedades de la *Hippophae* y la *Escallonia*.

Proteger nuestra vida privada de curiosos es una de las múltiples funciones que cumplen los setos. Las coníferas y los ligustros proporcionan pantallas durante todo el año. Igualmente importante es atenuar el ruido de la carretera y los aledaños, para lo cual pueden plantarse coníferas y arbustos perennes. Cuando el ruido suponga una molestia notable, plante una hilera doble escalonada de setos. Los setos proporcionan un fondo perfecto sobre el que realzar otras plantas. El tejo, por ejemplo, crea un telón de fondo sublime para las borduras de herbáceas y las plantas de flor blanca, que contrastan con sus verdes hojas.

Plantar caducifolias a raíz desnuda

Se plantan entre finales de otoño y comienzos de primavera. Para hacerlas más frondosas, córtelas a entre un tercio y la mitad de su altura inmediatamente después de plantarlas.

◄ *Las flores y hojas del arbusto perenne semitierno* Choisya ternata *(naranjo de México) exhalan aroma a naranja.*

plantación de un seto de coníferas

1 Cave una zanja de 30 cm de profundidad y 30–45 cm de ancho. Riegue las plantas en sus macetas y colóquelas en la zanja. Con un listón compruebe que la parte superior del cepellón queda por debajo del suelo.

2 Extraiga las plantas de las macetas y rellene la zona de alrededor de los cepellones con arena friable. Compacte el suelo por capas. Con el tacón de la bota, apriete la tierra alrededor de las plantas.

Buxus sempervirens «Suffruticosa» (boj enano)
Altura: 20–38 cm
Anchura: 15–23 cm
Plantación: 15–20 cm de separación
Arbusto enano perenne ideal para crear setos en miniatura en el interior de un jardín herbáceo o geométrico. Posee hojas pequeñas, brillantes y de un color verde intenso.

Cupressus macrocarpa (ciprés de California)
Altura: 1,8–3 m
Anchura: 1–1,2 m
Plantación: 45–60 cm de separación
Conífera perenne con follaje muy denso y de color verde brillante. Las jóvenes pueden sufrir daños en las zonas muy frías, por lo que conviene resguardarlas hasta que maduren.

Escallonia «Donard Seedling»
Altura: 1,5–1,8 m
Anchura: 1,2–1,5 m
Plantación: 38–45 cm de separación
Arbusto perenne ligeramente tierno de porte péndulo. Da flores rosas similares a las del manzano entre principios y mediados de la estación estival.

Fagus sylvatica (haya)
Altura: 2,4–3,6 m
Anchura: 1–1,5 m
Plantación: 45–60 cm de separación
Caducifolia con hojas de color verde intenso de jóvenes, y verde medio con tintes amarillentos y rojizos en el otoño.

3 Sostenga derechas las coníferas con cañas de bambú. Ate con cordel una caña a cada planta, procurando que quede algo holgado. Durante el primer año, compruebe las ataduras con regularidad.

4 Riegue el suelo generosamente. Añada un mantillo de 7,5–10 cm de grosor alrededor de las plantas y a lo largo de toda la hilera de plantación. Riegue las plantas regularmente durante el primer verano.

Lavandula angustifolia «Hidcote» (espliego)
Altura: 30–60 cm
Anchura: 45–60 cm
Plantación: 23–30 cm de separación
Arbusto perenne, de corta vida si se cultiva como seto, con hojas gris plateado y flores de color azul morado intenso entre mediados y finales de verano. Ideal como seto interno.

Ligustrum ovalifolium (aligustre o san Juan)
Altura: 1,2–1,8 m
Anchura: 60–75 cm
Plantación: 30–45 cm de separación
Arbusto frondoso, habitualmente perenne, aunque semiperenne en zonas frías, con hojas ovaladas. La variedad «Aureum» es de hoja amarilla.

poda de arbustos ornamentales

Pocas labores de jardinería están rodeadas de tanto misterio como la poda. En el caso de los arbustos ornamentales, la poda mejora las flores y da a la planta una forma vistosa. Asimismo, la poda garantiza un desarrollo sano del arbusto, pues elimina los brotes enfermos o demasiado congestionados.

¿Cuándo podar?

Existe cierta confusión en cuanto a la mejor época para realizar la poda. En las zonas templadas, ésta se ve influida por el frío clima invernal, pero, si los jardineros no tuvieran que preocuparse por este factor, la época más conveniente para podar las plantas con flor sería inmediatamente después de que las flores se marchiten. No obstante, como sea que la poda alienta la aparición de nuevos brotes tiernos, éstos podrían verse deteriorados si los arbustos de floración estival se podaran al marchitarse sus inflorescencias.

Arbustos caducifolios con flor

Pueden clasificarse en tres grupos dependiendo de la época del año en la que florecen: invierno, entre primavera y mediados de verano, y a finales de verano. Entre las mejores opciones se cuentan las siguientes:

Floración invernal: *Hamamelis mollis* (lentisco), *Cornus mas* (cornejo macho) y viburnos de floración invernal. Se les aplica una poda ligera, consistente en recortar los brotes dañados hasta un nudo sano en la primavera. Corte también los brotes delgados y los que crezcan hacia el centro de la planta.

Floración entre primavera y mediados de verano: las flores nacen de brotes aparecidos durante el año anterior. Entre los arbustos con este tipo de floración se cuentan las forsitias,

el celindo y la weigela o veigelia. Se podan justo después de que se marchiten las flores.

Floración a finales de verano: las flores nacen de brotes que se desarrollan durante el año en curso. Entre este tipo de plantas figuran la *Buddleja davidii* (budleia), el *Caryopteris x clandonensis* y la *Spiraea japonica*. En primavera, tan pronto hayan desaparecido los riesgos de heladas, pode los brotes que hayan florecido para alentar así la aparición de nuevos brotes.

◀ *La* Buddleja davidii *(budleia) desarrolla flores entre mediados de verano y otoño. Pódelas a principios de primavera.*

TALLOS DE COLORES

Arbustos como el *Cornus alba*, el *C. a.* «Sibirica» y el *C. stolonifera* «Flaviramea» producen una profusión de tallos jóvenes de colores si se podan a ras de suelo durante la primavera. Tras la poda, disponen de toda una estación de crecimiento para desarrollar nuevos brotes, que mostrarán todo su esplendor en el otoño y a lo largo del verano.

▶ *La* Weigela florida *«Foliis Purpureis»* despliega bellas flores rosas entre sus hojas con visos morados. Ideal para jardines pequeños.

Poda de arbustos

Los arbustos de floración invernal como el Hamamelis mollis *apenas necesitan podarse, salvo para eliminar los brotes muertos y desbaratados.*

Corte los tallos muertos y entrecruzados del centro del arbusto.

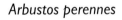

La Buddleja davidii *(budleia) es un arbusto caducifolio que florece entre mediados de verano y otoño, y se poda a principios de la primavera.*

Arbustos perennes

Conservan la hoja todo el año y apenas requieren poda. En primavera, o a principios de verano en las zonas frías, corte los tallos débiles o enfermos. Si el arbusto florece en primavera, pódelo cuando las flores se marchiten.

Coníferas

La mayoría de las coníferas son perennes, si bien existen algunas caducifolias como la *Ginkgo biloba* (ginkgo o árbol de los cuaren-

escudos) y el *Larix* (alerce). Las coníferas exudan abundante savia cuando se las poda en primavera y verano, por lo que se recomienda hacerlo a finales de otoño o principios de invierno, durante la época de parada vegetativa.

Poda de ericas (brezo) y callunas (brecinas)

Estos arbustos perennes se mantienen cuidados podándolos con un recortasetos. La época idónea para la poda depende de su floración. Retire del suelo todos los recortes.

✿ *Callunas* y brezos de florescencia estival: pódelos en primavera, antes de que empiecen a brotar. Corte las flores muertas hasta dotar al arbusto de una silueta nítida y redondeada. Entre las plantas que toleran este tipo de poda

se cuentan la *Erica cinerea* (brezo nazareno), la *E. vagans* (brezo o caurioto), la *E. terminalis* (brezo valenciano), la *E. tetralix* (brezo de turbera) y la *Calluna vulgaris* (brecina).

✿ Variedades de floración invernal y primaveral: se podan en cuanto se marchitan las flores para dotarlas de una nueva silueta. Entre ellas se cuentan la *Erica* x *darleyensis*, la *Erica erigena* (más conocida como «*E. mediterranea*») y la *E. carnea*.

Daboecias: recorte las inflorescencias viejas y los tallos colgantes a finales de otoño, una vez concluida la floración. En las zonas frías, posponga la poda hasta comienzos de primavera.

Árboles brezales: requieren una poda ligera a finales de primavera; una vez marchitas las flores, recorte los tallos desgreñados.

poda de trepadoras

Muchas plantas trepadoras deben podarse con regularidad para limitar su crecimiento o alentar el desarrollo de flores. Las trepadoras caducifolias cultivadas por su bello follaje requieren pocas intervenciones de poda, mientras que a las trepadoras con flor deben prestárseles cuidados anuales.

Poda de trepadoras y arbustos de pared

Estas plantas son tan variadas por lo que respecta a su naturaleza, época de floración y tamaño que se describe la poda de cada una de forma individual.

▲ Las trepadoras frondosas son ideales para separar distintas zonas. La de la imagen crea un espacio aislado que da a una pradera de césped.

❀ *Actinidia deliciosa,* todavía conocida como *A. chinensis* (kiwi): trepadora caducifolia. A finales de invierno, utilice unas podaderas para aclararla y limitar su crecimiento.

❀ *Actinidia kolomikta* (vid variegada del kiwi): trepadora caducifolia. Si existen restricciones de espacio, recorte las ramas a finales de invierno.

❀ *Akebia:* trepadora perenne en los lugares con inviernos templados, aunque habitualmente es semiperenne. Aclárela y recorte los tallos desgreñados a finales de invierno o en primavera.

❀ *Berberidopsis corallina* (coralillo o Michay rojo): arbusto perenne ligeramente tierno. Aclare con las podaderas las plantas muy tupidas a finales del invierno o principios de la primavera.

❀ *Carpenteria californica:* arbusto perenne ligeramente tierno. No requiere podas regulares, salvo recortar los brotes desgreñados una vez se marchitan las flores.

❀ *Ceanothus* (lilo de California): muchas especies perennes pueden cultivarse junto a un muro. Apenas requiere intervenciones de poda, salvo recortar en primavera los tallos aparecidos el año precedente.

❀ *Clematis macropetala:* trepadora caducifolia. Corte los brotes muertos y delgados a principios de primavera.

❀ *Clematis montana:* trepadora caducifolia. Apenas requiere intervenciones de poda, sobre todo si dispone de espacio para desarrollarse a sus anchas. En los casos en los que su desarrollo deba restringirse, pódela en cuanto se marchiten las flores.

❀ *Clematis flammula:* trepadora caducifolia. Entre finales de invierno y principios de primavera, corte los brotes muertos y débiles. Recorte los brotes hasta la altura de las yemas sanas que hayan dado flor en el año anterior.

❀ *Clematis orientalis* «Orange peel»: trepadora caducifolia. Se poda como la *C. flammula.*

❀ *Clematis tangutica:* trepadora caducifolia. Se poda como la *C. flammula.*

❀ *Eccremocarpus scaber* (chupa poto): trepadora perenne subarbustiva. A finales de primavera, corte con una podadera los tallos dañados por las heladas. Si la planta ha sufrido graves desperfectos, lo mejor es cortar todos los brotes hasta la base durante la estación primaveral.

❀ *Fallopia baldschuanica* (regel): trepadora caducifolia. Efectúe una poda de conservación en primavera.

poda de un jazmín de floración invernal

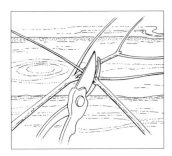

1 Corte los brotes entrecruzados a la altura de un nudo fuerte con podaderas afiladas.

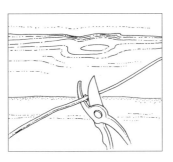

2 Pode los tallos laterales a la altura de un nudo fuerte para alentar nuevos brotes.

3 Corte los tallos demasiado poblados hasta la altura de un nudo o brote sano.

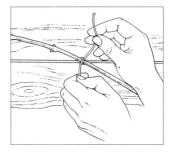

4 Por último, ate los brotes laterales a los alambres de entutorado con un cordel fino.

❀ *Hedera* (hiedra): trepadora perenne. Existen desde hiedras de hoja pequeña hasta hiedras con hojas de 15 cm de ancho. En los casos necesarios, efectúe una poda de conservación en primavera.

❀ *Humulus lupulus* «Aureus» (lúpulo): trepadora herbácea. Pode a ras de suelo todos los brotes en otoño o a finales de invierno.

❀ *Hydrangea anomala petiolaris* (hortensia trepadora): trepadora caducifolia. No requiere podas regulares, salvo para conservar la forma y eliminar los brotes muertos en primavera.

❀ *Jasminum nudiflorum* (jazmín de invierno): arbusto caducifolio. Tras la floración, recorte los brotes viejos y débiles, y pode los brotes que hayan florecido a aproximadamente 7,5 cm de la base.

❀ *Jasminum officinale* (jazmín común): trepadora caducifolia. Una vez se marchiten las flores, pode hasta la base los brotes que hayan florecido.

❀ *Lonicera* (madreselva): trepadora caducifolia, semiperenne o perenne. No requiere podas regulares, salvo para aclarar los brotes congestionados una vez marchitas las hojas.

❀ *Parthenocissus:* trepadora caducifolia. No requiere podas regulares, salvo para aclarar los brotes superpoblados y eliminar los brotes muertos en primavera.

❀ *Passiflora caerulea* (pasionaria): planta trepadora perenne ligeramente tierna. A finales de invierno, corte los brotes enmarañados por la base o a ras de suelo. Recorte también los brotes laterales a unos 15 cm del tallo principal.

❀ *Vitis coignetiae* (viña ornamental): trepadora caducifolia. No requiere podas regulares, si bien debe podarse si se torna invasora.

❀ *Wisteria:* trepadora caducifolia. Pode las plantas arraigadas en invierno y verano. A finales de la estación invernal, corte todos los brotes a unos dos o tres nudos del punto a partir del cual se desarrollaron en la estación previa. Durante la última parte del verano, corte los brotes jóvenes de la estación en curso a unos cinco o seis nudos de la base.

▶ *El* Humulus lupulus «Aureus» *(lúpulo) es una trepadora herbácea de colores espléndidos que genera hojas nuevas año tras año.*

árboles y arbustos frutales

Los arbustos, los árboles y las zarzas difieren en el modo de producir frutos. Algunos echan fruto en los brotes jóvenes, mientras que otros lo hacen en los más antiguos. Por ello, la poda debe destinarse a alentar el desarrollo de los brotes pertinentes y a permitir el paso de la luz y el aire en las plantas.

Frutos de arbusto

Los siguientes arbustos son muy populares en los jardines de pequeñas dimensiones, ya que requieren poco espacio y dan fruto a los pocos años de su plantación.

❀ Casis: al plantarlo, pode todos los tallos hasta uno o dos nudos por encima del suelo. A medida que transcurra el año irán apareciendo nuevos tallos que deben dejarse crecer y dar

fruto. Entre finales de otoño y principios de primavera del año siguiente, y en lo sucesivo, pode el arbusto cortando a ras de suelo todos los brotes que hayan dado fruto. Elimine asimismo los brotes delgados, débiles o enfermos para que la luz y el aire penetren en el arbusto.

❀ Uva espina: los arbustos arraigados desarrollan una estructura permanente sobre la que aparecen nuevos vástagos cortos con fruto. Las

uvas espinas recién plantadas y aquellas en las que aún no se haya desarrollado dicha estructura de ramas deben podarse en invierno reduciendo todos los brotes a la mitad. Pode los arbustos arraigados en invierno; corte los brotes superpoblados, enfermos o dañados; recorte hasta la mitad todos los brotes producidos la estación anterior, y reduzca los brotes laterales hasta unos 5 cm.

❀ Grosellero rojo y grosellero blanco: poseen una estructura permanente y se podan como las uvas espinas.

Frutas de zarza

Las ramas pueden entutorarse para que crezcan derechas en lugares estrechos o bien para que flanqueen veredas.

❀ Frambueso o sangüeso de fructificación estival: fructifican en ramas derechas producidas el año anterior. Pode las plantas arraigadas en otoño cortando todas las ramas que hayan dado fruto en verano. Deje las ramas jóvenes atadas a los alambres de entutorado para que fructifiquen el año próximo.

❀ Frambueso o sangüeso de fructificación otoñal: dan fruto en las ramas producidas el año en curso. Pode las plantas arraigadas a

▲ *Las zarzas frutales, como los frambuesos, deben podarse anualmente para alentar la aparición de ramas jóvenes, las cuales darán fruto un año después.*

finales de invierno cortando todas las zarzas a ras de suelo. En primavera, a medida que las plantas vayan creciendo, recorte los brotes débiles hasta la base y ate el resto a los alambres de sujeción.

⚙ Zarzamora e híbridos: fructifican en ramas producidas el año anterior. Inmediatamente después de recoger las bayas, corte hasta la base todas las zarzas que hayan dado fruto. A continuación, despliegue las zarzas jóvenes restantes y átelas a los alambres de sujeción.

Frutas de árbol

Normalmente, los árboles tardan varios años antes de que se formen las ramas y las lamburdas. Si dispone de un espacio limitado, plante formas en cordón, enlazadas a espalderes o en abanico o palmeta contra una pared, o bien fíjelas a una estructura de alambres.

⚙ Manzanos y perales: en los cuatro primeros años es esencial el desarrollo de ramas sanas y bien colocadas. Una vez arraigados, la poda debe destinarse a equilibrar y renovar la estructura y a retener una proporción de las ramas y lamburdas frutales existentes, al tiempo que debe alentar la aparición de nuevos ejemplares. Crear y mantener la estructura es una labor que debe abordarse en invierno. No obstante, si los manzanos y los perales se cultivan acordonados o en espalderes, deberá efectuarse una poda durante el verano para conservar la forma e inhibir la aparición de brotes innecesarios. No tenga prisa porque el árbol dé fruto.

⚙ Cerezos: nunca pode los cerezos en invierno, ya que durante dicha estación su crecimiento se detiene y son incapaces de impedir la penetración de cancros bacterianos a través de las superficies. Los cerezos podados en abanico son ideales para cultivar contra una pared.

▶ *Los manzanos deben podarse con regularidad para motivar la aparición de nuevas lamburdas. Las ramas viejas pueden cortarse.*

⚙ Ciruelos: suelen cultivarse como arbustos o en palmeta. Mientras se crea una estructura con las ramas del árbol joven deberá efectuarse una poda a mediados de primavera, al tiempo que sube la savia. Procure crear entre tres y cinco ramas sólidas. Más adelante, efectúe las podas a principios de verano y retire los tallos muertos y enfermos para conservar el árbol sano y sin congestionar. En el caso de los árboles entutorados en abanico, efectúe las podas en primavera para crear brotes laterales cortos que nazcan de la estructura.

⚙ Higueras: típicas de los jardines rurales de antaño. Su cultivo es muy sencillo cuando su crecimiento se ha limitado restringiendo las raíces. Pode las higueras arraigadas a principios de verano. Recorte los brotes jóvenes hasta dejar unas cinco hojas para alentar el desarrollo de nuevos brotes. A principios de otoño, aclare los frutos jóvenes (cuando sean del tamaño de un guisante) para poderlos recolectar, una vez maduros, un año después.

Poda de uvas espinas

Poda de frambuesos

Fructificación estival | Fructificación otoñal

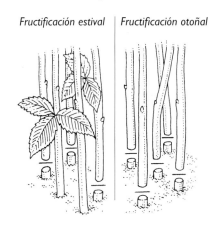

rosales arbustivos y de especie

Existen muchas opiniones sobre el mejor modo de podar rosales en lo que concierne a la época, el método y la severidad que cabe aplicar. En estas páginas encontrará la filosofía básica, pero es posible que deba enmendarla en función de la variedad de rosa, el tipo de suelo y el clima.

Rosales arbustivos de flor grande (híbridos del té) y de racimos de flores (floribunda)

Ambos tipos necesitan podas regulares para mantenerse sanos y dar flor, si bien existe un cierto desacuerdo en cuanto a cómo y cuándo podarlos. Aunque la poda puede efectuarse en cualquier momento durante la parada vegetativa del rosal, en las zonas frías se recomienda posponerla hasta principios de primavera. La época óptima es cuando el rosal empieza a brotar y las yemas superiores empiezan a crecer, justo antes de que aparezcan las hojas. Los rosales arbustivos plantados a finales de otoño y en invierno deben podarse en primavera. Sin embargo, dado que posponer la poda hasta comienzos de primavera los expone al riesgo de que los vientos invernales los dañen y aflojen las raíces, conviene cortar los brotes largos a finales de otoño o principios de invierno.

Los rosales arbustivos responden de distinta manera a la severidad con la que se podan. Si se les practica una poda severa o corta, dejando los tallos con tan sólo tres o cuatro nudos, producen brotes vigorosos durante la estación siguiente. Esta opción de poda se recomienda para los arbustos recién plantados y las variedades de crecimiento débil. Además, suele utilizarse como técnica de cultivo para rosales de exposición. Cuando se cultivan rosas de flor grande muy tupidas en arriates, la poda corta es el método más aconsejable, ya que da lugar a un macizo de tallos fuertes.

La poda media o moderada, consistente en cortar las ramas hasta la mitad, alienta el crecimiento del rosal. Este tipo de poda se considera adecuada para la mayoría de las rosas arbustivas.

En cambio, cuando se efectúa una poda leve o alta se reducen las ramas a un tercio y el crecimiento del rosal es mínimo. Este método resulta óptimo para las variedades vigorosas y para las rosas que crecen en suelos sueltos, arenosos y empobrecidos. Si se practica

◀ *Muchos rosales arbustivos deben podarse anualmente para obtener despliegues florares espectaculares y mantener la planta sana.*

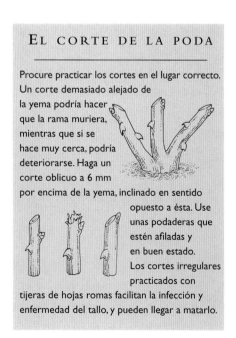

EL CORTE DE LA PODA

Procure practicar los cortes en el lugar correcto. Un corte demasiado alejado de la yema podría hacer que la rama muriera, mientras que si se hace muy cerca, podría deteriorarse. Haga un corte oblicuo a 6 mm por encima de la yema, inclinado en sentido opuesto a ésta. Use unas podaderas que estén afiladas y en buen estado. Los cortes irregulares practicados con tijeras de hojas romas facilitan la infección y enfermedad del tallo, y pueden llegar a matarlo.

una poda alta durante varios años, el rosal crece alto y débil, con flores en la parte inferior. Para alentar un crecimiento más satisfactorio, abone, cubra con mantillo y riegue las plantas.

Rosas arbustivas y rosas de especie

Apenas requieren intervenciones de poda durante los dos primeros años tras su plantación. En este tiempo, deje que el arbusto se desarrolle con libertad. Posteriormente, cada primavera, corte las ramas muertas, débiles, finas y enfermas. Si tras unos años de crecimiento el arbusto se congestiona, corte las ramas más viejas para permitir crecer a las más jóvenes.

«Nuevas rosas inglesas»

Se trata de matas reflorecientes creadas para conseguir una planta vistosa y alentar el desarrollo regular de brotes nuevos. Existen de múltiples tamaños, por lo que conviene prestar atención y no podarlas en exceso. Es probable que al adquirir una «nueva rosa inglesa» ya esté podada y no requiera una nueva poda durante el primer año. Cada primavera, corte las ramas débiles, finas, volubles y enfermas. Tras unos años, pode también las ramas tupidas para permitir que los brotes jóvenes crezcan con fuerza. Corte las ramas restantes hasta la mitad, con cuidado de no deformar la mata. Algunas «nuevas rosas inglesas» pueden tratarse a modo de arbustos o trepadoras.

Poda de rosas floribundas e híbridos de té

Poda corta
Corte todas las ramas dejando únicamente tres o cuatro yemas por tallo.

Poda media
Corte las ramas sólidas y sanas hasta la mitad. Las ramas débiles se dejan pequeñas.

Poda larga
Reduzca las ramas en un tercio de su longitud. Corte los tallos laterales.

▶ *Las rosas resultan atractivas tanto plantadas en borduras junto con otras flores como por sí solas en arriates y macizos.*

145

trepadoras y enredaderas

Estas rosas se parecen, aunque tienen naturalezas distintas. Las trepadoras poseen una estructura permanente y, entre finales y mediados de verano, de sus tallos brotan grandes flores, solitarias o en ramilletes. En cambio, las enredaderas producen enormes ramos de florecillas a mediados de verano.

Poda de trepadoras

Existen dos modos de podar las rosas trepadoras, en función de la variedad que nos ocupe. La poda se efectúa a la entrada de la primavera, cuando la planta empieza a crecer.

Método A: requiere pocas intervenciones de poda, salvo para eliminar las ramas muertas, enfermas, viejas y exhaustas. Corte todos los brotes laterales que hayan dado flor el año anterior a una longitud de 7,5 cm. Entre las variedades que deben someterse a este tratamiento se cuentan la «Casino», «Climbing Ena Harkness», «Climbing Étoile de Hollande», «Madame Grégoire Staechelin» y «Mermaid».

Método B: requiere pocas intervenciones de poda, salvo para eliminar las ramas muertas, enfermas, viejas y exhaustas. Corte todos los ápices de las ramas blanquecinos. Las variedades que agradecen este tratamiento son: «Compassion», «Golden Showers», «Joseph's Coat», «Parade», «Madame Alfred Carrière», «Maigold», «Meg» y «Pink Perpetue», así como «Zéphirine Drouhin».

Poda de enredaderas

Existen tres métodos para podar las enredaderas y, como en el caso de las trepadoras, se aplica uno u otro en función de la variedad. La poda se realiza a finales del verano o en otoño, tan pronto concluye la floración. Corte los tallos de las enredaderas recién plantadas a ras de suelo. La siguiente información se

◄ *La rosa trepadora «Mermaid» da flores solitarias, grandes y de color amarillo verdoso con estambres en tonos ámbar. Su belleza se torna deslumbrante con la luz del sol.*

aplica a las enredaderas arraigadas cuyos brotes jóvenes vayan a dar flor el año próximo, así como a las ramas que hayan producido flores durante el año en curso.

Método A: tras eliminar todos los tallos que hayan producido flores durante el año en curso, ate los brotes jóvenes a una estructura de soporte. No obstante, si no se han producido suficientes brotes nuevos, deje unos cuantos antiguos y recorte los laterales a aproximadamente 7,5 cm de largo. Las variedades a las que puede aplicarse este tratamiento son: la «American Pillar», la «Crimson Shower», la «Dorothy Perkins», la «Sander's White Rambler» y la «Seagull».

Método B: pode todos los tallos que hayan florecido para que rebroten y corte uno o dos tallos viejos a unos 30 cm por encima del nivel de suelo. Cuando las plantas estén congestionadas y sea imposible reducir los tallos, corte los brotes laterales hasta dejarlos con unos 7,5 cm de longitud. Entre las variedades que pueden someterse a este tratamiento se cuentan la «Albéric Barbier», la «Albertine», la «Paul's Himalayan Climber» y la «Veilchenblau».

Método C: se trata de una poda muy sencilla porque lo único que debe hacerse es cortar los tallos viejos y muertos, y recortar los ápices de los brotes laterales que hayan dado flor. Las variedades en las que este método ha demostrado ser adecuado son la «Emily Gray», la *Rosa filipes* «Kiftsgate» y la «Wedding Day».

▲ *La trepadora «Madame Grégoire Staechelin» posee capullos largos bien torneados que dan paso a flores rosas semidobles de gran belleza.*

HERRAMIENTAS DE PODA

Las podaderas son ideales para cortar los brotes laterales de las trepadoras y enredaderas. Para recortar los tallos robustos, deberá emplearse una herramienta más fuerte. Utilice una podadera de dos manos y mango largo, con corte de yunque o *bypass,* para cortar los tallos desde cierta distancia, sin sufrir arañazos. Las sierras griegas de hoja curva resultan útiles para podar las enredaderas descuidadas. Enfúndese unos guantes gruesos para protegerse las manos. Deposite los tallos podados en una carretilla o recopílelos sobre un retal de arpillera extendido en el suelo.

jardinería de invernadero

El invernadero permite ampliar las labores que pueden practicarse en el jardín. Por ejemplo, en lugar de adquirir anuales semirresistentes como plantas de almáciga, puede cultivarlas a partir de la semilla. Existen muchos aparatos que facilitan enormemente la jardinería de invernadero, como son los ventiladores automáticos, los extractores y las estructuras de difusión del calor. En las siguientes páginas se indican algunos aspectos técnicos de la jardinería de invernadero. Asimismo, se muestra cómo utilizar campanas, camas o estufas frías y túneles de polietileno, todos ellos alternativas al invernadero particularmente útiles para su uso en huertos.

jardinería de invernadero

En los climas templados, los invernaderos permiten el cultivo de una mayor variedad de plantas. Las de almáciga de floración estival pueden sembrarse en el invernadero a finales de invierno o principios de primavera y luego trasplantarse a borduras y macetas, al desaparecer el riesgo de heladas.

Tipos de invernadero

Existen invernaderos de las más diversas formas, estructuras y dimensiones. Adquiera siempre el invernadero de mayor tamaño que pueda permitirse y tenga cabida en su jardín. Cultivar plantas en un invernadero suele convertirse en una pasión que cada vez requiere más espacio.

✱ Invernaderos de capilla: se trata de la estructura tradicional, con un tejado de vidrio a dos aguas. Antaño se fabricaban con madera, sobre una base de ladrillo o paneles de madera y estaban revestidos de vidrio. Hoy día, los diseños de aluminio son los más comunes. Están recubiertos de vidrio desde el suelo hasta la cumbre. Los invernaderos de capilla de unos

2,4 m de ancho poseen un pasillo central y zonas de 90 cm de amplitud a ambos lados en las que se pueden disponer las plantas en estanterías o cultivarse a ras de suelo, como en el caso de las tomateras. En los invernaderos de 1,8 o 2,1 m, estas zonas serán más reducidas, pero igualmente prácticas.

✱ Invernaderos adosados: su ancho y alto se diseña conforme a la pared contra la que se reclinan. La mayoría de los invernaderos adosados están recubiertos de vidrio desde el suelo hasta la cumbre. No obstante, si se recubren unos 75 cm de la base con ladrillo adquieren el aspecto de un jardín de invierno, sobre todo si tienen un acceso directo a la vivienda.

✱ Invernaderos hexagonales: se trata de un diseño moderno que cada vez goza de mayor popularidad. Suelen consistir en una estructura de aluminio forrada de vidrio. Pueden adquirirse estructuras de interior a medida.

✱ Miniinvernaderos: adecuados para jardines de dimensiones reducidas. Consisten en una

◀ *Los invernaderos adosados de madera son ideales para los jardines informales. Una estructura de aluminio daría un aspecto más clínico.*

estructura a un agua que puede adosarse a un muro del jardín, una valla resistente o la vivienda. Las estanterías comercializadas para estos invernaderos permiten cultivar plantas en primavera. Dado que el volumen de aire en el interior es reducido, pueden producirse fluctuaciones drásticas en la temperatura cuando la puerta frontal está cerrada.

¿Madera o metal?

Antiguamente, todos los invernaderos tenían una estructura de madera. En el presente, en cambio, son mucho más populares los invernaderos de aluminio.

✿ Madera: el tipo de madera empleada en la estructura es determinante para la longevidad del invernadero. Una de las maderas usadas es la madera roja báltica, que debe pintarse con regularidad. El cedro rojo occidental es más

duradero y, en lugar de pintarse, se barniza con aceite de linaza. En la época victoriana se utilizaba roble o teca, de larga duración, pero en la actualidad el elevado coste de estas maderas las hace prohibitivas.

✿ Aluminio: de uso frecuente, al estar las estructuras revestidas de vidrio, se obtiene un invernadero altamente resistente. El aluminio extruido está diseñado para poder acoplar estanterías y anclaje aislante. Dado que las baquetillas son más estrechas que las de madera, en el invernadero entra mucha más luz.

▶ *Los invernaderos de estructura de aluminio pueden adquirirse en muchas formas, incluida la hexagonal y la forma de tipi (derecha).*

▼ *Este invernadero con estructura de aluminio y recubrimiento íntegro de vidrio permite que penetre el máximo de luz en el interior.*

UBICACIÓN

Elegir la ubicación correcta del invernadero puede reducir las facturas de suministros.
✿ Sitúe los invernaderos de capilla de tal modo que la cresta del tejado corra de este a oeste. Apoye los invernaderos adosados contra una pared orientada al sur o al oeste. Siempre que sea posible, sitúe las puertas

en una cara opuesta a la de los vientos generales. Por lo que respecta a las puertas, tanto si están fijadas con bisagras como si son correderas, verifique que no abren directamente a la cara más ventosa.
✿ Evite levantar el invernadero bajo árboles: la copa puede bloquear la luz y, además, la ruptura de una rama podría ocasionar desperfectos en la estructura.
✿ Plante un seto perenne a varios metros de la cara norte o a barlovento del invernadero para mermar el efecto de los fríos vientos de finales del invierno y principios de la primavera en el interior de la estructura.

equipamiento para invernaderos

La jardinería de invernadero requiere cierto equipamiento, como persianas para sombrear durante el verano y calefacción para germinar semillas y esquejes. Aunque las tomateras pueden plantarse directamente en sacos a nivel de suelo, necesitará estanterías para los semilleros y las macetas.

Ventiladores

Para mantener sanas las plantas, es imprescindible que circule aire fresco por el invernadero, en especial durante el verano, cuando las temperaturas ascienden precipitadamente. Instale un ventilador en ambas partes del techo. En los invernaderos pequeños, con colocar una unidad en la cara sur será suficiente. En cambio, en los invernaderos de grandes dimensiones es recomendable instalar ventilación lateral. Los ventiladores suelen accionarse manualmente, aunque también los hay automáticos. Asimismo, puede colocarse un extractor en el hastial del invernadero.

Sombreado

La luz solar intensa aumenta considerablemente la temperatura y puede dañar algunas plantas. Existen distintos modos para sombrear el interior del invernadero. El método más barato y sencillo consiste en recubrir el exterior con un blanqueador de los existentes en el mercado. Pinte sólo los dos tercios centrales de cada panel de cristal. Durante el verano, la pintura se resquebraja, lo cual permite eliminar los restos fácilmente en otoño, con sólo lavarla. Aplique una nueva capa de pintura el verano siguiente. Instalar persianas enrollables en el interior de un invernadero resulta algo más caro, pero permite subirlas durante los períodos nubosos.

Bancos y estanterías

Si desea plantar semillas en primavera y comienzos del verano, es esencial instalar estanterías permanentes o temporales a lo largo de, como mínimo, una cara del invernadero. Además, podrá exhibir sus plantas en ellas durante todo el año. Existen varios tipos de estanterías:

✿ Estanterías de madera: suelen colocarse en invernaderos de madera. Consisten en una estructura de soporte con una superficie de listones separados entre sí a 2,5 cm. Las rendijas facilitan el drenaje y la circulación del aire alrededor de las plantas.

◄ *Los calefactores eléctricos y las unidades de propagación de calor ayudan a las plantas a germinar y brotar sin dificultad en el invernadero.*

Estanterías de metal: los invernaderos de estructura de aluminio, con baquetillas de metal extruido, incorporan bancos de metal, que suelen ser plegables con el fin de permitir la siembra a nivel de suelo. Las estanterías son de aluminio y alambre grueso revestido de plástico, lo cual permite la circulación del aire alrededor de las macetas y las plantas.

Estanterías sólidas: poco frecuentes en la actualidad, consistían en una base sólida recubierta con una capa de gravilla. Son excelentes para el verano, pues permiten proporcionar humedad a las plantas manteniendo la grava mojada.

Estanterías temporales: en primavera, cuando se siembran las semillas y se repican las plántulas, puede crearse un espacio adicional utilizando alambre resistente para colgar tablones de madera de las baquetillas de madera. Estos tablones servirán de estante para colocar los semilleros. Asegúrese de que el agua del riego de los semilleros no caiga sobre otras plantas, ya que podría dañar las frágiles plántulas. Algunas marcas comercializan estanterías para invernaderos de aluminio.

Aislamiento de un invernadero

Impedir que el aire caliente se escape es básico, sobre todo en invierno y primavera. Compruebe que los ventiladores y las puertas encajan bien, y aísle el interior del invernadero con plástico de burbujas. En las estructuras de madera, grápelo o engánchelo con chinchetas a las baquetillas; para las de aluminio, adquiera uno de los aislantes específicos comercializados. Retire el aislante a finales de primavera.

▶ *Las estanterías de listones de madera permiten un buen drenaje, al tiempo que mantienen la tierra relativamente templada.*

▼ *En primavera, el invernadero permite cultivar muchas anuales semirresistentes y cuidar de ellas hasta que sean trasplantadas.*

LIMPIEZA ESTACIONAL

A finales de otoño o en invierno, limpie a fondo el invernadero por dentro y por fuera. Mantener los cristales limpios es esencial para que la luz penetre en el interior. Por otro lado, una baquetilla sucia puede ser caldo de cultivo de plagas y enfermedades. No olvide:

Sustituir los paneles de cristal rotos.

Retirar todas las plantas y limpiar las superficies con agua caliente y desinfectante. Deje la puerta y las ventanas de ventilación abiertas hasta que el interior esté seco.

Compruebe que el equipamiento y el material eléctrico estén en perfecto estado.

calefacción para invernaderos

En los climas templados se requiere calefacción en los invernaderos para el final del invierno y la primavera si se cultivan plantas de floración estival a partir de semillas. Las tomateras pueden cultivarse en sacos de siembra o en macetones a principios de primavera en un invernadero caldeado.

Métodos de calefacción

Hay dos métodos para calentar un invernadero pequeño: mediante keroseno o electricidad.

✿ Calentadores de keroseno: son muy comunes y relativamente baratos y fáciles de usar, aunque es necesario disponer de un cobertizo separado de la vivienda para almacenar las latas de combustible. Los calentadores pueden trasladarse de un invernadero a otro. Retírelos a principios de verano, límpielos y guárdelos. La cantidad de calor que producen depende del tamaño del calentador y de la longitud de mecha que permita quemar. Si la longitud de la mecha es excesiva, desprenderá un humo negro. Existen calentadores de quemador simple o doble en distintos tamaños.

En las épocas en las que lo utilice, revise el calentador cada atardecer para comprobar que queda keroseno suficiente para quemar durante toda la noche. Introduzca un palito en el keroseno para comprobar el nivel restante. No vuelque nunca el calentador sobre un lado, sobre todo si está encendido. Al arder, el keroseno produce un volumen homogéneo de vapor de agua, consume oxígeno y despide gases, por lo que es imprescindible mantener la escotilla de ventilación un poco abierta en todo momento.

▲ *Utilice indistintamente un calefactor eléctrico o de keroseno para caldear su invernadero de dimensiones reducidas.*

CAMAS CALIENTES

Proveen las condiciones adecuadas para que las semillas germinen y los esquejes arraiguen sin necesidad de caldear todo el invernadero. Se calientan mediante electricidad o keroseno y pueden adquirirse en distintos tamaños. Al final de cada estación, limpie las camas calientes y guárdelas en un lugar seco. Compruebe que los cables y las conexiones estén en buenas condiciones.

❀ La electricidad constituye un método limpio y efectivo de calentar un invernadero, si bien es esencial que la instalación la efectúe y revise personal cualificado. La combinación de electricidad y agua es peligrosa, por lo que se recomienda evitar riesgos.

Un termostato controla el calentador, disponible en dos modelos. Los calefactores tubulares se fijan a una pared, a unos 25 cm del suelo, y generan un flujo continuo de aire caliente ascendente. Si se instalan bajo un banco de superficie sólida, asegúrese de dejar un hueco de 10–15 cm en la parte posterior para permitir la salida y circulación del aire.

Los aerotermos o generadores de aire caliente también proporcionan una excelente circulación de aire templado, gracias a lo cual previenen la aparición de enfermedades alentadas por el aire estático y húmedo. Compruebe que el chorro de aire caliente no esté dirigido directamente a las plantas. No utilice calefactores domésticos en un invernadero, ya que no cumplen las normas de seguridad para ambientes húmedos y podrían provocar un cortocircuito si se mojaran por accidente.

Conservación del calor

Calentar un invernadero, sea con keroseno sea con electricidad, resulta caro, por lo que es muy importante conservar el calor. Ubique el invernadero en el lugar del jardín donde el sol incida con más potencia, sobre todo en invierno y primavera. Para reducir la pérdida de calor también conviene plantar un seto a barlovento.

El coste de la calefacción no aumenta en proporción directa con la temperatura deseada, pero se eleva con cada grado de calor adicional generado. Evalúe la temperatura óptima que requieren las plantas y ajuste el termostato de acuerdo con dicho valor.

En otoño, compruebe que las puertas y las escotillas de ventilación estén bien cerradas y reemplace las láminas de vidrio rotas. Aísle las puertas con burlete y asegúrese de que no se abren con el viento. Protéjalas, además, con plástico de burbujas. En las zonas excepcionalmente frías, recubra la cara norte del invernadero, más fría, con una lámina de polietileno transparente. Para hacer frente a las inclemencias del tiempo invernal, deberá sujetarla para que quede fija. Después de cada tormenta, compruebe si se ha roto algún vidrio.

▼ *Los calefactores de keroseno son relativamente baratos y fáciles de instalar. Existen modelos de quemador simple o doble (abajo).*

campanas, camas frías y túneles

Las campanas y los túneles de polietileno se suelen usar en los huertos para adelantar la cosecha y extender la época de crecimiento y maduración hasta otoño. Las camas frías se emplean para aclimatar las plantas de floración estival. También pueden cultivarse en ellas hortalizas de baja altura.

Campanas

La gama de campanas disponibles en la actualidad es muy amplia. Antiguamente todas las campanas eran de cristal, pero hoy día se ha extendido el uso de las campanas de PVC liso y corrugado por su precio y seguridad. Las campanas no deben ser herméticas: es esencial que circule por ellas un leve flujo de aire.

❁ Campanas de cristal: permiten una mayor incidencia de la luz sobre las plantas que las campanas de plástico y conservan mejor el calor. Existen de múltiples tipos y tamaños, para todas las cosechas. Los cobertizos de cristal constan de cuatro láminas de vidrio ensambladas: dos dispuestas a modo de pared y, las dos restantes, a modo de techo a dos aguas. Son excelentes para cubrir plantas de hasta 30 cm de altura. El otro tipo principal de campana es la mampara tipo tienda, de construcción más simple, con sólo dos hojas de vidrio formando triángulo. Su altura es menor que la de los cobertizos de cristal y resulta idónea para cultivar plantas jóvenes y hortalizas pequeñas para ensalada. Menos comunes son las estructuras porticadas, de 60 cm de alto por 1,2–1,5 m de ancho, que permiten una excelente circulación del aire por encima de las plantas. Algunas, en lugar de con vidrio, están recubiertas con un plástico rígido transparente.

❁ Campanas de PVC corrugado: son extremadamente resistentes y, aunque no permiten el paso de tanta luz como el vidrio, presentan menos riesgo de rotura y un uso más seguro. El plástico corrugado se sostiene con arcos metálicos que impiden que se lo lleve el viento. El PVC también se emplea para construir cobertizos: en el tejado se usa PVC transparente, mientras que las paredes y los extremos se revisten con PVC opaco.

❁ Campanas de horticultura: aunque antiguamente se elaboraban con cristal, las versiones actuales se fabrican con PVC transparente. Las plantas sueltas o plantones pueden cubrirse con una botella grande de plástico con la base cortada. También pueden emplearse tarros de vidrio, por ejemplo, de mermelada, ideales para cubrir las plántulas de las calabazas.

▲ *Además de proteger a las plantas, las campanas de horticultura presentan un aspecto rural que las convierte en motivos decorativos.*

Cobertizos, túneles y campanas

Campana de horticultura

Cobertizo de cristal

Túnel de polietileno

Túneles de polietileno

Se trata de construcciones sencillas compuestas por arcos metálicos clavados en el suelo y recubiertos con una lámina de polietileno. Para que las plantas gocen de la ventilación necesaria, debe abrirse el extremo frontal diariamente. Por desgracia, el revestimiento de polietileno tiene una vida útil de tan sólo dos o tres años. Aunque se deteriora fácilmente con la luz solar, constituye un método barato de proteger las plantas de baja altura.

Camas frías

Los tradicionales focos de calor han pasado a formar parte de la historia, si bien aún es posible ver alguno. Eran pesados de trasladar y requerían una estructura permanente sobre la que descansar. Vinieron a sustituirlos las camas de un vidrio, mucho más ligeras y fáciles de manejar. Las camas frías se componen de una única lámina de vidrio engastada en un marco de 1,2 m de largo y 60 cm de ancho, y colocada a modo de tapadera sobre un cajón de madera o ladrillo de 30–45 cm de altura por la parte posterior y 15–30 cm por la delantera. La cara frontal debe orientarse al sur o al sudoeste para que las plantas reciban la máxima cantidad de luz. Las camas frías se utilizan sobre todo para aclimatar las plántulas cultivadas en la calidez de las almácigas entre finales de invierno y primavera a las condiciones del exterior. También resultan sumamente útiles para cultivar hortalizas tiernas de ensalada que requieran un entorno con cierta protección.

▲ *En primavera, las camas frías protegen a las plantas de las inclemencias del tiempo y permiten aclimatarlas antes de trasplantarlas en el jardín.*

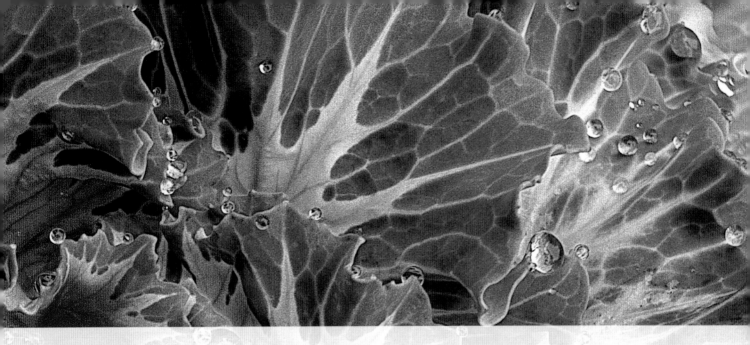

un huerto en el jardín

Uno de los placeres de cultivar un huerto es poder comer alimentos frescos del jardín. Incluso en uno pequeño es posible sembrar hortalizas, como lechugas, cebolletas o tomates. También puede optar por hierbas frescas, ya sea en el jardín plantadas en una rueda de carro o en macetas en un patio o terraza. Los árboles frutales grandes no son idóneos para un jardín pequeño, donde no obstante puede cultivar manzanos y perales en espaldera o en cordón, y nectarinos y melocotoneros en palmeta. Los manzanos enanos le proporcionarán también una cosecha abundante.

manzanos y perales

Los manzanos se cuentan entre los árboles frutales más fáciles de cultivar en climas templados. El cultivo de los perales resulta algo más difícil. Las variedades de postre requieren más sol y protección del viento que los manzanos. En un jardín pequeño, cultive los manzanos en espalderas o cordones.

Plantación y cultivo de manzanos

Antaño, los manzanos crecían a más de 6 m de altura y resultaban difíciles de podar y cosechar. Hoy, un manzano arbustivo enano con un rizoma M27 es ideal para cualquier jardín, donde alcanzará 1,8 m de altura y producirá 5,4–7,2 kg de fruta al año. Los manzanos cultivados en cordón a partir de un rizoma similar y plantados a una distancia de 45 cm entre sí producen 2,2–3,1 kg de fruta. Los cultivados en espaldera a 4,2 m de distancia pueden dar hasta 9–13 kg. Los manzanos arbustivos requieren menos intervenciones de poda que los acordonados, mientras que a los de espaldera hay que brindarles mayor atención.

Elija un lugar a pleno sol, resguardado del viento y sin riesgo de heladas. El sol es esencial para madurar las variedades de postre. Los manzanos suelen florecer a principios del último mes de primavera; en las zonas en las que se registren heladas sucesivas durante este período, opte por una variedad de floración tardía.

El suelo debe estar bien drenado y retener la humedad, sobre todo para el cultivo de las variedades de postre. Las manzanas para cocinar crecen con fuerza en suelos más fuertes. Los árboles a raíz desnuda se plantan en el período de parada vegetativa, en invierno. Al trasplantarlos, mezcle con el suelo abundante compost o estiércol bien descompuesto. Los árboles con cepellón se plantan cuando el suelo y el clima lo permiten (*véanse* págs. 134–135). Ate los cordones y las espalderas a alambres galvanizados tensados entre postes resistentes situados a 2,4–3,6 m de distancia; deje una separación de 38–45 cm entre los alambres; el más alto debe estar a 2,1 m. Compruebe cada primavera el estado de los postes.

◀ *Los manzanos pueden cultivarse en tinas o macetones, pero plante sólo variedades de rizoma enano.*

MANZANOS EN TINAJAS

La opción ideal para cultivar un manzano en un jardín de dimensiones reducidas es plantarlo en un recipiente en el patio. Los rizomas enanos como el M27 (los árboles en recipientes alcanzan 1,5 m de altura) permiten hacerlo utilizando tinajas o macetones de madera de 38 cm de ancho.

Es esencial abonar el manzano con compost bien drenado y que retenga la humedad. Además, en verano debe regarse con regularidad, en ocasiones cada día. En invierno es conveniente recubrir el macetón con paja para evitar que las raíces se hielen y sufran daños. Para que la tierra no se moje en exceso, cúbrala con un plástico. Cambie el manzano de maceta cada dos inviernos y abónelo en verano. Aunque las cosechas no son abundantes, pueden cultivarse variedades excelentes, como la «Gravenstein», la «Fiesta», la «Liberty» y la «Sunrise».

Plantación y cultivo de perales

La gama de rizomas para perales es limitada, por lo que no es posible cultivar variedades enanas. Pocos jardines tienen cabida para cultivar un árbol que llega a medir 6 m de altura; por ello, en las parcelas reducidas, se recomienda cultivar los perales en cordones o espalderas. Los perales de cordón plantados con 75 cm de separación producen 1,8–2,7 kg de fruta al año, mientras que los de espaldera dan cosechas de 6,8–11,3 kg.

Los métodos empleados para plantar y entutorar los perales son idénticos a los de los manzanos, si bien los primeros son más susceptibles a la sequía que los segundos, por lo que deberá regar el suelo copiosamente en los períodos de riesgo. Si selecciona una variedad de postre, deberá plantar también una donadora de polen o cepa masculina que florezca simultáneamente. Por ejemplo, la «Conference» es parcialmente hermafrodita y necesita de otras variedades, como la «Seckel» o la «Harrow Delight», para fecundarse. Si disfruta de un jardín soleado y cálido, plante la deliciosa «Comice» o la «Highland», que presenta el valor añadido de conservar las frutas hasta finales del otoño y principios del invierno.

Cordón   Espaldera

Rama única inclinada   *Ramas escalonadas*

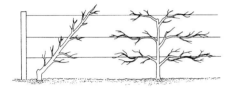

Soportes de espaldera

Argolla de amarre   *Cable tensado*

Postes de sujeción

▶ *En un jardín pequeño, cultive los perales a modo de cordón o espaldera. Así, las frutas pueden recolectarse sin necesidad de escaleras.*

melocotones, nectarinas y ciruelas

Los melocotoneros y los nectarinos son árboles de clima cálido, y parientes cercanos: las nectarinas son mutaciones con la piel lisa de los melocotones, de piel aterciopelada. Los nectarinos son menos resistentes que los melocotoneros y dan menos fruto. Las ciruelas tienen un carozo de fácil cultivo.

Cultivo de melocotones y nectarinas

En los climas templados en los que a principios y mediados de primavera existe riesgo de heladas y además hay carencia de insectos polinizadores, resulta difícil cultivar melocotoneros y nectarinos. En condiciones desfavorables, decántese por el melocotonero y cultívelo a modo de palmeta sobre alambres galvanizados contra un muro cálido, soleado y orientado al sur o sudoeste. Elija una variedad resistente, como la «Harbrite» o la «Reliance». Por suerte, melocotoneros y nectarinos se autofecundan.

Antes de plantar el melocotonero o el nectarino, coloque varios alambres galvanizados de forma escalonada. Tense el primero de ellos a unos 30 cm del suelo y, dejando una distancia de 20 cm entre cada par de alambres, coloque el último a 1,8 m de altura. Fije los alambres a una distancia de 10 cm del muro. Los melocotoneros y los nectarinos prosperan mejor si se cultivan contra un muro, por lo que conviene preparar el suelo añadiendo abundante estiércol o compost de jardín bien descompuesto y que retenga la humedad. Prepare una zona de 1 m cuadrado y 45 cm de profundidad, y coloque la rama principal a 23 cm del muro. Plante los especímenes a raíz desnuda entre finales de otoño y principios de invierno, y los ejemplares con cepellón en cualquier época, siempre que el suelo y el clima lo permitan. Elija una planta de dos o tres años de edad con un mínimo de ocho ramas.

En lugar de atar las ramas directamente, fíjelas a cañas de bambú y ate éstas a los alambres. Las dos ramas principales deben colocarse hacia arriba, en un ángulo de 45°, a cierta distancia del resto de las ramas.

La poda de los melocotoneros y nectarinos debe efectuarse a finales de invierno o

▲ *Plante un melocotonero en palmeta contra un muro cálido y soleado. Para conservar la forma, ate las ramas a alambres galvanizados.*

principios de primavera, cuando empiezan a desarrollarse. Nunca efectúe la poda en invierno. En principio, el objetivo de la poda es alentar el crecimiento del árbol a modo de palmeta. Podar una planta de dos o tres años de edad resulta mucho más sencillo que crear un abanico a partir de un tallo arraigado sin ramas laterales. En las plantas arraigadas, corte las ramas de la palmeta en un tercio, por encima de un nudo inclinado hacia abajo. El verano siguiente, se desarrollarán nuevos brotes en cada rama; permita que se formen tres de ellos y átelos a una caña. Elimine los brotes que crezcan hacia el muro restregándolos con el pulgar. A finales de verano, cuando cada uno de estos brotes mida unos 45 cm, arránqueles la punta de un pellizco. La recolección y el almacenamiento de las nectarinas se describe en las págs. 168–169.

Cultivo de ciruelos

La ciruela es una fruta muy popular. Dado que el ciruelo florece muy temprano y que es propenso a congelarse, se recomienda plantarlo en una zona cálida sin riesgo de heladas. En especial, las ciruelas de postre deben ubicarse en lugares cálidos y soleados para potenciar su dulzor. Es posible cultivar ciruelos de varios modos, ya sean de tronco alto o a todo viento, a medio viento, en arbusto o en pirámide, si

bien, para los jardines pequeños, el cultivo en palmeta es el más aconsejable.

La preparación del suelo para el cultivo de un ciruelo es idéntica a la que se efectúa para plantar un melocotonero o un nectarino. También similares son las técnicas para instalar los alambres en el muro y para plantar y podar las plantas en palmeta.

Véanse las págs. 168–169 para obtener información sobre la recolección y el almacenamiento de las ciruelas.

▼ *Los ciruelos florecen a principios de estación, por lo que deben cultivarse contra un muro de una zona cálida y resguardada.*

Cultivo en palmeta o en abanico

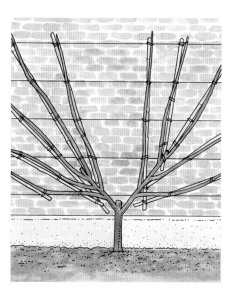

POLINIZACIÓN MANUAL

Los melocotoneros y los nectarinos florecen a principios de año, cuando los insectos polinizadores escasean. Para solventar este problema, frote suavemente con una escoba o una madeja de lana o algodón las flores cada dos días desde el momento en que los capullos se abren hasta que se caen los pétalos.

cultivo de bayas o frutas rojas

Es sorprendente la cantidad de bayas que pueden cultivarse en un jardín modesto. Las frambuesas crecen verticalmente, y el casis apenas ocupa espacio. Las fresas pueden cultivarse en las márgenes de los senderos, aunque, si dispone de poco espacio, también puede cultivarlas en un barril.

Fresas

Existen varias formas de estas frutas populares y de fácil cultivo, incluidas las perpetuas y alpinas, si bien las variedades de fructificación estival son las más extendidas. Una vez plantadas, suelen dejarse de tres a cuatro años antes de desecharse y sustituirse por nuevas plantas de almácigas listas para su trasplante. Es posible

cultivar variedades de fructificación estival como cosecha anual y disfrutar de frutas de alta calidad, si bien éstas no crecerán tan prolíficamente como las plantas arraigadas de dos o tres años de edad. Plante las variedades de fructificación estival a raíz desnuda entre mediados de verano y principios de otoño. Las plantas con cepellón pueden plantarse en cualquier época del año, siempre que el suelo pueda tratarse, si bien en la práctica lo más recomendable es hacerlo al mismo tiempo que se plantan los especímenes a raíz desnuda.

Prepare los lechos para las fresas cavando el suelo a finales de primavera o principios de verano y mezclándolo con estiércol o compost de jardín bien descompuesto. Escarde y queme las malas hierbas perennes. Justo antes de la plantación, espolvoree la superficie con un fertilizante general. Si planta a raíz desnuda, extienda las raíces sobre un montoncito de tierra en la base del hoyo y compruebe que la corona de la planta esté nivelada con el suelo circundante. Compacte el suelo alrededor de las raíces. Para las plantas con cepellón, no entierre la corona: nivélela con la superficie del suelo. Tras la plantación, riegue bien el suelo y carpe las malas hierbas regularmente.

La primavera siguiente, pulverice un fertilizante general alrededor de las plantas, riegue el suelo y extienda un mantillo de pajuz para evitar que las bayas entren en contacto con el suelo. Cuando las frutas estén completamente rojas, recoléctelas a primera hora de la mañana, arrancando también el cáliz.

Frambuesas

Existen dos tipos de frambuesos: de fructificación estival y otoñal. Las variedades estivales arraigadas son las que dan más fruto. La poda se describe en las págs. 142–143, y su recolección y almacenamiento, en las págs. 170–171.

Es imprescindible extender un alambrado. Para ello, coloque postes resistentes a una distancia de 3,6 m entre sí y tienda alambres galvanizados a una altura de 75 cm, 1 m y 1,6 m por encima del suelo. Plante las ramas a raíz desnuda entre finales de otoño y principios de invierno, o bien a comienzos de la primavera, a una distancia de 45 cm. Inmediatamente después de plantarlas, corte todas las ramas a una altura de 23–30 cm, justo por encima de un nudo sano. Durante el primer año, las ramas se desarrollarán; será en el segundo año cuando fructifiquen.

▲ *La zarzamora «Oregon Thornless» da bayas a finales de verano y principios de otoño, y puede plantarse en espaldar o enlazada a un arco.*

Casis

El casis nace de arbustos caducifolios y puede recolectarse entre mediados y finales del verano. Entierre las plantas algo más de lo habitual para tener en cuenta el asentamiento del suelo y alentar el brote de tallos desde abajo. Guarde una distancia de 1,5 m entre cada par de plantas y corte todos los tallos a unos 2,5 cm por encima de la superficie. Plante los arbustos jóvenes con cepellón en cualquier época del año, siempre que el suelo y el clima lo permitan. Si efectúa la plantación en verano, aguarde hasta el otoño y pode entonces los brotes viejos a ras de suelo; si la lleva a cabo entre otoño y primavera, pode las plantas inmediatamente.

CULTIVO DE FRESAS EN BARRILES

Desde hace más de un siglo, las fresas se vienen cultivando en barriles de madera. Realice varios agujeros en la base del barril para mejorar el drenaje, añada cascotes limpios y coloque un tubo de malla de alambre de 10–15 cm de diámetro relleno de material de drenaje en el núcleo. Rellene el barril con tierra para cultivo bien drenada e introduzca una planta en cada orificio lateral.

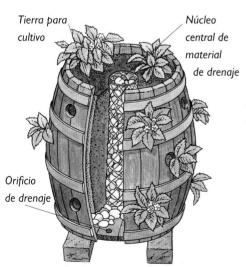

Tierra para cultivo

Núcleo central de material de drenaje

Orificio de drenaje

▲ En los jardines pequeños es habitual cultivar las fresas en macetones; así, se evita que las babosas y los caracoles deterioren las bayas.

Plantación de un casis

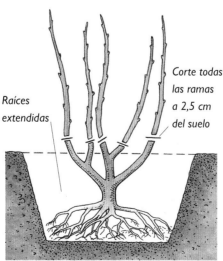

Raíces extendidas

Corte todas las ramas a 2,5 cm del suelo

Plantación de una fresa

Planta a raíz desnuda

Extienda las raíces sobre un pequeño montículo

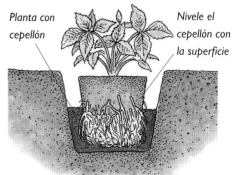

Planta con cepellón

Nivele el cepellón con la superficie

hortalizas para huertos pequeños

Algunas hortalizas, como los espárragos y las alcachofas, son perennes y, una vez arraigadas, producen cosechas durante varios años. Otras deben plantarse cada año y su cultivo debe rotarse dentro de la parcela para obtener siempre las hortalizas de mejor calidad.

Hortalizas para ensalada

Populares y fáciles de cultivar, existen muchas variedades interesantes y coloridas entre las que elegir.

✿ Pepinos de exterior: o «pepinos de caballón», se cultivan fácilmente en suelos fértiles que retengan la humedad, en lugares soleados y cálidos, resguardados de los vientos fríos.

A mediados de primavera, abra un hoyo de 30 cm de profundidad y amplitud. Rellénelo con una mezcla a partes iguales de tierra

◀ *Incluso en el jardín más pequeño pueden cultivarse hortalizas, a menudo muy juntas. Elija variedades de un vigor moderado.*

arable y estiércol o compost de jardín bien descompuesto, y haga un pequeño montoncito con tierra en la superficie. A finales de primavera o principios de verano, plante tres semillas a 18 mm de profundidad y separadas entre sí a unos 5 cm. Riéguelas y cúbralas con un tarro de cristal grande. Siga regándolas con regularidad y, una vez hayan germinado, retire el tarro. Más tarde, extraiga las dos plántulas más débiles. Cuando los brotes laterales tengan cinco o seis hojas, despúntelos hasta la altura de un nudo foliar. Riegue las plantas con regularidad y abónelas cuando empiecen a hincharse los primeros frutos.

✿ Lechugas: existe una amplia variedad de ellas, que incluye la lechuga trocadero (también llamada «lechuga francesa» o «cabeza de mantequilla», de hojas alargadas, blandas y bordes lisos), la iceberg (o lechuga repollo, con cabeza redonda y hojas rizadas y crujientes), la lechuga romana (de tallo recto y cabeza oblonga) y la lechuga de hoja (o de hojas sueltas, con hojas rizadas individuales).

Si siembra las semillas en distintas épocas, podrá recolectar lechugas durante gran parte del año, aunque las sembradas en verano son las más fáciles de cultivar. Entre mediados de primavera y principios del último mes estival, siembre las semillas espaciadas y de manera uniforme en surcos de 12 mm de profundidad separados a 25 cm. Mantenga la zona húmeda en todo momento. Cuando las plántulas midan unos 2,5 cm de alto, espácielas a 10 cm de distancia y luego entresáquelas a 30 cm. Entresaque las variedades más pequeñas a 25 cm. Recolecte las lechugas entre los últimos días del primer mes estival y otoño.

✿ Rábanos: entre mediados de primavera y finales de verano siembre semillas de manera uniforme y bastante esparcidas cada dos semanas. Cave surcos de 12 mm de profundidad separados a 15 cm. Las semillas tardan en germinar entre cinco y siete días. Cuando las plántulas sean lo suficientemente grandes para manejarlas, entresáquelas a 2,5 cm. Vuelva a compactar el suelo de alrededor y riéguelo. Coseche los rábanos jóvenes, ya que, si se dejan demasiado tiempo, se vuelven leñosos.

✿ Cebolletas: además de los tipos bulbosos, existen otras cebolletas deliciosas en ensaladas.

TOMATERAS EN EL PATIO

Para obtener una buena cosecha de tomates, elija un lugar soleado y resguardado, a ser posible junto a un muro orientado al sur. En los patios, las matas de tomate pueden cultivarse en macetones o en un saco de cultivo. En el primer caso deberán entutorarse los tallos con cañas de bambú, mientras que en el segundo se recomienda adquirir una de las estructuras de soporte para sacos de cultivo a la venta. Un saco de tamaño estándar permite plantar dos tomateras. Existen dos tipos de plantas: las de cordón y las arbustivas. Las primeras producen tallos laterales que deben cortarse cuando las plantas aún son jóvenes, mientras que las segundas no deben someterse a este tratamiento. Cuando los tomates de cordón hayan producido cuatro ramilletes con fruto, despúntelos dos hojas por encima del ramillete más elevado. Riegue y abone las plantas con regularidad a lo largo del verano y recoja los tomates a medida que vayan madurando.

Saco de cultivo

Mantenga la tierra húmeda

Riegue el cepellón antes de plantarlo

▲ *Las variedades con raíces globulares se crían con facilidad y rapidez. Siembre las semillas bastante esparcidas y de manera homogénea.*

▼ *Los huertos pueden ser decorativos y vistosos. En los jardines rurales, plante las verduras combinadas con flores.*

recolectar y almacenar frutas

La gama de frutas de árbol es muy amplia e incluye desde manzanas hasta peras, nectarinas, melocotones y ciruelas. Todas ellas poseen una naturaleza distinta, tanto por lo que respecta a sus condiciones de recolección como de almacenamiento. Las fechas de recogida también varían.

Frutas de árbol

Es esencial recolectarlas con sumo cuidado. Las frutas tratadas con descuido pueden golpearse y deteriorarse fácilmente, y no duran mucho tiempo almacenadas. Es más, no tardan en descomponerse y, lo que es peor, pueden hacer que las demás frutas se pudran.

❀ Manzanas: su recogida oscila entre mediados de verano y mediados de otoño. Su período de almacenamiento también difiere: algunas variedades deben consumirse a las pocas semanas de su recolección, mientras que otras perduran hasta la primavera siguiente.

❀ Recoja las manzanas cuando el rabillo se desprenda fácilmente del árbol. Para probar si un fruto está listo para ser recogido, sosténgalo en la palma de la mano, levántelo un poco y

gírelo levemente. Si el rabito se separa del árbol, la manzana está lista para recolectarse. Guarde las manzanas ligeramente separadas en cajones de listones de madera, en un lugar frío, aireado y protegido de heladas y bichos. En las zonas de aire seco, envuélvalas en papel aceitado y apóyelas sobre el cierre. Compruebe su estado de vez en cuando.

Una alternativa es introducir 1,8 kg de la misma variedad en una bolsa de polietileno con agujeritos. Doble la parte superior para cerrarla y colóquela en un lugar de las condiciones indicadas con el doblez hacia abajo.

❀ Peras: duran menos almacenadas que las manzanas y su tiempo de recolección es más difícil de determinar. Algunas variedades están listas a finales de verano, mientras que otras no maduran hasta mediados de otoño. El proceso para juzgar si una pera está lista para su recolección es idéntico al de las manzanas. Dado que si las variedades tempranas se dejan en la rama se tornan harinosas y blandas, hay que recogerlas antes de que estén maduras cortando los rabitos con unas tijeras. Almacénelas en un lugar frío, seco, aireado, umbrío y resguardado de bichos. Colóquelas una a una en cajones de listones de madera, dejando espacio

entre ellas. También puede envolverlas en papel, pero no verá si empiezan a pudrirse.

❀ Melocotones y nectarinas: recoléctelos cuando la piel esté rojiza y la pulpa de alrededor del rabito se ablande, entre el segundo y el tercer mes de verano y principios de otoño. Sosténgalos en la mano, álcelos levemente y gírelos: estarán listos cuando el rabito se desprenda por sí solo del árbol. Son más sabrosos recién cogidos, aunque pueden almacenarse en un lugar frío, sin envolver, toda una semana.

❀ Ciruelas: recolécteles entre el segundo y el tercer mes del verano y finales de otoño, cuando se separen fácilmente del árbol dejando el rabito tras de sí. El momento de la recolección depende de la variedad, pero las empleadas para conservas y para cocinar pueden cosecharse antes de estar maduras, mientras que las de postre deben dejarse madurar en el árbol. Guárdelas en cajones de listones de madera forrados con papel de cocina. Compruebe a diario que no se deterioran. Las damascenas y las claudias también dejan tras de sí el rabito.

▶ *No apriete las manzanas porque podrían amoratarse. Sosténgalas en la mano y gírelas: estarán listas si se desprenden fácilmente.*

RECOLECCIÓN DE CEREZAS DULCES

Las cerezas se dejan en el árbol hasta que están maduras. Pruebe de tanto en tanto una cereza para comprobar su dulzor. No obstante, si la piel empieza a resquebrajarse, coséchelas inmediatamente. Recoléctelas unidas al rabito. Las cerezas son más sabrosas justo después de arrancarlas del árbol.

almacenamiento de las peras

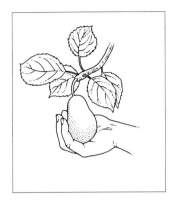 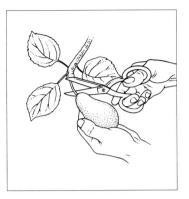 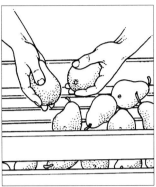 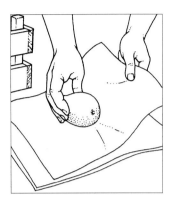

1 Sostenga la pera en la mano, álcela levemente y gírela con cuidado. Si el rabito se separa fácilmente del árbol, la fruta está lista para su recolección.

2 Recolecte las variedades tempranas con unas tijeras antes de que maduren. Si se dejan demasiado tiempo, se tornan harinosas y se reblandecen.

3 Colóquelas en cajones de listones de madera, de tal modo que no se rocen y así evitar que los frutos podridos afecten al resto.

4 Por lo general, las peras no se envuelven, pero, en los ambientes secos, conviene embalarlas en papel de una en una.

recolección de bayas

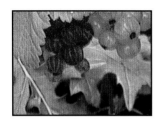

Lo mejor es comerse estas populares frutas veraniegas a la mayor brevedad posible después de su recolección. Deben cosecharse con sumo cuidado para evitar que se deterioren y pudran. Colóquelas siempre en recipientes de base ancha para no aplastarlas.

Frutos de arbusto

Casises: recoléctelos entre mediados y finales del verano. Las bayas están listas para su recolección una semana después de adquirir un tono negro azulado. Puede recolectarlas de una en una, pero se conservan mejor si arranca todo el racimo. Colóquelas en un lugar frío y aireado. Se conservan en el frigorífico durante una semana aproximadamente. No todas las bayas maduran al mismo tiempo, por lo que hay que ir comprobando las que están listas de tanto en tanto.

Grosellas rojas y blancas: recolecte las bayas a mediados de verano, cuando estén brillantes y hayan adquirido color. Arranque los racimos enteros, para evitar ocasionar daños a las bayas. Cada arbusto se recolecta varias veces, escogiendo las bayas maduras en cada

▲ *Las uvas espinosas son preciadas por su sabor característico. Recoléctelas de una en una cuando estén del todo maduras y presenten una coloración uniforme.*

LA SEGURIDAD ANTE TODO

✿ Deberá aplicar ciertas medidas de seguridad para cosechar las bayas. Trabaje sistemáticamente a lo largo de las hileras o alrededor de los arbustos, para no olvidar tras de sí frutas maduras, ya que, de lo contrario, se las comerán las avispas.
✿ Deposite las bayas en recipientes pequeños de base ancha para no aplastarlas. Cuando estén llenos hasta la mitad, transfiéralas a un recipiente más grande de base dura. No lo deje en un lugar donde los perros o los niños puedan volcarlo.
✿ Si está recolectando diversas variedades, colóquelas en distintos recipientes para poder comparar más tarde sus sabores.
✿ Tan pronto como sea posible, traslade las frutas a una habitación fría donde puedan desprenderse rápidamente del calor del «campo». No las coloque cerca de hierbas u hortalizas muy aromáticas.
✿ Si tiene previsto congelarlas, hágalo tan pronto como sea posible.

una de ellas. Las grosellas tienen más sabor si se ingieren inmediatamente, pero aguantan en el frigorífico durante una semana.

Uvas espinas: recolecte las drupas entre finales del primer y último mes de verano, en función de la variedad. Cuando están maduras, las drupas están tiernas y presentan un color vivo. Pueden conservarse en el frigorífico durante un par de semanas.

Fresas: compruebe la cosecha diariamente y vaya recogiendo las frutas que estén rojas. Arranque la fruta de la planta sosteniéndola por el rabito, de tal modo que éste quede unido a la fresa. Su sabor es más intenso si se comen a los pocos días de su recolección.

Frutas de zarza

Frambuesas: recolecte las variedades de fructificación estival entre principios del segundo mes estival y las últimas semanas del verano, y las de fructificación otoñal entre finales de

verano y mediados de otoño. Las bayas pueden recolectarse cuando han adquirido todo su color, aunque estén duras. Sostenga la fruta con suavidad y tire de ella, dejando el rabito unido a la planta. Las frambuesas están más sabrosas si se comen inmediatamente, pero también pueden congelarse. Para hacerlo, escoja las bayas más duras y colóquelas en la base de una bandeja de plástico poco profunda, sin que se rocen. Introduzca la bandeja en el congelador y, una vez congeladas, transfiera las bayas a bolsas o cajas para congelados.

Zarzamoras e híbridos: se recolectan cuando están blandos y maduros. Conviene hacerlo cuando las bayas están secas. La fruta mojada, sobre todo si se roza, se descompone fácilmente y se enmohece. Para cosecharlas, tire suavemente de las bayas de una en una. Por lo general, el sombrerillo se arranca con la fruta. Aunque lo mejor es consumirlas en cuanto se cosechan, también puede congelarlas.

▲ *Las grosellas rojas son excelentes para cocinar. Un arbusto establecido puede dar 4,5 kg por año, entre mediados y finales de verano.*

recolección y congelación de frambuesas

recolección de uvas espinas

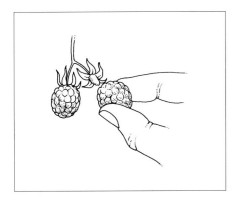

1 Recolecte las frutas de una en una cuando presenten un color uniforme y una textura firme. El pedúnculo debería permanecer unido a la rama. Es necesario cosechar cada planta varias veces.

2 Congele las frambuesas tan pronto las haya recolectado. Elija las pequeñas y sin acabar de madurar y colóquelas, sin rozarse, en una bandeja de plástico. Una vez congeladas, transfiéralas a bolsas para congelados.

3 Coseche las drupas de una en una, cuando estén maduras y presenten una coloración uniforme. La fecha de recolección difiere en función de las variedades. Un mismo arbusto debe cosecharse varias veces.

cultivo de hierbas

Algunas hierbas son grandes y dominantes, por lo que se recomienda plantarlas en borduras de hierbas altas o de herbáceas. No obstante, la mayoría son adecuadas para jardines pequeños, donde los tipos postrados pueden plantarse entre baldosas de pavimentación creando un damero.

UNA RUEDA CON HIERBAS

Cave el suelo, escarde las malas hierbas perennes y, en caso necesario, abónelo con compost de jardín bien descompuesto. Compacte el suelo uniformemente y nivele la superficie con un rastrillo. Ate los extremos de una cuerda de 90 cm de largo a dos cañas y clave una en el centro del arriate. Con el otro extremo describa un círculo de 1,8 m de diámetro. Coloque piedras pequeñas creando un círculo de 25–30 cm de diámetro en el centro y piedras más grandes alrededor del perímetro. Marque la posición de los radios con piedras, creando triángulos de 38 cm de ancho en la base. Riegue las plantas en sus recipientes un día antes de trasplantarlas y, luego, distribúyalas, aún en sus recipientes, sobre el arriate creando un diseño atractivo. Después, trasplántelas, riegue el suelo y cúbralo con guijarros de colores.

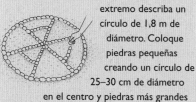

Hierbas en ruedas de carro

Estos motivos, a un tiempo decorativos y funcionales, pueden amoldarse a cuadros de tan sólo 1,8 m. Si puede conseguirla, utilice una rueda vieja; en caso contrario, cree un diseño simulado utilizando guijarros grandes para delimitar la circunferencia y los radios.

Diseños en damero

Constituyen un modo original de cultivar hierbas de escasa altura. Elija una zona, por ejemplo, un cuadrado de unos 2,28 m, y prepare el suelo como en el caso de los jardines en ruedas de carro. Luego, disponga losas de pavimentación cuadradas de 45 cm a modo de damero, dejando cuadros alternos descubiertos. Plante una selección de hierbas de bajo crecimiento en los cuadros sin embaldosar. Si las hierbas no cubren por completo el espacio, rellénelo con gravilla o guijarros. De este modo, además de conferir mayor belleza a su diseño, reducirá la pérdida de humedad.

▼ *Esta rueda, entre cuyos radios se han plantado tomillos contrastantes, constituye un elemento decorativo y fácil de cuidar.*

Nueve hierbas populares

Alcaravea: bianual con hojas similares a las del helecho e inflorescencias con forma de umbela compuestas por flores verdes.

Cebollino: bulbosa con hojas tubulares y flores rosáceas.

Eneldo: anual resistente de hojas verdes y cabezas de flores verdes unidas en umbela.

Hinojo: herbácea perenne de hojas azul verdoso y flores doradas dispuestas a modo de gran umbela.

Melisa o toronjil: herbácea perenne con hojas verdes con aroma a limón.

Menta: herbácea perenne con raíces invasoras. Existen diversas variedades, desde la menta verde hasta el mastranzo.

Perejil: bianual con hojas verdes arrugadas o lisas (de aroma más intenso).

Salvia: arbusto de vida efímera, con hojas gris verdoso y agujas de flores violetas. Florece a principios del verano. Existen formas con hojas más ornamentales (purpurinas y algunas variegadas), pero suelen emplearse exclusivamente para añadir color a las borduras.

Tomillo: mata perenne de escasa altura. El tomillo de jardín es una hierba culinaria excelente, si bien existen variedades con hojas de colores que pueden emplearse para añadir un toque de color a los diseños en damero.

▼ *Realce los jardines herbáceos plantando hierbas pequeñas y de escasa altura entre las losas de pavimentación a modo de damero.*

HIERBAS EN RECIPIENTES

Las hierbas pequeñas pueden plantarse en jardineras de ventana (*véanse págs. 202–203*). Ciertas hierbas de escasa altura pueden cultivarse también en bebederos colocados en un extremo del patio, junto a una veranda o en un balcón. Los bebederos y otros recipientes son ideales para cultivar hierbas invasoras, como la menta. Las jardineras ornamentales, con salientes en forma de semitaza en los laterales, apenas ocupan espacio. Colocadas en un lugar soleado, pueden rellenarse de hierbas estivales, como cebollinos, acederas y albahaca. Los sacos de cultivo pueden reutilizarse espolvoreando una pizca de fertilizante general. Resultan excelentes para cultivar hierbas de vida efímera, como es el caso del perejil.

distribución de las plantas en un jardín pequeño

arriates y borduras de colores

Uno de los objetivos de todo jardinero es que sus borduras estallen de color durante todo el verano. Además de hermosas e intensas composiciones en una amplia gama de colores, es posible elaborar borduras temáticas, por ejemplo, con distintas tonalidades de un mismo color: rosa y rojo, azul y malva, amarillo y dorado o blanco y plateado. Las plantas con hojas variegadas, desde arbustos perennes y caducifolios hasta herbáceas perennes, también componen borduras de gran belleza.

diseños en rojo y rosa

El rojo es un color ardiente y espectacular que domina el jardín, sobre todo si se usa profusamente en lugares soleados; el rosa, en cambio, es más sutil y cálido. La percepción del rojo varía a lo largo del día. Bajo la luz solar deslumbra, mientras que en el atardecer adopta tonos más oscuros.

Borduras florales

Existen infinidad de flores rojas y rosas para borduras de herbáceas y arriates florales, capaces de llenarlos de color desde principios de la primavera hasta el otoño. Las plantas para las borduras herbáceas incluyen desde las alstroemerias de raíz tuberosa hasta las formas rosas y rojas de floración tardía del *Aster novi-belgii* (cielo estrellado) y el *Aster novi-angliae*

(áster de Nueva Inglaterra), pasando por las espectaculares flores rojas de la *Schizostylis coccinea* «Major», tan acertadamente llamada banderilla carmesí. Muchas dalias, desde las variedades redondeadas más pequeñas hasta las más grandes y decorativas, con flores de 25 cm de diámetro, dan encantadoras flores rojas y llenan el ambiente de aromas intensos a finales de verano.

Las composiciones de floración primaveral compuestas por bulbos y bianuales se plantan a finales de verano o principios de otoño. Para componer un diseño en azules y rojos, plante *Aubrieta deltoidea* de flor azul y añada coloridos tulipanes «Madame Lefeber» en la parte inferior. Los macizos estivales, formados básicamente por plantas cultivadas a partir de semilla, también incluyen flores rosas y rojas, ninguna de ellas tan arrebatadora como la *Begonia semperflorens* «Cocktail Series» y la *Salvia splendens* (banderilla).

FONDOS COMPOSITIVOS

Muchas plantas, desde arbustos de pared hasta especies efímeras para jardineras de ventana, cestos de pared y cestos colgantes, destacan más sobre un fondo adecuado.

Las flores rojas y escarlatas se realzan sobre fondos blancos, mientras que las rojas y rosas armonizan más con paredes de piedra gris.

◄ *El rosa y el rojo son colores románticos y muy cálidos. Las flores rosas conservan todo su esplendor bajo la luz tenue del atardecer.*

Árboles y arbustos

Crean composiciones frondosas con sus flores singulares. Las azaleas caducifolias de floración primaveral, a menudo en recatados tonos de rojo y rosa, son un signo inequívoco de que el jardín se llenará de vida. Un jardín silvestre, con un dosel alto y ligero revestido de hojas, proporciona el marco perfecto para las azaleas. Muchas de ellas tienen el valor añadido de dar hojas de colores durante el otoño.

Otros arbustos con flores rojas o rosas son los magníficos *Hibiscus syriacus* y *Kolkwitzia amabilis*, llamado con acierto el arbusto de la belleza por sus flores dedaleras rosas con cuellos amarillos. Más espectaculares y peculiares son las flores de la *Magnolia liliiflora* «Nigra», una caducifolia cuya floración tiene lugar entre la primavera y principios del verano. Sus flores crecen erguidas, miden unos 7,5 cm de longitud y son de color morado rojizo. En un estilo completamente distinto encontramos el arbusto caducifolio *Leycesteria formosa* (leicesteria), con inflorescencias péndulas compuestas por florecillas blancas rodeadas por multitud de brácteas de color granate. Además, la leicesteria presenta el valor añadido de dar bayas rojizas en otoño.

Trepadoras y arbustos de pared

Esta excelente gama incluye rosas trepadoras y enredaderas, clemátides y el *Tropaeolum speciosum*, de raíz rizomatosa, cuya parte aérea fallece en otoño. Entre mediados de verano y otoño, el *Tropaeolum* produce flores atrompetadas de color escarlata en largos tallos y se encarama a los arbustos. Varias clemátides de flor grande dan flores rojas o rosas, como la «Nelly Moser», en la que cada pétalo de color malva posee una raya de color carmín pálido, la «Ville de Lyon», con hojas de color carmín intenso, y la «Ernest Markham», con inflorescencias de color magenta fuerte e iridiscente.

▲ *La combinación de distintas plantas ofrece resultados espectaculares. Aquí, un rosal y varias coníferas bajas componen un grupo ameno.*

▼ *Un arriate bajo, por ejemplo, en la linde de un jardín de rocalla y con predominio de plantas rojas y rosas, crea una composición cálida.*

Plantas clave

❶ *Myosotis* (nomeolvides)

❷ *Primula* «Wanda»

❸ *Candelabra primulas*

❹ *Anemone* x *fulgens*

❺ *Magnolia liliiflora*

❻ Rododendros

❼ Azaleas

❽ *Aubrieta deltoidea* (aubretia)

borduras azules y violetas

El azul es un color que crea sensación de tranquilidad en los jardines. Se cree que los arriates de este color reducen la tensión arterial y disminuyen el ritmo respiratorio y el pulso. Realce el color añadiendo parches de flores de tono blanco roto y amarillo pálido (evite el amarillo chillón).

Borduras florales

Las borduras de herbáceas con flores azules suelen cobrar vida a comienzos del verano, cuando estallan llenando el jardín de color. Quizá la herbácea perenne más bonita sea el *Delphinium elatum*. Las variedades de flores

▲ *Las flores azules componen un jardín apacible, mientras que el púrpura es más llamativo y queda mejor en pequeños grupos.*

grandes o elato tienen los tallos erguidos y se abarrotan de flósculos durante principios y mediados de verano, mientras que las variedades de belladona son más pequeñas, poseen ramas volubles y quedan espectaculares en jardines rurales. Cada una de estas especies posee toda una gama de colores.

Algunos ásteres perennes son azules, como el *Aster amellus* (argamula), de grandes flores parecidas a la margarita con núcleos amarillos. El «King George» es particularmente vistoso, con sus flores de color lila. El *Aster x frikartii* «Mönch», de flores azul lavanda con núcleo dorado, es algo menos espectacular. Otras herbáceas con flores azules son la *Echinacea purpurea* (rudbeckia morada), de hojas moradas parecidas a las de la margarita con peculiares conos centrales, la *Physostegia virginiana* (planta obediente), con agujas de flores de color rosa malva, y la *Tradescantia* x *andersoniana* «Isis» (lirio trinitario), cuyas flores de tres pétalos son de color violado.

Algunos bulbos de floración primaveral dan flores azules, como el *Hyacinthus orientalis* (jacinto) y el *Muscari armeniacum* (ajipuerco o hierba del querer), un compañero ideal de la prímula. El *Myosotis alpestris* (nomeolvides)

es una perenne resistente cultivada invariablemente como bienal por sus florecillas aromáticas de tonalidad azul celeste apiñadas en grandes racimos. Existen muchas variedades, gran parte de las cuales se reproducen por generación espontánea de semillas.

Entre las plantas adecuadas para macizos de floración estival se cuentan las variedades de flor azul de *Ageratum houstonianum,* como el «Blue Danube», con racimos de flores lavanda, y la *Lobelia erinus,* con variedades como la «Blue Moon» y la «Cambridge Blue». También existen variedades reptantes muy adecuadas para plantar en jardineras de ventana y cestos colgantes.

FONDOS COMPOSITIVOS

El azul es un color relajante que corre el riesgo de quedar subyugado por otros colores más intensos, si bien existen algunas combinaciones que merece la pena probar. Coloque plantas con flores de color azul marino o morado sobre paredes de piedra gris. Los racimos de colores azul celeste armonizan bien con las paredes de ladrillo rojo.

Plantas clave

1 *Aster amellus*

2 *Delphiniums*

3 *Corylus maxima «Purpurea»* (avellano)

4 *Cotinus coggygria «Notcutt's Variety»*

5 *Hydrangea macrophylla* (hortensia)

6 *Echinacea purpurea* (equinácea)

7 *Physostegia virginiana* (planta obediente)

8 *Ageratum houstonianum* (agerato)

Árboles y arbustos

Son pocos los árboles y los arbustos de flor azul, pero, si se plantan juntos los pocos existentes, crean composiciones magníficas. El *Cercis siliquastrum* (árbol del amor) luce racimos de flores de tono púrpura rosáceo en sus ramas áfilas a principios de verano. Muy distinto es el *Ceanothus* x *delileanus* «Gloire de Versailles», que exhibe alargadas agujas de flores aromáticas y moteadas en azul entre mediados de verano y principios de otoño. Más populares son las formas de flor azul de la *Hydrangea macrophylla* (hortensia).

Algunos arbustos y árboles tienen flores de colores vivos, como el *Corylus maxima* «Purpurea» (avellano), el *Cotinus coggygria* «Notcutt's Variety», con hojas de color morado intenso, y el *Berberis thunbergii* «Atropurpurea», con hojas pequeñas de color rojo morado.

Trepadoras y arbustos de pared

Crean composiciones soberbias, sobre todo las lilas de California. Plante un *Ceanothus impressus,* con inflorescencias de color azul marino, y *C. thrysiflorus repens,* azul celeste. Las clemátides

▲ Este jardín acuático medio enclaustrado constituye un oasis de paz y tranquilidad.

deben entutorarse. La más bonita es la *Clematis macropetala,* que da corolas dobles de flores azul marino y celeste a finales de primavera y principios de verano. Otras trepadoras de flor azul son el *Solanum crispum* (patatera de Chile), la *Wisteria floribunda* «Macrobotrys» y el *Abutilon vitifolium* (abutilón o malvavisco de las Indias).

▶ Las flores de color amarillo pálido y blanco roto añaden vistosidad en el crepúsculo.

jardines amarillos y dorados

El amarillo y el dorado componen jardines deslumbrantes, en especial bajo los intensos rayos del sol. Las plantas que exhiben estos colores radiantes despuntan ya al amanecer y siguen vislumbrándose en el crepúsculo. Por ello, el amarillo resulta excelente para los bordes de los macizos estivales.

Borduras florales

En ocasiones, las borduras herbáceas pueden girar en torno a un color, como el amarillo, aunque ello no implica necesariamente que sean monocromáticas. Por ejemplo, en las borduras amarillas y doradas pueden plantarse

arbustos con hojas variegadas en tonos verdes y amarillo, que añadan permanencia, altura y contraste de color. Entre las herbáceas perennes de color amarillo más vistosas se cuentan la *Achillea filipendulina* «Gold Plate» (aquilea, milenrama o milhojas), con panículas aplanadas repletas de flores de color amarillo entre mediados y finales de verano. La *Alchemilla mollis* (alchemilla o pie de león) es espectacular, ideal para los bordes de las borduras, donde recubre y camufla los perfiles toscos.

El listado de plantas herbáceas para borduras amarillas es amplísimo y engloba desde la *Coreopsis vertillata,* con flores estrelladas de color amarillo intenso, hasta dalias, *Phlomis fruticosa* y *Verbascum bombyciferum* (verbasco o gordolobo), con tallos florales erguidos y hojas ovaladas plateadas. La *Rudbeckia fulgida* (rudbeckia anaranjada), de flores grandes amarillentas con centros marrón amoratado, combina con el *Aster amellus* «King George» y con el *Solidago* «Goldenmosa» (vara de oro), de cabezas florales amarillas, suaves y sedosas.

◀ *Las plantas con largas hojas variegadas en tonos amarillos son espectaculares en el jardín. Cultive las plantas tiernas en macetas.*

Árboles y arbustos

Entre los árboles y arbustos invernales y primaverales con flores amarillas destacan el *Hamamelis* (hamamelis), el *Chimonanthus* (macasar) y las mahonias en invierno, y las espectaculares forsitias, el *Berberis darwinii* y la aulaga de doble flor en primavera. Muchos mantienen su flor a lo largo del verano, e incluso entrado el otoño. Para acentuar el color, agrupe las plantas por dúos atractivos. Alrededor de las ramas extendidas del *Hamamelis mollis* (lentisco) plante un *Rhododendron mucronulatum,* que echa en invierno flores tubulares de color rosa purpurino. Para crear contrastes de color de hojas en verano, plante el arbusto caducifolio *Cotinus coggygria* «Royal Purple», de hojas de color ciruela oscuro.

FONDOS COMPOSITIVOS

El amarillo es un color espectacular, especialmente cuando resalta sobre un fondo contrastante. Las flores amarillas se realzan sobre fondos blancos, mientras que las de tono limón destacan más sobre una pared de ladrillo rojo.

Trepadoras y arbustos de pared

Abarcan desde anuales hasta arbustos, e incluyen la popular *Thunbergia alata* (Susana de ojos negros u ojo de poeta), una anual semirresistente que germina en primavera en ambientes cálidos antes de trasplantarse a una bordura o de enlazarse a una celosía, una vez desaparecido el riesgo de heladas. También es capaz de escalar un trípode de cañas o postes. Para revestir los muros de color en invierno, plante *Jasminum nudiflorum,* el jazmín de floración invernal, que produce flores de color amarillo en bohordo a lo largo de todo el invierno.

Algunos arbustos ligeramente tiernos crecen mejor si se cultivan en la cara soleada de los muros. Entre ellos destaca la retama, *Cytisus battandieri,* que, a mediados de verano, exhibe inflorescencias de color dorado, con forma cónica y fragancia a piña, rodeadas de grandes hojas doradas similares a las del laburno. El *Piptanthus nepalensis,* aún más conocido como *Piptanthus laburnifolius* (laburno siempreverde), también es ligeramente tierno y da florecillas bilabiadas de color amarillo intenso similares a las del laburno entre finales de primavera y principios de verano. La *Lonicera tragophylla* es ideal para cubrir arquerías, pérgolas y paredes. Entre principios y mediados de verano produce flores de color dorado.

▶ *Las borduras en tonos amarillos y dorados, que abarcan desde plantas con hojas gualdas hasta girasoles, aportan vitalidad al jardín.*

Plantas clave

❶ *Rudbeckia fulgida* (rudbekia anaranjada)

❷ *Euonymus fortunei «Emerald 'n' Gold»*

❸ *Helianthus annuus* (girasol)

❹ *Thunbergia alata* (Susana de ojos negros u ojo de poeta)

❺ *Verbascum bombyciferum* (verdasco o gordolobo)

❻ *Achillea filipenndulina «Gold Plate»* (aquilea, milenrama o milhojas)

❼ *Solidago «Goldenmosa»* (vara de oro)

❽ *Tagetes erecta* (flor de muerto o clavel de las Indias)

▲ *Los jardines de flores y follaje amarillos están llenos de vida. Los arcos revestidos de flores aportan atractivo y altura al jardín.*

183

diseños en blanco y plateado

Brillantes y puras, las flores blancas deslumbran bajo los rayos del sol. El plateado es menos vistoso; de hecho, suele describirse como blanco grisáceo, porque refleja la luz en muchos ángulos, mientras que los pétalos blancos de superficie lisa son mejores reflectores.

Borduras florales

Existe una extensa variedad de plantas para crear borduras herbáceas grises, plateadas y blancas. Entre las que presentan un follaje gris y plateado se cuentan la *Anaphalis triplinervis* (pie de gato), con hojas lanceoladas y estrechas de color gris plateado con el envés blanco y algodonado. Se puebla de ramilletes de cabezuelas blancas a finales de verano. Su pariente cercana, la *Anaphalis margaritacea yeodensis*

◄ *Las borduras con flores blancas y follaje plateado destellan con el más mínimo rayo de sol, confiriendo un vigor inesperado al jardín.*

(siempreviva perlada), posee hojas grises y luce inflorescencias de flores blancas entre mediados de verano y otoño.

Muchas artemisias tienen hojas de color plateado, como la más bella, la *Artemisia absinthium* «Lambrook Silver», de hojas plateadas finamente divididas, que da florecillas redondas y amarillas en la última mitad del verano. La *Artemisia ludoviciana* (estafiate) presenta tallos erguidos, hojas profundamente dentadas, aterciopeladas y blancas y flores de color blanco plateado entre finales de verano y principios de invierno. El *Onopordum acanthium* (cardo borriquero) produce anchas hojas dentadas de color gris plateado.

La gama de plantas con hojas plateadas se amplía con la *Stachys byzantina* (ortiga lanosa), cuyas hojas ovaladas densamente recubiertas por pelos blancos y plateados le confieren un aspecto algodonado. La vivaz semirresistente *Senecio cineraria*, habitualmente cultivada como anual semirresistente, viste las borduras con sus hojas de lóbulos pronunciados recubiertas de

borra blanca. Entre las plantas herbáceas con flores blancas destaca el popular *Leucanthemum maximum*, aún más conocido como *Chrysanthemum maximum* (margarita gigante), que exhibe concentraciones de grandes flores blancas y discos amarillos parecidas a la margarita entre mediados y finales de verano. La *Gypsophila paniculata* (gipsófila o doble copo de nieve) forma nubes de flores blancas entre hojas glaucas. Con menos flores, aunque más grandes, destaca la *Romneya coulteri* (adormidera de árbol), que florece entre mediados de verano y otoño.

La aromática y anual semirresistente *Lobularia maritima*, también conocida como *Alyssum maritimum* (mastuerzo marítimo), es muy adecuada para los bordes de los arriates de floración estival.

FONDOS COMPOSITIVOS

Las flores blancas destacan sobre pocos fondos. En especial, su belleza se realza contra las paredes de ladrillo rojo, también adecuadas para contrastar plantas con follaje plateado.

Plantas clave

1. *Onopordum acanthium* (cardo borriquero)
2. *Anaphalis margaritacea yeodensis*
3. *Artemisia ludoviciana* (estafiate)
4. *Carpenteria californica*
5. *Wisteria sinensis* «Alba» (glicina)
6. *Romneya coulteri* (adormidera de árbol)
7. *Leucanthemum maximum* (margarita gigante)
8. *Stachys byzantina* (ortiga lanosa)

Árboles y arbustos

La excelente gama disponible engloba el *Amelanchier lamarckii* (guillomo de Lamarck), que exhibe abundantes flores blancas en primavera, y la *Eucryphia* x *nymansensis,* que da flores de color blanco y crema de 6,5 cm de diámetro entre finales de verano y principios de otoño. Otros arbustos bellos a tener en cuenta son la *Hydrangea arborescens* «Grandiflora», cuyas flores de un blanco puro brotan en inflorescencias redondeadas entre mediados de verano y principios de otoño, y su pariente, la *H. paniculata* «Grandiflora», que desarrolla grandes inflorescencias terminales y piramidales blancas.

Pocos arbustos con hojas blancas adecuados para jardines de pequeñas dimensiones son tan bonitos como la *Magnolia stellata* (magnolio estrellado), que da flores de hasta 10 cm de diámetro en primavera. El *Pyrus salicifolia* «Pendula», de hojas estrechas gris plateado parecidas a las del sauce, también es muy vistoso y, en primavera, luce racimos terminales con flores de color blanco puro. Queda perfecto rodeado de bulbos con inflorescencias azules. La *Spiraea* x «Arguta» (espirea) y el *Viburnum opulus* «Sterile», también llamado *V. o.* «Roseum», son también bellísimos.

▲ En este jardín blanco y plateado el banco funciona como eje central y constituye un elemento ideal para un espacio reducido.

▲ Las macetas con plantas colocadas en una superficie bien drenada componen un motivo atractivo y de interés en los jardines pequeños.

follaje variegado

El follaje de distintos colores es muy llamativo y propio de numerosas plantas, desde herbáceas perennes hasta árboles, arbustos y trepadoras. Muchas de ellas presentan colores tenues, mientras que otras tienen un colorido intenso y convierten el jardín en un regalo para la vista.

Borduras florales

Son muchas más de las previsibles a primera vista las herbáceas perennes que pueden utilizarse para este fin. Entre las hostas variegadas más conocidas se incluyen la *Hosta* «Fortunei Albopicta», la *H.* «Cripsula» y la *H.* «Gold Standard». Existen otras hostas, pero quizá una de las plantas variegadas más insólitas sea la *Aegopodium podagraria* «Variegatum» (hierba de san Gerardo). Pese a no tratarse de una planta muy invasora, es aconsejable cultivarla en tinajas grandes y situarlas para que iluminen los patios con sus hojas verdes perfiladas de blanco. La cespitosa perenne *Hakonechloa macra* «Aureola» también queda muy bonita en una tina grande o en la esquina de un arriate elevado. Sus hojas arqueadas a modo de cinta son de color beis por una cara y dorado por la otra, con destellos en bronce.

Otras plantas ideales para cultivar en borduras por su crecimiento vertical son la *Iris pallida,* de hojas lanceoladas a rayas verdes y amarillas, y la *I. p.* «Argentea Variegata», a rayas blancas. Los polemonios variegados «Norah Leigh» y «Harlequin» son excelentes para borduras de herbáceas, mientras que la *Yucca filamentosa* «Variegata», de hojas lanceoladas, es muy vistosa, por lo que conviene colocarla en un lugar privilegiado.

Árboles y arbustos

Suelen crear composiciones dominantes, sobre todo el *Euonymus fortunei* «Emerald 'n' Gold», un perennifolio arbustivo frondoso de hojas variegadas de color dorado que viran a un tono entre bronceado y rosáceo en invierno. La «Emerald Gaiety» y la «Silver Queen» también poseen hojas variegadas. La *Aucuba japonica* «Variegata» (aucuba o laurel manchado) es una planta tradicional de jardín que crea composiciones hermosísimas. En primavera, destaca rodeada de narcisos. El *Elaeagnus pungens* «Maculata» es otra de las perennifolias más célebres, con hojas verdes, erguidas y ásperas moteadas de dorado.

La *Salvia officinalis* «Icterina» alcanza los 30 cm de altura y es ideal para plantar en las márgenes de un sendero, camuflando su perfil. Sus hojas verdes y doradas son muy

◄ *Combinada con hierbas ornamentales y plantas de escasa altura, esta valla rústica y decorativa compone un elemento vistoso.*

vistosas. Otra variedad igual de llamativa es la «Tricolor», con hojas verdes grisáceas con manchas blancas y tintes rosas.

El caducifolio *Cornus alba* «Spaethii» (cornejo) posee hojas verde claro con bordes irregulares de color dorado; además, sus tallos adquieren un color rojo vivo en invierno. Su pariente cercano, el *C. alternifolia* «Argentea», es un árbol pequeño o un arbusto grande con ramas que se esparcen horizontalmente y se pueblan de hojitas verdes con bordes de color crema. No oculte su atractiva forma.

Los acebos variegados llenan de luz los jardines durante las cuatro estaciones. El *Ilex* x *altaclarensis* «Lawsoniana» tiene hojas verdes, por lo común sin espinas, con una salpicadura amarilla en el centro. Da bayas de color rojo anaranjado en invierno. Existen muchas variedades de *Ilex aquifolium,* con hojas espinosas y variegadas. Entre ellas destaca la «Golden Queen», con tallos a rayas de color crema y grandes hojas con un amplio margen dorado.

Trepadoras y arbustos de pared

Quizá la trepadora variegada más conocida sea la hiedra. Existen múltiples variedades, desde la *Hedera helix* «Goldheart», hoy conocida como «Oro di Bogliasco», con hojitas verde oscuro moteadas en amarillo, hasta variedades con hojas grandes. Entre estas últimas se

cuenta la *H. canariensis* «Gloire de Marengo» (hiedra canaria), con hojas verde oscuro y variegaciones en blanco y gris plateado. Existen diversas formas variegadas de la hiedra persa: las llamativas hojas de la *H. colchica* «Dentata Variegata» presentan bordes de color amarillo vainilla, mientras que la «Sulphur Heart» presenta salpicaduras irregulares de amarillo. La *Actinidia kolomikta,* una trepadora caducifolia, posee grandes hojas verdes que desarrollan manchas blancas con motas de color rosa en el ápice.

▶ *Las plantas enredaderas y rastreras recubren los bordes de las tarimas. Conviene podarlas con regularidad para evitar que invadan el espacio.*

▼ *Plantas variegadas desdibujan el perfil de la escalera y combinan con el escalonado* Cornus controversa *«Variegata».*

Plantas clave

1 *Hakonechloa macra* «Aureola»

2 *Phlox* «Norah Leigh»

3 *Yucca fillamentosa* «Variegata»

4 *Cornus controversa* «Variegata»

5 *Formio variegado*

6 *Iris pallida,* «Argentea Variegata»

7 *Hosta sieboldiana* «Frances Williams»

8 *Hosta fortunei albopicta*

diseños de colores mixtos

Existen dos maneras de abordar un diseño de colores mixto: mezclar plantas de colores cultivadas a partir de semilla, como plantas de almáciga de floración estival para arriates y recipientes, y otra, planificar la disposición de cada color, lo que ofrece resultados óptimos en parterres grandes.

Uso de colores mixtos

Puede conseguir que sus jardineras de ventana, cestos de pared y cestos colgantes luzcan maravillosos cultivando en ellos una única especie o variedad de distintos colores. Por ejemplo, existen en el mercado bolsitas con semillas mezcladas de lobelias trepadoras de color blanco, azul, lila, carmesí y rojo. Una ventaja práctica de destinar un cesto colgante a una variedad con varios colores es que las plantas serán igual de vigorosas y ninguna sobresaldrá por encima de las demás.

Mezcla de colores

Las mezclas de colores son más cuestión de preferencias personales que de ciencias exactas. Es recomendable utilizar una rueda de color con los tres colores básicos (amarillo, azul y rojo) y los tres secundarios (naranja, verde y violeta), para averiguar cuáles se complementan y cuáles armonizan mejor entre sí.

Se denominan «colores complementarios» a los que no poseen pigmentos comunes, y armónicos a los que sí comparten pigmentos. El amarillo y el violeta, el azul y el naranja, y el rojo y el verde son complementarios. En cambio, el amarillo armoniza con el verde y el naranja, el azul con el verde y el violeta, y el rojo con el naranja y el violeta.

▲ *Las plantas con hojas variegadas dan color en verano y, si son perennifolias, todo el año. Muchas pueden cultivarse en macetas y tinajas.*

SUPERFICIES MATES Y BRILLANTES

La superficie de las hojas influye en el modo en que reflejan la luz. Una superficie lisa refleja la luz en el mismo ángulo en el que ésta incide sobre ella y, como resultado, parece iluminarse. Si la superficie es mate, la luz se refleja en distintos ángulos y sin brillo. Pese a todo, en la naturaleza existen muy pocas superficies de plantas lisas, por lo que la luz suele difuminarse al incidir sobre ellas.

Mezclas y combinaciones

Para planear el colorido del jardín no es necesario contar con una gran extensión ni dedicar mucho dinero. Basta, por ejemplo, con llenar de color la esquina de una bordura de arbustos o una zona de un muro.

Amarillo y dorado: muchos árboles y arbustos de hojas amarillas componen fondos ideales para plantas de hojas violetas. Para obtener una mezcla equilibrada, calcule una proporción de uno a tres de violeta y amarillo, respectivamente. Plante un *Berberis thunbergii atropurpurea* de hojas oscuras con arbustos de

hoja amarillenta como el *Sambucus racemosa* «Plumosa Aurea» (saúco rojo).

Azul y violeta: para crear una composición azul de fondo, plante un *Ceanothus* «Cascade» junto a un muro soleado y resguardado. El *Ceanothus* alcanza los 3 m de altura y anchura y se llena de florecillas azul intenso. Para añadir mayor interés, plante ante él un arbusto tierno perenne, como la *Choisya ternata* (azahar mexicano o naranjo de México).

Rojo y rosa: tenga cuidado a la hora de utilizar el rojo, pues es un color dominante. Si contra un fondo de un verde medio planta flores de color rojo intenso como la anual resistente *Papaver rhoeas* (amapola) creará un efecto tridimensional. No obstante, la mayoría de las flores rojas no presentan un color saturado, sino tonalidades de rojo. El rosa es un rojo poco saturado, más fácil de combinar.

Plantas clave

1 *Calendula officinalis* (maravilla)

2 *Coreopsis verticillata*

3 *Cotinus coggygria* «Notcutt's Variety»

4 *Philadelphus coronarius* «Aureus»

5 Altramuces de varios colores

6 *Berberis thunbergii atropurpurea*

7 *Papaver orientale* (amapola oriental)

8 *Geranium* «Johnson's Blue»

▲ *Los cestos colgantes multicolores son vistosos y suelen combinar con fondos más variados que los de un único color.*

▼ *Las borduras repletas de color resplandecen en los jardines pequeños. Retire las flores secas para alentar la aparición de nuevas flores.*

composiciones de temporada

Es posible disfrutar de composiciones de flores y hojas multicolores durante todo el año. El verano es la estación por excelencia en la que florecen las plantas, pero el otoño también es una estación llena de color a la que imprimen un toque especial las trepadoras, los árboles y los arbustos caducifolios, cuyas hojas viran de color antes de caer. Algunos árboles florecen durante el invierno y, además, es posible naturalizar bulbos pequeños en hierbas cortas o alrededor de arbustos. Los narcisos, los árboles con flor y algunos arbustos anuncian con entusiasmo la llegada de la primavera.

primaveras llenas de color

Se considera que los bulbos son un heraldo de la llegada de la primavera. Algunos de ellos pueden plantarse junto a arbustos, dando lugar a bellas combinaciones. En primavera florecen muchos cerezos ornamentales, que pueden entremezclarse con bulbos de menor altura, como los narcisos.

Arbustos de floración primaveral

Uno de los espectáculos más arrebatadores de color amarillo lo ofrecen las campanillas de la *Forsythia* «Lynwood». Como otros arbustos de floración primaveral, sus flores brotan en bohordos que más tarde se poblarán de hojas.

El *Ulex europaeus* (tojo) es un arbusto perennifolio con inflorescencias amarillas. Queda cubierto de masas de flores envainadas con perfume a miel durante las primavera y

principios de verano y, con frecuencia, continúa floreciendo esporádicamente hasta el comienzo de la siguiente primavera.

El *Amelanchier lamarckii* (guillomo de Lamarck) es un caducifolio que da flores palmeadas de color blanco puro a mediados de la primavera y posee un atractivo imperecedero. La *Magnolia stellata* (magnolio estrellado) es otro arbusto caducifolio de flor blanca, algo más pequeño que el guillomo. Sus flores

solitarias de unos 10 cm de diámetro son más espectaculares cuanto más reducido es su número. Por su parte, la *Kerria japonica* «Pleniflora» es una caducifolia de porte péndulo con flores amarillas dobles de unos 5 cm de diámetro que brotan de tallos esbeltos entre finales de la primavera y principios del verano. Otros arbustos de floración estival son el *Chaenomeles* x *superba* (membrillo de flor), el *Cytisus* x *praecox* «Warminster» (retama de marfil «Warminster»), el *Berberis* x *stenophylla*, el *Ribes sanguineum* (grosellero sanguíneo) y el *Viburnum* x *burkwoodii*.

ÁRBOLES PRIMAVERALES

Prunus padus (cerezo-aliso): da borlas alargadas de flores blancas con perfume almendrado a finales de primavera. Las borlas de la variedad «Watereri» son más largas.
Prunus subhirtella «Pendula Rosea» (cerezo llorón): árbol de porte llorón, más ancho que alto, con flores blancas rosadas.
Prunus «Accolade»: árbol grácil y abierto que da flores semidobles de un rosa azulado entre principios y mediados de primavera.

◄ *Las composiciones primaverales multicolores despiden el invierno. Prepárelas plantando bulbos de floración primaveral a principios de otoño.*

Bulbos de floración primaveral

Algunos bulbos, como el *Crocus chrysanthus,* que suelen empezar a florecer en las postrimerías del invierno, pueden naturalizarse en grandes prados de césped de baja altura, aunque lo más natural es plantar grupos de bulbos de floración primaveral en jardines de rocalla.

Algunos bulbos de floración invernal tardía prolongan su despliegue floral hasta principios de primavera, como la *Chionodoxa luciliae* (gloria de las nieves), de hoja azul celeste, el *Eranthis hyemalis* (acónito de invierno), de flor amarilla, y el *Galanthus nivalis* (campanilla de invierno), con campánulas blancas. Otros concentran su floración en primavera e incluyen desde el *Ipheion uniflorum* (ipheion o estrella de primavera), de flores palmeadas, cuyo color vira del blanco al violado, hasta la *Scilla siberica* (escila alpina), con flores blancas o azul marino. Dos especies de tulipanes primaverales son la *Tulipa tarda,* con ramilletes de flores con pétalos blancos y grandes centros amarillos visibles, y la *Tulipa kaufmanniana* (tulipán nenúfar), que produce flores palmeadas blancas con remates rojos y amarillos en la parte exterior.

PLANTAS ESTRELLA

Amelanchier lamarckii

Clematis montana

Crocus chrysanthus

Eranthis hyemalis

Kerria japonica «Pleniflora»

Magnolia stellata

Muscari armeniacum

▶ *La* Kerria japonica *«Pleniflora» luce un bello manto de flores de color amarillo anaranjado entre finales de primavera y principios de verano.*

Mezclas y combinaciones

A medida que la primavera avanza, la oportunidad de crear combinaciones vistosas de plantas en borduras y muros aumenta. Por ejemplo, dos flores que casan a la perfección son la *Rosa banksiae* «Lutea», que da flores dobles amarillas en primavera, y la *Clematis montana* «Elizabeth», una variedad aromática de la clemátide montana. La primera posee hojas similares a las del helecho y da flores levemente fragantes de corola única y pétalos amarillo pálido a finales de primavera, mientras que la clemátide luce abundantes flores de color rosa pálido en la misma estación.

El *Viburnum opulus* «Roseum» (mundillo) es un arbusto caducifolio que produce grandes cabezas florales globulares de color blanco crema entre finales de primavera y principios de verano. Las ramas suelen doblarse por el peso de las magníficas flores. Para crear contraste, plante la herbácea *Hosta sieboldiana* alrededor del mundillo.

veranos llenos de color

La intensidad del color en un jardín estival es sobrecogedora. Herbáceas perennes, anuales resistentes y semirresistentes, y bulbos abarrotan arriates y borduras, mientras que trepadoras y arbustos cubren muros, se enlazan en celosías y visten pérgolas. El follaje variegado y colorido es indispensable.

▲ *Las lustrosas azucenas, con su característica forma, devienen focos de luz en las borduras informales y se amoldan perfectamente a los jardines rurales.*

Arbustos de floración estival

Entre la extensa variedad de arbustos de floración estival se cuentan el *Cistus* x *cyprius,* de flores blancas de 7,5 cm de diámetro manchadas de carmesí, el *Cistus* x *purpureus,* con flores de un rosa purpúreo con manchas granate oscuro, o la *Potentilla fruticosa,* un arbusto caducifolio con variedades de color que van del amarillo al bermellón intenso y cuyas flores perduran hasta finales del verano. Los espléndidos celindos llenan de vida los jardines entre principios y mediados de verano; además, muchos de ellos desprenden perfumes embriagadores y existen variedades adecuadas para jardines de pequeñas dimensiones.

En pleno verano, las hortensias estallan en flor. La variedad *Hydrangea macrophylla* forma

PLANTAS ESTRELLA

Hydrangea macrophylla
Hypericum «Hidcote»
Laburnum x *watereri «Vossii»*
Philadelphus coronarius «Aureus»
Potentilla fructicosa
Senecio brachyglottis «Sunshine»

un arbusto redondeado con inflorescencias de hasta 20 cm de diámetro que perviven hasta principios de otoño. A finales de verano florece el resto de las hortensias, y de manera espectacular lo hace la *Hydrangea paniculata* «Grandiflora», cuyas inflorescencias plumadas de hasta 45 cm de longitud lucen repletas de flores blancas a principios de otoño.

Mezclas y combinaciones

El verano ofrece incontables oportunidades para llevar a cabo mezclas coloristas. Para obtener una composición luminosa, plante la *Genista cinerea,* un arbusto caducifolio grande cuyas flores amarillas desprenden un aroma dulzón entre principios y mediados de verano. Combínela con un *Brachyglottis* «Sunshine», aún más conocido como *Senecio* «Sunshine», de hojas pubescentes grisáceas y blancas, y flores amarillas similares a las margaritas.

El árbol caducifolio *Laburnum* x *watereri* «Vossii» (laburno híbrido) es célebre por sus largos racimos colgantes de flores amarillas y compone un color de fondo que contrasta con el púrpura.

En los jardines silvestres, plante un arbusto caducifolio con floración a finales de primavera o principios de verano como el *Rhododendron luteum,* cuyas hojas amarillas exhalan un aroma meloso dulce. Puede plantarse junto a un arroyo, contrastado con una variedad roja tapizante de *Primula japonica.* Ambas plantas arraigan con fuerza bajo un dosel ligero de árboles caducifolios. El arbusto perenne *Rosmarinus officinalis* (romero) posee hojas glaucas y da flor en primavera y esporádicamente en otoño. Queda espectacular junto a un *Philadelphus coronarius* «Aureus» de hoja amarilla.

Liliáceas para el verano

Las liliáceas son flores muy populares cuya belleza resalta más si se combinan con otras plantas. Hágase con un *Lilium candidum* (azucena), que da flores blancas acampanadas durante la primera y parte del verano. En sus centros, estas campanillas ocultan polen dorado. Quedan sublimes resaltadas sobre un fondo de arbustos caducifolios *Cotinus coggygria* «Royal Purple», con hojas de color morado oscuro. Para obtener un contraste más sutil, plante las liliáceas combinadas con dedaleras (*Digitalis purpurea*) sobre un fondo de delfinios azules. El *Lilium regale* también da flores blancas con el exterior de una tonalidad rosa purpúreo. Éste crea una composición sutil y rústica si se planta al lado de abedules plateados y helechos, por ejemplo, el *Dryopteris filix-mas.*

▲ *Las plantas con hojas verdes o variegadas otorgan un interés añadido al jardín en verano y ayudan a evitar la aparición de malas hierbas.*

PLANTAS CON FOLLAJE COLOREADO

Aucuba japonica «Variegata»: arbusto perenne con hojas verdes moteadas de amarillo.
Cotinus coggygria «Royal Purple»: arbusto caducifolio con hojas de color morado oscuro.
Elaeagnus pungens «Maculata»: arbusto perenne con hojas verdes salpicadas de dorado.
Humulus lupulus «Aureus»: lúpulo de hojas amarillas, trepadora herbácea de hoja amarillo intenso.
Philadelphus coronarius «Aureus»: arbusto caducifolio con hojas amarillas.
Prunus cerasifera «Pissardii»: árbol caducifolio con hojas jóvenes de color rojo oscuro que viran al púrpura oscuro al madurar.
Robinia pseudoacacia «Frisia»: árbol caducifolio con hojas amarillas.

otoños llenos de color

El otoño suele asociarse a jardines deslucidos, cuando lo cierto es que éstos están repletos de flores coloristas y hojas que se tornan amarillas, naranjas y rojas antes de caer. Incluso las flores de las herbáceas que adquieren una tonalidad parda quedan muy atractivas entre telarañas salpicadas de rocío.

Árboles y arbustos de floración otoñal

Algunos de los arbustos que florecen a finales de verano mantienen la flor hasta otoño. Entre ellos figura la *Buddleja davidii* (budleia), que da largas agujas afiladas de flores en tonalidades púrpuras con aroma a miel y almizcle entre pleno verano y mediados de otoño. Existen variedades en colores blanco, violeta oscuro y azul lavanda. La *Caryopteris* x *clandonensis* «Kew blue» posee hojas aromáticas en tono verde grisáceo y flores azul marino a partir del verano, mientras que el *Hibiscus syriacus* conserva sus flores atrompetadas entre pleno verano y principios de otoño, llenando el jardín de colores que van del azul violado al rosa.

La célebre *Hydrangea macrophylla* (hortensia) es una planta arbustiva que conserva sus inflorescencias de color azul y gran tamaño hasta el otoño. Otro arbusto soberbio de floración estival y otoñal es la *Lavatera* «Rosea», también llamada «*Lavatera olbia* "Rosea"» (malvavisco), cuyos tallos ramosos se pueblan de masas de flores rosas.

Raíces tuberosas espectaculares

Aunque suele creerse que los bulbos y las raíces tuberosas son lo mismo, lo cierto es que se trata de dos cosas diferentes: en lugar de tener una estructura similar a la de la cebolla, los tallos de las raíces tuberosas están hinchados. Entre mediados y finales de otoño, el *Crocus longiflorus* da flores globulares de color lila y malva azulado intenso con estigmas naranjas en el cuello. El *C. sativus* (azafrán) da flores de tonalidad rojo púrpura con grandes estigmas rojos y estambres naranjas a mediados de otoño. Una raíz tuberosa más difundida y resistente es el *Cyclamen hederifolium,* que da flores blancas, róseas y malvas entre finales de verano y finales de otoño.

Liliáceas para el otoño

Algunas liliáceas de floración estival conservan todo su color durante el otoño y se cultivan por el aspecto majestuoso de sus flores, si bien deben ubicarse en un lugar soleado a

▲ *Las hojas del arbusto caducifolio* Rhus typhina *(zumaque de Virginia) adquieren tonalidades intensas de rojo anaranjado, amarillo y púrpura.*

resguardo de los vientos. Entre finales de verano y principios de otoño, el *Lilium auratum* (lirio dorado) da flores blancas brillantes con forma de embudo y fragancia dulce. Cada flor está cruzada por una raya de color dorado. También las flores del *L. henryi* desprenden un aroma dulzón, si bien son de color crema asalmonado con puntos rojos; florece entre finales de verano y principios de otoño. Una variedad más extendida es la del *L. speciosum,* una liliácea con flores colgantes blancas con matices carmesí.

PLANTAS ESTRELLA

Buddleja davidii	*Hydrangea macrophylla*
Hibiscus syriacus	*Lavatera «Rosea»*

Mezclas y combinaciones

Puede disfrutar de una composición que florezca a finales de verano y conserve todo su esplendor hasta mediados o finales de otoño plantando un rosal «Ophelia» de 90 cm y flores sonrosadas entre las flores azul celeste de una *Gentiana sino-ornata* que florezca entre principios y finales de otoño. Ésta alcanza los 15 cm de altura y 30–38 cm de envergadura. El rosal florece hasta principios de otoño, sobre todo en las zonas cálidas. Para un espectro cromático mayor, plante una hilera de *Sedum* «Autumn Joy», hoy conocido como *Sedum* «Herbstfreude» (hierba callera). Esta llamativa planta presenta inflorescencias abovedadas repletas de flores de color rosa salmón que viran hacia el naranja rojizo y el marrón anaranjado a medida que avanza el otoño.

▲ *Los macizos de hortensias componen motivos dominantes entre pleno verano y principios de otoño. Las flores más antiguas lucen en todo su esplendor recubiertas de rocío.*

ARBUSTOS Y ÁRBOLES QUE LLENAN DE COLOR EL OTOÑO

Hamamelis mollis (lentisco): amarillo intenso.

Liquidambar styraciflua (liquidámbar): naranja intenso y tonos escarlata.

Koelreuteria paniculata (jabonero de China): amarillo chillón.

Malus tschonoskii: amarillo y rojo intenso.

Parrotia persica: tintes carmesí, dorados y ámbar.

Rhus typhina (zumaque de Virginia): tintes amarillos, púrpura y rojo anaranjado intensos.

inviernos llenos de interés

Los rincones con plantas de floración invernal crean oasis de interés en una estación en la que, de otro modo, el jardín parecería falto de color. Aparte de las flores invernales, muchos arbustos y árboles poseen tallos y cortezas de bonitos colores. Algunos incluso constituyen excelentes puntos de atención.

Árboles y arbustos de floración invernal

Componen un marco permanente alrededor del cual pueden distribuirse otras plantas. Muchos de ellos poseen flores aromáticas, como el *Hamamelis mollis* (lentisco) y el *Hamamelis japonica* (nogal de las brujas japonés), ambos con flores aciculares nacidas de ramas áfilas. El *Viburnum* x *bodnantense* «Dawn» conserva sus

flores blancas con iridiscencias rojas y fragancia dulce durante todo el invierno, como en el caso del *V. farreri*, de flores níveas. Las mahonias de colores vivos también resultan muy vistosas en invierno, y pocas pueden compararse con la perennifolia *Mahonia* x *media* «Charity», que exhibe sus agujas afiladas de flores amarillas y aroma dulce entre finales de otoño y finales de invierno.

Bulbos espléndidos

El momento exacto de floración de algunos bulbos invernales varía entre finales de invierno y comienzos de primavera, dependiendo del clima. Las flores globulares áureas del *Crocus chrysanthus* siempre resultan atractivas a la vista. Florecen en las postrimerías de invierno o en los inicios de la primavera y quedan magníficas en los jardines rocosos o naturalizadas alrededor de un abedul plateado. De floración algo más temprana es la *Iris reticulata*, que crea un festín de flores azul púrpura intenso y manchas naranjas con aroma a violeta en la última mitad de invierno. Su escasa altura, de apenas 10 cm, la hace ideal para un jardín de rocalla o para bordear senderos. Aproximadamente en la

misma época, las ramas de la *I. histrioides* «Major» se llenan de flores de color azul intenso y destacan entre crocos dorados y, en particular, entre *Galanthus nivalis* (campanilla de invierno) blancos, indispensables en todo jardín invernal. Entre mediados y finales de invierno, la campanilla luce flores blancas péndulas, algunas de las cuales desprenden un perfume muy sutil.

▲ *La minúscula* Iris reticulata, *de raíz bulbosa, produce flores en abundancia. Es ideal para plantar en jardines de rocalla.*

Mezclas y combinaciones

Las siguientes parejas de plantas, además de combinar bien, presentan la virtud añadida de poseer flores aromáticas. La primera de ellas es el *Helleborus niger* (eléboro negro) dispuesto alrededor del arbusto de floración invernal precoz o tardía *Chimonanthus praecox*

«Grandiflorus» (alicanto de flor amarilla). El eléboro posee flores blancas achatadas, mientras que el alicanto presenta flores como zarpas con corolas amarillas, centros rojos y aroma especiado. La segunda combinación de plantas consiste en rodear el *Hamamelis mollis* (lentisco), que da flores como arañas de

color amarillo vivo en pleno invierno, con un arbusto perenne de hoja amarilla como el *Euonymus fortunei* (bonetero o evónimo). Unas cuantas plantas del arbusto perennifolio de escasa altura *Sarcococca confusa,* de flores blancas y fragancia dulce, añaden más contraste de color.

CORTEZAS VISTOSAS

Muchos árboles tienen el tronco recubierto de una corteza llamativa que resulta más espectacular en invierno.

Acer griseum (arce de papel): su corteza de color beis se pela dejando a la vista un tronco de color marrón anaranjado.

Acer pensylvanicum «Erythrocladum» (arce rayado): tronco y ramas con rayas blancas.

Arbutus x *andrachnoides* (madroño híbrido): corteza de color canela.

Betula utilis jacquemontii (abedul del Himalaya): corteza escamada, por lo común blanca pero también existente en tonos ocre y marrón rosado.

▶ *Los arbustos cuyos tallos adquieren color en invierno resultan muy vistosos. Aquí, un matorral de Cornus alba «Sibirica», con ramas carmesí, ideal para plantar a orillas de los arroyos.*

PLANTAS ESTRELLA

Hamamelis mollis

Mahonia x *media* «Charity»

Crocus chrysanthus

Chimonanthus praecox

Jasminum nudiflorum

Sarcococca confusa

TALLOS DE COLORES

Si estos arbustos embaucadores se podan a ras de suelo en primavera, desarrollan tallos jóvenes muy vistosos durante el verano, los cuales adquieren todo su color en invierno.

Cornus alba: tallos de color rojo intenso.

Cornus alba «Sibirica»: tallos de color carmesí brillante.

Cornus stolonifera: tallos de color rojo apagado.

Cornus stolonifera «Flaviramea»: tallos de color amarillo intenso y verde oliva.

◀ *El arbusto perennifolio resistente Mahonia x media «Charity» es una apuesta segura para disfrutar de flores amarillas durante el invierno.*

motivos ornamentales

Son muchos los motivos ornamentales con los que puede decorarse un jardín, desde cestos colgantes, jardineras de ventana y tinajas y macetas colocadas en un patio o en una terraza hasta senderos de bambú y diseños de hierbas decorativas. Las rosas trepadoras y enredaderas visten de color celosías y pilares, y algunas incluso pueden ser guiadas para que trepen por los árboles. Las flores aromáticas inundan los jardines con fragancias que van de la almendra a la vainilla.

jardineras de ventana coloridas

Combinando composiciones primaverales, estivales e invernales es posible disfrutar de un jardín lleno de color durante todo el año. Las combinaciones primaverales constan, sobre todo, de bulbos y bienales; las estivales, de plantas cultivadas en almácigas, y las invernales, de plantas de follaje vistoso.

Color durante todo el año

Coloque una jardinera bonita directamente en el alféizar de la ventana o a unos 20 cm por debajo de éste, sujeta a la pared mediante soportes. Introduzca tres contenedores pequeños dentro de la jardinera y plante en cada uno de ellos plantas que florezcan en distintas estaciones. De este modo, la jardinera exhibirá plantas nuevas tres veces al año.

▲ *Los maceteros de pared con forma de placa conmemorativa constituyen motivos decorativos originales y, en temporada, se llenan de color.*

⊛ Composiciones primaverales: plántelas en otoño utilizando bulbos de floración primaveral como jacintos, tulipanes y narcisos, además de bianuales como *Erysimum* (alhelíes), *Myosotis* (nomeolvides) y margaritas dobles. Una vez plantadas, coloque el recipiente en una zona del jardín fresca, resguardada y bien drenada. En primavera, cuando los bulbos empiecen a brotar y las bienales a florecer, sustituya la composición invernal por la primaveral.

⊛ Composiciones estivales: plántelas a finales de primavera y, en un principio, manténgalas en un lugar resguardado de las heladas, ya sea en el exterior o en un jardín de invierno bien ventilado. A principios de verano, cuando las flores primaverales empiecen a marchitarse, sustitúyalas por la composición estival.

⊛ Composiciones invernales: en otoño, en cuanto las heladas hayan acabado con la composición estival, retírela y sustitúyala por la invernal, que, en su mayor parte, estará compuesta por plantas de follaje resistente, como tiestos de *Aucuba japonica* «Variegata» (aucuba o laurel manchado), *Hedera* (hiedra) de hoja pequeña, coníferas en miniatura o de escasa altura, *Erica* (brezo) y *Calluna* (brecina) de floración invernal, formas variegadas de

Euonymus japonicus y *Hebe* x *andersoniana* «Variegata».

Cestos de pared y comederos

Recuerdan a cestos colgantes cortados por la mitad y fijados a la pared, pero son más grandes y capaces de contener tierra en abundancia. Quedan bien en cualquier sitio y resultan particularmente útiles para fijarlos a paredes colindantes con pavimentos o en el interior de un patio. Las composiciones que pueden crearse en un cesto de pared o en un comedero son más limitadas que las de las jardineras de ventana, ya que sólo pueden ser primaverales o estivales. Las flores de primavera se plantan directamente en el recipiente en otoño y se dejan hasta que florecen en primavera. Una vez marchitas, se retiran las plantas, se renueva la tierra del recipiente y se planta la composición estival, que perdura

PLANTAS ESTRELLA
Aucuba japonica «Variegata»
Lobularia maritima
Muscari armeniacum

hasta el otoño, cuando se planta la de la primavera siguiente.

Popurrís de temporada

Pese a que la gama de plantas es muy amplia, las siguientes sugerencias crean un diseño atractivo e infalible para cada estación.

HIERBAS CULINARIAS

En la ventana de la cocina puede colocar una jardinera con una amplia variedad de hierbas culinarias, para tenerlas a mano cuando cocine. Elija una combinación de plantas de escasa altura, como menta, tomillo, cebollinos, perejil, mejorana y estragón francés. La amplia gama de mentas incluye desde la menta verde hasta el mastranzo. Coloque las plantas, cada una en su maceta, sobre una capa de grava en la jardinera, de tal modo que los bordes de las macetas se sitúen ligeramente por debajo del de la jardinera. Rellene los huecos que queden entre las macetas con turba húmeda.

✲ Primavera: puede crearse un popurrí de plantas combinando bienales como *Erysimum* (alhelí), margaritas dobles y *Myosotis* (nome-olvides) con bulbos como *Muscari armeniacum* (ajipuerco), *Tulipa greigii* y *T. fosteriana*.

✲ Verano: para una combinación colorida plante lobelias enredaderas, geranios autócto-nos, mastuerzos marítimos, begonias de raíz tuberosa y pensamientos de floración estival. Distribuya las enredaderas en un extremo o en la parte frontal y las begonias en el centro. Las plantas con cepellón deberán abonarse y re-garse a conciencia en los períodos de sequía.

▶ *Utilice plantas frondosas erguidas para colmar la jardinera de ventana y rastreras de follaje vistoso para revestir el frente de color.*

▼ *En lugar de enterrar las plantas de floración estival en la tierra de la jardinera, déjelas en su maceta y sustitúyalas cuando se marchiten.*

✲ Invierno: pueden agruparse plantas con follaje vistoso como la *Hedera helix* «Glacier» (hiedra) de hoja pequeña, el *Euonymus japonicus* variegado y variedades enanas de la conífera *Chamaecyparis lawsoniana*. La *Erica* (brezo) de floración invernal aporta color al jardín.

cestos colgantes

Los cestos colgantes llenan los rincones neutros de color en verano y de verdor en invierno. Alegran las paredes apagadas con flores y follaje decorativo e iluminan las ventanas, las puertas y los porches. Además, resultan muy vistosos en las zonas pavimentadas de dimensiones reducidas.

Colocación de los cestos colgantes

Un cesto colgante debe colocarse en un lugar llamativo, por ejemplo, el lateral de una ventana, a unos 38 cm del marco. El borde de un balcón o de una veranda también puede decorarse colocando cestos a todo lo largo para introducir formas redondeadas y colgantes en una zona dominada por las líneas verticales y horizontales.

Una pared sin ningún atractivo o un garaje abierto pueden iluminarse colgando cestos en sus paredes, aunque no conviene hacerlo cerca de los rincones o en lugares en los que puedan golpearse accidentalmente. Para evitar darse golpes con los cestos colgantes, disponga unas cuantas macetas con plantas en la base de la pared, pero no directamente bajo los cestos, ya que el agua del riego podría caer en ellas y dañar las plantas. Las flores de color blanco o tonalidades pálidas realzan los cestos al atardecer. Si cuelga cestos en el vestíbulo o porche, deberá colocar una bandeja debajo para que el agua del riego no manche el suelo.

Elección de las plantas

Para que un cesto colgante quede bonito hay que escoger muy bien las plantas y no recargarlo en exceso. Una vez hayan arraigado las plantas, escarde las más débiles. Queda mejor un cesto con unas cuantas flores sanas que lleno de plantas raquíticas luchando por sobrevivir. Una regla de oro para que su composición resulte vistosa consiste en no plantar muchas especies distintas. Las composiciones mixtas son muy lindas, pero siempre queda mejor plantar cuatro o cinco plantas bien escogidas que una docena de especies distintas en un mismo cesto.

Para los cestos mixtos, elija plantas con distintos portes: reptantes, arbustivas y erguidas. Coloque una planta llamativa, como una fucsia o un geranio erguido, en el centro y distribuya las reptantes por los bordes, de tal modo que su follaje caiga en cascada por los laterales del cesto. Si adquiere plantas en un centro de jardinería o en un vivero, la variedad puede ser limitada. Intente cultivar sus propias plantas. Elija plantas compactas recomendadas para cestos colgantes. Mezcle plantas de floración estival con vivaces resistentes y plantas de follaje vistoso, como la *Hedera* (hiedra) de hoja pequeña variegada y formas pequeñas de *Euonymus fortunei* de bonitas hojas. Si no desea tener que pulverizar regularmente los cestos colgantes con insecticida, evite en la medida de lo posible las

◀ *Las columnas de ladrillo son un lugar ideal para colgar un cesto. Colóquelo en un lugar en el que no pueda golpearse por accidente.*

plantas propensas a contraer plagas como las capuchinas, que atraen al pulgón negro.

Fresas y tomateras

Algunas variedades de estas plantas con fruto quedan muy bien en cestos colgantes. La *Fragaria vesca,* o fresa silvestre, es una vivaz decorativa. La variedad «Alexander» da pequeños frutos que pueden emplearse para decorar pasteles. La «Temptation» da frutos aromáticos desde mediados de verano hasta las heladas otoñales. Una tomatera arbustiva como la «Tumbler», que produce frutos pequeños y dulces, quedará muy decorativa cayendo en cascada de un cesto.

▶ *Para crear un cesto colgante espectacular, combine plantas erguidas con trepadoras y plantas colgantes, y riéguelo diariamente.*

CESTOS COLGANTES MONOTEMÁTICOS

Para obtener unas composiciones atractivas:

Calceolaria integrifolia «Sunshine»: crea una composición vistosa repleta de flores amarillas con forma de bolsa.

Fucsias: decántese por las variedades arbustivas y enredaderas. A veces tardan en crear una composición, por lo que conviene comprobar su desarrollo con frecuencia.

Impatiens (nometoques): de colores vivos.

Solenopsis axillaris: ramilletes de flores con corola de cinco pétalos y 2,5 cm de diámetro en una gama de colores que incluye el azul, el blanco y el rosa.

Lobelia (en varios colores): estas enredaderas crean composiciones deslumbrantes.

Petunia grandiflora, variedad de supercascada: florece a su libre albedrío durante un período largo de tiempo, produciendo grandes inflorescencias en varios colores.

macetas y tinajas

Estos versátiles recipientes pueden albergar plantas de muchos tamaños y tipos. El agapanto, con altos tallos coronados por flores con forma de umbela, queda bien en tiestos cuadrados de tipo Versalles, mientras que los arbustos perennes redondeados combinan con grandes tinajas redondas.

Colocación de las macetas y tinajas

Hay una planta para cada recipiente, y un recipiente para cada rincón. Una zona pavimentada pequeña, como un patio, debe engalanarse, al menos, con una planta dominante colocada en un recipiente llamativo, que puede o no

estar rodeado por otros tiestos. Por ejemplo, plante una *Fatsia japonica* (aralia del Japón) en un macetón de arcilla cocida y colóquela en un lugar resguardado, al sol o a la sombra. Este arbusto perenne se desarrolla bien en recipientes y en jardines de zonas urbanas.

Decore el descansillo superior de la escalera con muchas macetas. En los jardines formales, la escalera luce más con una sola planta en cada flanco, mientras que en los informales se realza con varias macetitas. En los patios de luces, un bebedero constituye un vistoso punto de interés si se coloca bajo una ventana, flanqueado por macetas con plantas bonitas.

En los jardines rurales pueden crearse recipientes originales amontonando tres o cuatro neumáticos y atándolos con alambre. Inserte un cubo de plástico en el orificio interior y plántelo con flores primaverales, como prímulas. Pinte los neumáticos de blanco para fundirlos con el paisaje. En los jardines de ciudad, coloque macetas pequeñas con especímenes de *Laurus nobilis* (laurel) a medio viento a ambos lados de la puerta principal. Una urna de piedra labrada sobre un pedestal conforma un motivo ornamental magnífico en la confluencia de senderos de grava en un jardín amplio. Ribetee la parte superior de un muro liso, las paredes de un patio o los bordes de

◄ *Disponga las macetas bordeando los senderos y las paredes del patio. Semientierre los tiestos para mantener la tierra fría.*

una veranda con bebederos con plantas, disponibles en plástico, fibra de vidrio, piedra reconstituida y otros materiales. Los espacios verticales pueden rellenarse con plantas erguidas, como narcisos. Las trepadoras de floración estival lucen exuberantes cayendo en cascada de una pared o un balcón.

Plantas de follaje vistoso para macetas y tinajas

Las plantas con hojas decorativas otorgan sensación de permanencia al patio o la terraza y unifican los grupos de flores, sobre todo de anuales. Existe una amplia variedad de ellas. Entre los arbustos perennes con hojas variegadas se cuentan la *Aucuba japonica* «Variegata», con hojas verdes manchadas de amarillo, la *Hebe* x *franciscana* «Variegata», de hojas verdes brillantes con borde de color crema, la *Hebe* x *andersonii* «Variegata», con hojas verdes y crema, la *Choisya ternata* «Sundance», con resplandecientes hojas áureas, y la *Yucca filamentosa* «Variegata», con espectaculares hojas lanceoladas bordeadas por una franja en tono crema.

▶ *Ilumine las paredes con tiestos de distintos tamaños y combínelos con cestos colgantes.*

▼ *Las líneas puras de estos recipientes cuadrados con plantas de hoja lanceolada encajan perfectamente con un entorno moderno.*

TREPADORAS EN RECIPIENTES

Ciertas trepadoras pueden cultivarse en recipientes, si bien es necesario regarlas con regularidad para asegurarse de que la tierra no se seque. Algunas de ellas son perennes, y otras anuales cultivadas a partir de semilla año tras año.

Clemátides de flor grande: elija una tinaja grande o un macetón. Florece entre principios y finales de verano, dependiendo de la variedad, dando lugar a flores de distintos colores. Las verjas de hierro forjado quedan muy vistosas recubiertas con sus flores.

Clematis macropetala: elija una tinaja grande de madera o terracota, llene la base con cascotes limpios y añada tierra bien drenada. Plante varias plantas con flores de color azul pálido u oscuro alrededor del borde para alentar su descenso en cascada.

Humulus lupulus «Aureus» (lúpulo): escoja una tinaja grande para esta trepadora herbácea, forme una especie de tipi con cañas de 1,5–1,8 m de longitud y aguarde a que quede revestida por un manto de hojas amarillas.

Ipomoea purpurea (campanillas): se cultiva como anual semirresistente y da flores grandes acampanadas en varios colores.

Tropaeolum majus (capuchina): se cultiva como anual semirresistente y da flores de varios colores durante todo el verano.

fregaderos ornamentales

Si no dispone de espacio para crear un jardín de rocalla o un pedregal, un fregadero de piedra constituirá el hogar ideal para plantas de rocalla, bulbos enanos y coníferas en miniatura. Elija una combinación de plantas que le permita disfrutar de un elemento vistoso durante las cuatro estaciones.

▲ *Un fregadero de piedra es ideal para crear un jardín de rocalla en miniatura. Para evitar los estragos que puedan ocasionar los caracoles y las babosas, colóquelo sobre ladrillos.*

Selección y preparación del fregadero

Lo ideal es contar con un fregadero de piedra antiguo, pero, si no es así, elija un fregadero de cerámica profundo y dele un aspecto añejo. El proceso es muy fácil: raye la superficie con un estropajo, fórrela de PVA y cúbrala con una mezcla ligeramente húmeda a partes iguales de cemento en polvo, arena hortícola y turba.

Ponga el fregadero sobre cuatro ladrillos resistentes y ligeramente inclinado en dirección al agujero de drenaje. Recubra dicho agujero con una malla de alambre fino para evitar que quede obturado y, a continuación, distribuya sobre la base del fregadero una capa de guijarros o cascajos para facilitar el drenaje.

JARDÍN EN UN FREGADERO

Los minijardines plantados en un fregadero deben colocarse a pleno sol o en la sombra parcial, en un lugar donde resulte difícil tropezar con ellos. A menos que el patio o la terraza sean bastante grandes y tengan un rincón en desuso, se recomienda colocar un par de coníferas columnares en macetas cerca del fregadero para señalizar su ubicación. A ser posible, las coníferas deberán ser de colores claros, para que se vean durante el crepúsculo.

Extienda una capa de arena hortícola de 2,5 cm de espesor sobre la base del fregadero y llénelo hasta la mitad con una mezcla a partes iguales de tierra para macetas, turba húmeda y arenisca. Si el fregadero es profundo, aumente la cantidad de material de drenaje. Vigile que la tierra no contenga caliza si tiene previsto cultivar plantas calcífugas.

En esta fase, puede hundir algunas rocas grandes en la tierra, algo inclinadas. Llene el fregadero hasta 2,5 cm del borde con otra capa de tierra, distribuya las plantas y añada una capa de cascajos o gravilla de 12 mm de grosor. La tierra se compactará, por lo que más adelante deberá añadir un poco más.

Plantas para fregaderos de piedra

La gama de plantas es amplia y mientras que algunas, como las coníferas enanas, añaden altura, otras, como las de rocalla, son más bajitas. Los bulbos enanos de floración primaveral crean elementos primorosos, menudos y luminosos.

▲ Los setos en miniatura crean fondos vistosos en los patios, sobre todo si se combinan con plantas de flor.

▲ Las plantas suculentas resistentes, como estas siemprevivas, prosperan bien en un jardín-fregadero. Deje cada planta en su maceta.

Entre los bulbos de floración primaveral se cuentan: el *Crocus chrysanthus,* que da flores globulares de color dorado, blanco, azul o púrpura entre finales de invierno y principios de primavera; el *Cyclamen coum,* que luce flores rosas y rojo carmín entre mediados de invierno y principios de primavera; el *Eranthis hyemalis,* que da flores amarillas con collares verde pálido durante finales de invierno y primavera; la *Iris danfordiae,* que echa flores amarillo limón con aroma a miel entre mediados y finales de invierno; la *Iris reticulata,* cuyas flores de color azul purpurino con manchas naranjas brotan entre finales de invierno y principios de primavera; el *Narcissus bulbocodium,* que exhibe flores tubulares de color amarillo durante finales de invierno y principios de primavera, y el *Narcissus cyclamineus,* que da flores atrompetadas con pétalos peinados hacia atrás entre finales de invierno y comienzos de primavera.

Entre las perennes para jardín de rocalla destacan: la *Antennaria rosea,* de flores de color rosa intenso durante primavera y principios de verano; la *Campanula cochleariifolia,* que luce campanas azules de mediados de verano a otoño; el *Edraianthus pumilio,* poblado de flores de color azul lavanda entre finales de primavera y mediados de verano; el *Erinus alpinus,* que luce flores rosa vivo entre principios de primavera y finales de verano; la *Lewisia cotyledon,* de flores rosas con venas blancas entre finales de primavera y comienzos de verano, y la *Saxifraga burseriana,* de flores blancas entre finales de invierno y principios de primavera.

Plante las coníferas en miniatura y de lento crecimiento cuando son pequeñas y retírelas cuando alcancen una altura excesiva. Sitúe las más altas en un extremo del fregadero y las de crecimiento descontrolado en el otro.

PLANTAS ESTRELLA

Crocus chrysanthus	Eranthis hyemalis

jardines aromáticos

Las flores perfumadas y las hojas aromáticas inundan el ambiente con sus fragancias. La gama de aromas es sorprendentemente amplia, e incluso en las zonas templadas puede escogerse entre más de cien perfumes, que van desde el chocolate hasta la piña, pasando por el plátano y el limón.

Disposición de las plantas aromáticas

Lo ideal es ubicar el jardín aromático a resguardo de vientos fuertes, que dispersan los perfumes, y de heladas, que limitan el período de crecimiento de las plantas tiernas, en laderas ligeramente expuestas al sol para captar el calor que alienta a las plantas a exhalar sus fragancias. Pocos jardines reúnen todas estas condiciones, pero es posible crear una zona adecuada para cultivar plantas perfumadas resguardándola con setos, levantando espaldares no empotrados y plantando plantas tiernas en zonas donde no exista riesgo de heladas.

Borduras florales

Muchas herbáceas perennes exhalan aromas deliciosos, en particular la planta resistente de vida efímera *Hesperis matronalis* (juliana). Sus flores blancas, malvas o púrpuras brotan entre principios y mediados de verano, e inundan las borduras con su dulce fragancia al atardecer. Las flores solitarias, rosas y elípticas de la *Saponaria officinalis* (jabonera), que florecen entre mediados y finales del verano, también desprenden un perfume dulzón. La *Phlox paniculata* (flox paniculada), tal vez la planta aromática más conocida, luce flores de perfume intenso entre mediados y finales de verano. Existen variedades blancas, rosas y rojas.

Para llenar su jardín rápidamente de color y fragancia en verano, plante una mezcla de la variedad de alhelí *Matthiola bicornis,* que da flores róseas y malvas entre mediados y finales de verano, y de *Malcolmia maritima* (alhelí de mar). Siembre las semillas en varias veces en suelo friable, bajo ventanas, entre primavera y pleno verano.

Una de las plantas predilectas de la emperatriz francesa Josefina Bonaparte, la *Reseda odorata* (reseda de olor) es una anual resistente de jardines rurales que da racimos de florecillas blancas y amarillas muy aromáticas de principio a fin del verano. Puede cultivarse

◄ *Esta combinación de espliego (Lavandula angustifolia) y ruda (Ruta graveolens) llenará cualquier jardín pequeño de color y aromas embelesadores.*

ARBUSTOS CON HOJAS AROMÁTICAS

Caryopteris x *clandonensis,* de olor acre.

Choisya ternata (azahar mexicano o naranjo de México), con aroma a naranja.

Lavandula angustifolia (espliego), con fragancia a lavanda.

Rosmarinus officinalis (romero), con perfume a romero.

Ruta graveolens (ruda), de olor acre y cáustico.

tanto en jardineras de ventana como en tiestos en balcones. Se dice que el éxito y la buena suerte acompañarán a los amantes que caigan sobre un lecho de resedas de olor.

Algunos bulbos minúsculos aportan color y perfume al jardín de rocalla y los bordes de los senderos, como el *Galanthus nivalis* (campanilla de invierno) y la *Iris reticulata,* los cuales lucen flores con perfume a violeta cuando el invierno da paso a la primavera.

Árboles y arbustos

Muchos árboles y arbustos poseen un aroma dulce y otros desprenden fragancias inesperadas. El *Prunus padus* «Watereri» (palo de San Gregorio) es un árbol caducifolio con porte expansivo que luce borlas de flores blancas

lloronas con fragancia a almendra a principios de verano. El *Prunus* x *yedoensis* (cerezo de flor) también desprende un perfume almendrado. Para disfrutar de un perfume a prímulas, plante el arbusto caducifolio *Corylopsis pauciflora,* cuyas flores de color amarillo pálido se abren en la segunda mitad de la primavera. El *Helichrysum serotinum* (manzanilla

yesquera) recibe en ocasiones el nombre de «planta del curry» porque despide una fragancia especiada.

Para gozar de un ambiente con perfume meloso, plante el informal *Ulex europaeus* «Flore Pleno» (tojo). Las flores de los celindos arbustivos caducifolios desprenden un aroma a flores de azahar que inunda el jardín en pleno verano. La retama *Cytisus battandieri* posee flores de color dorado que desprenden un aroma a piña si se planta contra un muro orientado al sur, mientras que el árbol caducifolio *Malus* «Brandywine» exhibe una profusión de flores rosas.

▼ *Pocas plantas de las que pueblan los jardines rurales aromáticos son tan vistosas como la* Hesperis matronalis *(juliana).*

arreglos florales

Incluso en el jardín más pequeño crecen flores y follaje lo suficientemente bonitos para decorar interiores. Los arreglos florales suelen confeccionarse con herbáceas perennes y anuales resistentes y semirresistentes, aunque también sirven las hojas de muchas trepadoras y arbustos perennes.

Herbáceas perennes

Son ideales para crear arreglos en verano, cuando las flores y hojas lucen en todo su esplendor. La mayoría de las flores y hojas se recogen de plantas cultivadas en borduras, pero, si dispone de espacio adicional, cultive unas cuantas flores en un rincón en desuso.

Nunca corte las flores de las plantas lánguidas, pues no tardarán en marchitarse. Riegue las plantas el día antes de cortarlas y córtelas a primera hora de la mañana. Introdúzcalas en un cubo con agua y manténgalo en una estancia fría durante 24 horas. Corte cada tallo en ángulo de 45° y retire las

hojas inferiores. Entre las muchas plantas herbáceas que puede cultivar se cuentan las siguientes: *Achillea filipendulina* (aquilea amarilla), *Alstroemeria* (azucena peruana), *Aster amellus*, *A. novae-angliae*, *Aster novi-belgii*, *Catananche caerulea* (cupido azul), *Coreopsis verticillata*, *Leucanthemum* x *superbum*, *Limonium latifolium*, *Lysimachia vulgaris* (lisimaquia), *Phlox paniculata*, *Rudbeckia laciniata*, *Solidago* (vara de oro) y *Tanacetum* (tanaceto).

Anuales resistentes y semirresistentes

Estos dos tipos de plantas permiten a los entusiastas de los arreglos florales disponer de una

▲ *Esta frondosa bordura compone una reserva de plantas de colores y hojas de distintas formas para crear arreglos.*

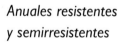

PLANTAS ESTRELLA

Alchemilla mollis

Achillea filipendulina

Calendula officinalis

Coreopsis verticillata

Elaeagnus pungens «Maculata»

Leucanthemum x *superbum*

Lysimachia vulgaris

Phlox paniculata

gama variada de flores frescas y de aspecto radiante cada año. Se cortan y preparan para el arreglo del mismo modo que las herbáceas perennes. Engloban las siguientes: *Calendula officinalis* (caléndula), *Cosmos bipinnatus* (cosmos), *Consolida ajacis* (espuela de caballero), *Gaillardia (gallardía), Gypsophila elegans* (flor de la ilusión), *Iberis umbellata* (carraspique), *Lathyrus odoratus* (guisante de olor), *Nigella damascena* (arañuela) y *Reseda odorata* (reseda de olor).

Además de para proveerse de flores frescas, puede cultivar unas cuantas anuales resistentes y semirresistentes para dejar secar sus hojas, como la *Celosia* (celosía), las siemprevivas, el *Limonium sinuatum* y *la Moluccella laevis* (campanas de Irlanda). Córtelas con largos tallos en cuanto la flor empiece a abrirse. A continuación, átelas en ramilletes pequeños y cuélguelas cabeza abajo en una estancia seca y bien ventilada.

Follaje vistoso

El follaje de muchas plantas, incluidas algunas herbáceas perennes y trepadoras y algunos arbustos perennifolios, se utiliza como fondo para los arreglos florales. Entre las herbáceas perennes se cuentan las hostas, tanto de hoja variegada como monocroma. También las hortensias de hojas aciculares, coriáceas y redondeadas son ideales como fondo. Las de la *Alchemilla mollis* (alchemilla o pie de león) son algo menos refinadas y con un color lima menos espectacular.

Entre los arbustos perennifolios destacan el *Elaeagnus pungens* «Maculata», de maravillosas hojas verdes brillantes con manchas áureas, y el *Elaeagnus* x *ebbingei,* de hojas coriáceas plateadas. Cuando el verano hace su entrada, los tallos de la *Lonicera nitida*

«Baggeson's Gold» (lonicera) quedan muy lucidos, mientras que las hojas de la *Brachyglottis* «Sunshine», más conocida como *Senecio* «Sunshine», adoptan un tono gris claro. Algunos arreglos se rematan con tallos volubles de arbustos perennifolios en los bordes, por ejemplo, de vincas y de *Hedera* (hiedra) de hoja grande y pequeña.

▲ *Los guisantes de olor suponen un festín de color en cualquier jardín, al tiempo que ofrecen flores multicolores para decorar espacios interiores.*

SECADO DE INFRUTESCENCIAS

Las infrutescencias secas extraídas de herbáceas perennes resultan particularmente útiles para componer arreglos florales en invierno. Existen infinidad de plantas para escoger, entre ellas:

Acanthus mollis (acanto)

Dictamnus albus (díctamo blanco)

Echinops ritro (cardo yesquero)

Iris foetidissima (lirio hediondo)

Limonium platyphyllum

Onopordum acanthium (cardo escocés)

Physalis alkekengi (alquequenje)

▲ *Las cabezuelas florales rígidamente erguidas del acanto resultan espectaculares tanto en los jardines como en los arreglos florales.*

jardines rurales

Pocos estilos de jardinería crean ambientes tan relajados e informales como los jardines rurales. Nostálgicos por naturaleza, están repletos de flores, frutas, hortalizas y hierbas. Tal informalidad puede trasladarse a los jardines pequeños, utilizando pérgolas y celosías para crear zonas aisladas.

Pantallas de plantas

Pocas trepadoras pueden compararse con la *Clematis vitalba* (clemátide o hierba de los pordioseros), que suele recordarse por las infrutescencias refulgentes y sedosas que da en otoño y que a menudo se prolongan hasta invierno. Los isabelinos la utilizaron profusamente como seto verde, si bien en los jardines de dimensiones reducidas resulta excesivamente vigorosa y conviene sustituirla por otras clemátides de flores más vistosas y delicadas, como la *Clematis macropetala*, la *C. flammula*, la *C. orientalis* o la *C. montana*, también muy bonita pero quizás demasiado grande para zonas pequeñas. La madreselva es otra trepadora excelente para jardines rurales, sobre todo si se enlaza a soportes rústicos. Además de cultivarse para su consumo, las matas de judías comunes pueden emplearse para crear pantallas verdes, por ejemplo entutorándolas para que trepen por un trípode de 1,8 m de altura.

Los manzanos de cordón y de espaldera también forman pantallas excelentes. A ser posible, plante una de las variedades más antiguas, de textura y sabor magníficos. Pruebe con una variedad para cocinar como la «Rome» o con variedades de postre como la «Esopus Spuitzenberg», la «Gravenstein», la «Arkansas Black» o la «Northern spy».

Borduras florales

Plante o cultive un popurrí de arbustos, árboles, herbáceas perennes, bulbos y anuales en grupos bonitos, de tal modo que cada planta complemente a sus vecinas. Entre primavera y otoño pueden crearse combinaciones memorables.

✹ Primavera: los tulipanes se presentan en un amplio abanico de colores. Para una mezcla de amarillo, naranja y azul, pruebe a combinar un nomeolvides de color azul marino con tulipanes amarillos y anaranjados. Si prefiere crear un popurrí de flores azules, escarlatas y doradas, plante nomeolvides de color azul celeste combinados con el tulipán precoz escarlata y dorado «Keizerskroon». O si desea crear una composición blanca y azul, plante una alfombra de la bianual *Bellis perennis* (maya) con tulipanes de color azul violáceo. Estas combinaciones resultan ideales para arriates y ventanas. En cambio, para disfrutar de una composición primaveral de mayores dimensiones, por ejemplo, en una bordura prominente, plante el arbusto caducifolio de

▲ *Las grandes flores de la Papaver orientale (amapola oriental) crean composiciones espectaculares a principios de verano.*

PLANTAS ESTRELLA	
Clematis montana	*Hydrangea macrophylla*
Geranium endressii	*Sedum «Herbstfreude»*

flor amarilla *Forsythia* «Lynwood» con grupitos de tulipanes Kaufmanniana de flor roja.

⊛ Verano: el *Lilium candidum* (azucena), con flores de un blanco puro, combina con las dedaleras, en cuyos esbeltos tallos crecen flores acampanadas de color púrpura, rojo y rosa. Plante una enredadera *Clematis flammula,* con florecillas de aroma dulce, junto con un *Aconitum napellus* (acónito común), de flores azul marino con forma de casco, para crear una combinación poco corriente de trepadoras y vivaces.

Las rosas quedan magníficas en las composiciones estivales. La variedad «Buff Beauty» da flores de un tono crema asalmonado que contrastan sutilmente con las flores de color azul lavanda de la *Nepeta* x *faassenii* (albahaca o menta de gato) y la *Papaver orientale* «Perry's

White» (amapola oriental). Otra combinación excelente consiste en mezclar la rosa damascena «Mme Hardy» con flores blancas y variedades rosas de *Geranium endressii*. La rosa borboniana «Mme Isaac Pereire» es arbustiva y tupida, con flores carmesí que casan con tulipanes, azucenas, peonías y lilas.

⊛ Otoño: para crear una composición grande, plante variedades azules del arbusto caducifolio, resistente y con forma abovedada *Hydrangea macrophylla* delante de un arbusto perennifolio *Eucryphia* x *nymansensis,* con flores de color crema.

Otro dúo otoñal atractivo lo componen la vivaz de borduras *Sedum* «Herbstfreude» y la bulbosa *Colchicum* «Waterlily». El *Sedum* es célebre por la vistosidad de sus hojas en otoño, que viran a un marrón anaranjado.

▲ *Combinar tulipanes y nomeolvides (Myosotis) aromáticos es ideal para llamar la atención en primavera y los albores del verano.*

▼ *En las borduras, los geranios generan composiciones exuberantes de principio a fin del verano. Los hay de muchas variedades y colores.*

plantas cubresuelos o rastreras

Las plantas que cubren el suelo con su follaje evitan la aparición de malas hierbas y son bienvenidas en cualquier jardín. La variedad es amplia e incluye de herbáceas perennes a arbustos y unas cuantas trepadoras, como la hiedra de hoja grande Hedera colchica «Sulphur Heart».

Vivaces para borduras

La mayoría de las plantas vivaces para borduras son herbáceas, aunque algunas retienen su follaje durante el invierno. Muchas de ellas prosperan en lugares al sol o con sombra parcial, mientras que otras crecen en zonas umbrías.

⚙ Sol o sombra: algunas plantas crecen tanto con luz como en la sombra, si bien el aspecto que adquieren en unas u otras condiciones difiere. Las plantas que disfrutan de luz y humedad en abundancia florecen mejor que las que viven a la sombra en sitios poco húmedos. Esta gama de plantas incluye la *Alchemilla mollis* (alchemilla o pie de león), con hojas tomentosas de color verde lima y flores estrelladas en tono amarillo verdoso. Las bergenias, con grandes hojas en forma de elefante, también florecen en primavera. Los epimedios, menos refinados, cubren el suelo con hojas acorazonadas que adquieren tonalidades vistosas en otoño y durante gran parte del invierno. El *Geranium grandiflorum* es una herbácea con porte expansivo que da flores de color azul violeta de principios a mediados de verano. La *Hemerocallis* (flor de un día) forma grandes macizos con cintas enarcadas y flores parecidas a las azucenas. Las sombras cerradas limitan la capacidad de florecer de esta flor.

La *Persicaria affinis* forma tapices de hojas lanceoladas y cabezuelas florales con forma de espiga entre mediados y finales de verano. La *Saxifraga urbium* posee una naturaleza más minúscula, con rosetas de hojas que tapizan el suelo y macizos de flores rosas estrelladas durante finales de primavera y principios del verano. El *Lamium galeobdolon* «Florentinum» (también conocido como *Lamium galeobdolon* «Variegatum») es una planta vigorosa con porte expansivo y hojas verdes virando al plateado y con tintes bronceados en invierno. Ninguna de estas plantas sobrevive en la sombra.

◀ *Las plantas reptantes facilitan las labores de jardinería, ya que suprimen la necesidad de escardar las malas hierbas.*

La *Lysimachia nummularia* (planta del dinero) tiene tallos desmadejados con hojas redondas y luce flores acampanadas de color amarillo intenso durante los dos primeros meses de verano.

◉ Sombra parcial: la popular *Ajuga reptans* «Multicolor» (búgula) posee hojas púrpuras, mientras que la *Brunnera macrophylla,* que necesita suelos húmedos, despliega un follaje acorazonado y ramilletes de flores azules entre finales de la primavera y comienzos del verano. Las hostas, muy numerosas, no tardan en cubrir el suelo con sus hojas aciculares. La *Pulmonaria angustifolia* (prímula azul) posee hojas lanceoladas y flores azules con forma de embudo en primavera. La *Pulmonaria saccharata* luce hojas salpicadas de blanco y plateado. El *Symphytum ibericum* se extiende rápidamente y exhibe hojas blancas tubulares durante la primavera, mientras que la *Tiarella cordifolia* (tiarela) es menos dominante y posee hojas de color verde claro similares a las del arce.

◉ Pleno sol: en los lugares muy luminosos, plante *Nepeta* x *faassenii,* que tapiza el suelo con sus hojas glaucas y sus flores de color azul lavanda entre primavera y otoño. La planta de hojas vellosas *Stachys byzantina* (ortiga lanosa) siempre resulta atractiva.

Arbustos cubresuelos

Muchos arbustos perennes con portes expansivos o poblados son ideales para cubrir el suelo de hojas y, en ocasiones, también de flores. El *Hypericum calycinum* (hipérico) es una planta robusta y rastrera que arraiga rápidamente y llega a cubrir grandes bancales. Durante todo el verano luce hojas doradas. Las vincapervincas también alfombran el suelo, pero conviene no utilizarlas en arriates de baja altura porque son plantas invasoras. No obstante, las formas variegadas son menos dominantes que las de follaje verde. La *Calluna* (brecina) y la *Erica* (brezo) no tardan en alfombrar el suelo con flores y hojas atractivas. Como la *Gaultheria procumbens* (gaulteria), las brecinas y los brezos necesitan un suelo ácido. Muchos otros arbustos, como la *Pachysandra terminalis,* poseen hojas de color verde intenso.

▼ *Si cubre una zona amplia con rastreras, ponga piedras grandes a modo de pasaderas para facilitar el acceso al lugar y su mantenimiento.*

217

bambúes y hierbas cespitosas

Las hierbas cespitosas y los bambúes pueden emplearse de mil maneras, además de como bordes de arriates y vallas. Algunas añaden interés a los arreglos de flores frescas y pueden secarse. Existen hierbas cespitosas perennes y anuales, mientras que los bambúes son perennes de larga vida.

▲ *La hierba cespitosa ornamental* Miscanthus sinensis *luce hojas cintas enarcadas. Deje que su bellísima forma natural se desarrolle libre.*

Hierbas cespitosas perennes

Las hierbas cespitosas perennes más altas quedan espectaculares cuando se plantan para rellenar parterres enteros, mientras que las más bajas pueden plantarse junto a hierbas anuales para crear borduras verdes ornamentales. Algunas son lo suficientemente bajas para plantarse en los bordes de un arriate, como la *Festuca glauca,* de unos 23 cm de altura y hojas grises azuladas. La *Melica altissima* «Atropurpurea»

BAMBÚES EN RECIPIENTES

Es posible cultivar algunas variedades de bambú en macetones, tinajas o cajas de madera, si bien en algún momento habrá que trasplantarlas al jardín o sacarlas del recipiente y dividirlas, cosa que conviene hacer al entrar el verano. Dado que las raíces de los bambúes cultivados en recipientes pueden dañarse con facilidad con el frío del invierno, elija sólo los tipos más resistentes, como:

Fargesia murieliae (bambú paraguas), de entre 1,8 y 2,4 m de altura.

Pleioblastus auricomis (bambú dorado), de entre 90 cm y 1,2 m de altura.

Pseudosasa japonica (bambú flecha), de entre 2,4 y 3,6 m de altura.

alcanza los 1,5 m de altura y sus espiguillas de color malva caen en cascada. Se utiliza tanto seca como fresca para arreglos florales.

Las hierbas cespitosas perennes presentan una amplia variedad de alturas, colores y formas decorativas. La *Stipa tenuissima* alcanza los 75 cm de altura con mechones de pelo ralo y suave. El *Miscanthus sacchariflorus* probablemente sea la hierba cespitosa perenne más espectacular. Crece a toda velocidad año tras año hasta alcanzar los 3 m de altura, por lo es muy apropiada para formar vallas. Siembre las plantas a unos 45 cm de distancia entre sí. Durante el primer año, mientras arraigan, es posible que sólo alcancen 1,8 m de altura, pero crecerán mucho más durante la siguiente estación. El *Miscanthus sinensis purpurascens,* de tallos con matices púrpuras, alcanza los 1,5 m.

Plantas cespitosas anuales

Pueden plantarse donde vayan a florecer. Son muy útiles para rellenar claros en las borduras herbáceas y mixtas, y para contar con una composición floral distinta de año en año. Muchas pueden cortarse y secarse para su posterior uso en arreglos florales de invierno. Entre ellas figuran la *Briza maxima* (zarcillitos o lágrimas de la Virgen), con sus graciosas flores colgantes, y el *Hordeum jubatum* (cola de zorro). El *Lagurus ovatus* (cola de liebre o rabillo de conejo) desarrolla cabezuelas florales suaves y sedosas con una textura afelpada.

Un bambú para cada jardín

La mayoría de las hierbas cespitosas leñosas son resistentes. Su follaje y sus tallos variados pueden emplearse para añadir un toque de color y de interés al jardín. Algunas de ellas son semiperennes si se cultivan en zonas azotadas por fríos inviernos, mientras que otras son caducifolias. Son excelentes para camuflar vistas poco agraciadas y producen un susurro encandilador. Algunos bambúes, como el *Pleioblastus auricomis* (bambú dorado), miden 1,5 m y pueden cultivarse en macetones de 25 cm de diámetro en un patio, mientras que otros llegan a superar rápidamente los 3 m de altura.

Tres bambúes populares son la *Fargesia murieliae,* con cañas gráciles, enarcadas y de color verde brillante, la *Fargesia nitida,* de tallos púrpura y hojas estrechas de color verde brillante, y la *Pseudosasa japonica,* con hojas lanceoladas de color verde oscuro.

▲ *Donde los caracoles y las babosas supongan un problema, cubra la zona con una fina capa de guijarros o grava y plante las hierbas ornamentales y los bambúes en macetas.*

◄ *El* Pleioblastus auricomus *(bambú dorado) es una variedad enana con hojas variegadas de color amarillo, ideal para borduras y recipientes.*

setos ornamentales

Componer un seto implica mucho más que crear una delimitación o valla. Puede disfrutarse de un abanico de perfumes, bayas coloridas y contrastes cromáticos dentro de un mismo seto y armonizarlo con las plantas vecinas. Incluso el omnipresente ligustro puede resultar atractivo.

Dúos de setos

Para disfrutar de un seto de ligustro original, intercale un *Ligustrum ovalifolium* cada dos *L. ovalifolium* «Aureum» a lo largo de la hilera. Esta proporción le producirá un seto decorativo y notoriamente formal, e impedirá que el seto de color verde, más vigoroso, tape el amarillo. Es conveniente podar los setos con cierta regularidad para mantener su forma. El acebo variegado y el tejo crean un seto perennifolio muy vistoso, aunque de crecimiento muy lento. Alterne las plantas en el terreno, espaciándolas aproximadamente 1,2 m entre sí.

Setos aromáticos

Existe una gama asombrosa de plantas para setos con flores u hojas aromáticas. Los perfumes que exhalan van desde la manzana hasta la frambuesa. Algunas coníferas usadas para setos despiden fragancias al rozar su hojas.

Una planta con perfume a manzana es la *Thuja occidentalis* «Smaragd». Su follaje de color verde oscuro compone un telón de fondo espectacular para otras plantas. Si prefiere disfrutar de una fragancia a limón, plante un *Cupressus macrocarpa* «Goldcrest», cuyo follaje de color amarillo pálido se torna verde claro al envejecer. La *Thuja plicata* (tuya gigante) posee un follaje escamoso de color verde intenso y brillante con manchas blancas en el envés. Es aconsejable utilizarla únicamente para crear setos perimetrales grandes. La *Chamaecyparis lawsoniana* «Allumii», con follaje de color gris azulado, y la *Chamaecyparis lawsoniana* «Fletcheri», con hojas plumosas de color añil, despiden una mezcla a aroma de resina y perejil.

◄ *En primavera, el perennifolio* Berberis darwinii *se inunda de racimos de flores de color naranja que dan paso a bayas azules.*

Los rosales empleados para crear setos exhalan aromas más originales, sobre todo el «Zephirine Drouhin», cuyas hojas de color rosa vivo despiden olor a frambuesa. La variedad «Penelope» posee flores semidobles de color rosa pálido con un perfume a almizcle que pierde intensidad a medida que envejecen. Algunas rosas empleadas para formar setos desprenden un perfume dulce, como la *Rosa rugosa* «Roseraie de l'Hay», de color púrpura y carmesí, la «Felicia», de color rosa salmón, y la «Prosperity», de color crema.

Dos arbustos perennifolios con un perfume memorable son la *Lavandula angustifolia* «Hidcote», con flores de color púrpura intenso y 5 cm de longitud y hojas verde plateado, y el *Rosmarinus officinalis* (romero), que también crea setos informales muy bonitos.

Armonías y contrastes

Las borduras monocromáticas de herbáceas suelen recortarse sobre un fondo de setos que armoniza o contrasta con ellas. Por ejemplo, las hojas de color verde oscuro del tejo realzan las borduras de colores blanco, naranja, azul y verde, mientras que el acebo de hojas variegadas en tonos dorados armoniza con las borduras doradas. El tamarisco (*Tamarix*) se ha utilizado con frecuencia como fondo para las borduras grises.

El seto caducifolio *Fagus sylvatica* (haya), cuyas hojas se oscurecen de un tono verde claro en primavera a un verde medio en verano, compone un fondo magnífico para las plantas herbáceas. En otoño, este seto presenta la ventaja de que sus flores adquieren tonalidades amarillas y rojizas y compiten con los colores y las infrutescencias en declive de las flores de temporada.

▼ *Muchas rosas pueden emplearse para crear vallas. Los rosales trasportan el ambiente de un jardín rural a una parcela urbana.*

BAYAS DELICIOSAS

Algunos arbustos empleados para formar setos dan bayas muy llamativas. Entre ellos:

Berberis darwinii: arbusto perenne de hojas parecidas a las del acebo que en primavera queda repleto de racimos de flores de color naranja tras las que brotan bayas azules.

Berberis x stenophylla: arbusto perenne que da flores de color dorado en primavera y, a continuación, queda inundado por bayas globulares de color púrpura y flor blanca.

Hippophae rhamnoides (espino amarillo): de hoja caduca con racimos de bayas de color naranja en otoño y comienzos del invierno.

Rosa rugosa «Roseraie de l'Hay»: arbusto caducifolio de flores de color púrpura carmesí que dan escaramujos grandes, redondos y de color naranja rojizo a principios del otoño.

rosales arbustivos y de pie alto

La gama de rosales arbustivos de flor grande (híbridos del té) y de grandes racimos (floribundas) es muy amplia. Además, cada año se incorporan nuevas variedades. Las numerosas rosas de especie con multitud de colores y las nuevas rosas inglesas dificultan aún más la elección.

Rosales para jardines

Antiguamente se creía que la única manera de cultivar rosales arbustivos era en parterres formales flanqueados por senderos o césped. Hoy, los rosales se emplean en otros muchos lugares. Los rosales postrados cubren los suelos, los patios se decoran con rosales en macetas, las rosas de especie adornan las borduras arbustivas y las rosas lloronas se elevan en arriates y céspedes. Los rosales arbustivos pequeños pueden plantarse en jardines de rocalla y en jardineras de ventana. Entre ellos figuran las variedades «Baby Masquerade» (de color amarillo, rosa o rojo), «Cinderella» (blanca con visos róseos), «Darling Flame» (naranja rojizo con anteras amarillas), «Black Jade» (rojo sangre tirando a negro) y «Popcorn» (blanca, con aroma a miel).

Los rosales llorones son célebres por sus bellas siluetas de rosas cayendo en cascada. Se cultivan en viveros, injertando una variedad en un rizoma a unos 1,3 m de altura. Cuando maduran, la cabeza alcanza entre 1,5 y 1,8 m y los tallos caen en cascada. Para conseguirlos se utilizan sobre todo variedades enredaderas como la «Albéric Barbier» (color crema), la «Crimson Shower» (roja), la «François Juranville» (rosa salmón) y la «Goldfinch» (amarillo blanquecino).

Guía para plantar rosas arbustivas

Las rosas arbustivas pueden combinarse con otras plantas dando lugar a composiciones muy atractivas. Plante una floribunda «Chinatown» de color amarillo delante de una *Clematis* «Countess of Lovelace», una variedad de flores grandes que florece trepando por verjas o muros de jardín. La clemátide florece durante el verano y hasta entrado el otoño (las formas de doble flor florecen durante el verano y las de flor única lo hacen en las postrimerías del verano e inicios del otoño). Sus flores de color lavanda intenso relucen junto a las del rosal amarillo. Junto a los tallos de rosales arbustivos de flor blanca, plante la vivaz perennifolia *Tiarella cordifolia* (tiarela), que posee un tumulto de escasa altura de hojas

▲ *La* Rosa gallica officinalis *(rosa castellana o rosa roja) despliega grandes flores semidobles de color carmesí y formas desmadejadas.*

similares a las del arce y da flores de color blanco roto a finales de primavera y principios de verano. La popular floribunda «Queen Elizabeth» posee flores de ciclamen rosa cuya belleza resalta en contraste con el tejo. Plante una «Grandpa Dickson» de grandes flores amarillas frente a las hojas de color púrpura oscuro del arbusto caducifolio *Berberis thunbergii* «Atropurpurea». Para ampliar la gama de color, plante la anual semirresistente *Nicotiana* «Lime Green» delante de ambas.

Cómo plantar rosales de pie alto

La gama de rosales de pie alto es amplia e incluye rosas ancestrales. Engloba desde las rosas alba hasta las rosas musgo, y combinan muy bien con otras plantas. El color rosa intenso de la rosa alba «Königin von Danemark» reluce sobre el plateado árbol llorón *Pyrus salicifolia*

«Pendula». Otro dúo asombroso lo forman el rosal de pie alto «Nevada», con flores de color blanco crema, y las espuelas de caballero y campanillas azules. La «nueva» rosa inglesa «Constance Spry» da flores rosas que destacan con macizos de plantas de hoja plateada.

ROSALES DE PATIO

Este grupo relativamente nuevo de rosales es una mezcla entre las rosas miniatura y las floribundas pequeñas. También llamadas rosas florecientes enanas con racimos de flores, son ideales para su cultivo en patios. La altura que alcanzan no obstruye la vista, incluso aunque uno esté sentado. Miden entre 45 y 60 cm y engloban las variedades «Anna Ford» (naranja rojizo), «Living Easy» (mezcla de naranja y crema asalmonado), «Betty Boop» (marfil amarillento con bordes rojos), «Robin Redbreast» (rojo con el centro pálido) y «Top Marks» (naranja bermellón muy intenso).

▲ *Las rosas crean fondos espectaculares para plantas de bordura de baja altura y enriquecen con su fragancia el aire que se respira.*

▼ *Muchas rosas arbustivas tienen un porte informal, por lo que pueden dejarse caer en cascada y que se extiendan por los senderos.*

rosas trepadoras y enredaderas

Las rosas trepadoras y enredaderas deslumbran en cualquier jardín y ganan en espectacularidad cuando resaltan sobre el fondo. Una pared blanca compone un telón ideal para los rosales amarillos o escarlatas, mientras que los muros de piedra gris realzan la belleza de las flores rosas y rojas.

¿Trepadoras o enredaderas?

Tal y como se ha mencionado en las págs. 146 y 147, las rosas trepadoras y enredaderas dan flores muy bellas, pero distintas en ciertos aspectos. Las trepadoras poseen una estructura más permanente que las enredaderas y dan flores más grandes, solitarias o agrupadas en ramilletes pequeños. Las rosas enredaderas poseen largos tallos flexibles, que en ocasiones alcanzan los 3 o 3,6 m de longitud en una temporada, y producen flores en grandes racimos, por lo general una única vez al año.

Árboles cubiertos de rosas

Los árboles viejos cuyo aspecto esté algo desmejorado pueden transformarse guiando a las trepadoras para que se eleven por sus ramas. Plántelas a un lado del tronco, a una cierta distancia, y reemplace el suelo por una mezcla de tierra y estiércol o compost de jardín bien descompuesto. Compacte el suelo, plante la rosa, riegue la tierra y utilice una estaca firme para guiar los tallos hasta el tronco del árbol.

Existen variedades con distinto grado de vigor entre las que puede elegirse una adecuada para el árbol que se desea embellecer. Entre las rosas disponibles figuran la «Rambling Rector» (enredadera de 2,7 m de altura de color blanco crema), la «Emily Gray» (enredadera de 4,5 m de color amarillo mantequilla), la «Mme Grégoire Staechelin» (trepadora de 6 m de color rosa carmín), la «Paul's Himalayan Musk» (trepadora de 9 m de color róseo), la «Sympathie» (enredadera de 4,5 m de color rojo sangre) y la «Wedding Day» (enredadera de 7,5 m de color blanco crema sonrosado).

Rosales de columna

Añaden atractivo a los jardines de dimensiones reducidas. Lo único que se necesita es un poste rústico de entre 2,4 y 3 m de altura o un trípode confeccionado con madera tosca.

◄ *Las pérgolas y los espaldares no empotrados sirven de soporte. Pueden colocarse en los senderos o en los laterales de los jardines.*

ROSAS CUBRESUELOS

Las rosas cubresuelos o reptantes no forman mantos de tallos, hojas y flores que eviten la aparición de malas hierbas, pero sí añaden color. Algunas variedades son: «Baby Blanket» (rosa), «Nozomi» (rosa nacarado tirando a blanco), «Pheasant» (rosa), «Rosy Cushion» (rosa) y «Snow Carpet» (blanca). La serie con nombres de regiones británicas engloba la «Avon» (blanco nacarado), «Essex» (rosa rojizo intenso), «Hertfordshire» (rosa carmín) y «Wiltshire» (rosa).

En una zona bastante pequeña pueden construirse varios pilares por un coste mínimo. Las trepadoras con un vigor medio son las mejores para recubrir estas estructuras, e incluyen las variedades «Bantry Bay» (flores semidobles de color rosa intenso), «Compassion» (rosa salmón con visos anaranjados), «Handel» (blanco crema con bordes rosa rojizo), «Pink Perpetue» (rosa brillante) y «Reine Victoria» (rosa iridiscente).

Trepadoras para muros fríos

Pese a que un muro frío no es el lugar ideal para plantar un rosal, algunas rosas enredaderas y trepadoras resistentes son capaces de sobrevivir en tales condiciones y de producir composiciones aceptables. Las variedades resistentes y vigorosas a tal fin incluyen la «Albéric Barbier» (enredadera de color crema), la «Félicité et Perpétue» (enredadera blanca), la «Morning Jewel» (trepadora rosa claro), la «New Dawn» (trepadora rosa rojizo) y la «Zéphirine Drouhin» (trepadora fucsia).

Plantar trepadoras y enredaderas

Del mismo modo que las rosas arbustivas, las trepadoras y enredaderas pueden plantarse junto con otras plantas para crear composiciones de gran belleza. Por ejemplo, la enredadera «Bobbie James», que suele cultivarse para vestir pérgolas y árboles, posee grandes racimos de rosas semidobles de color crema, y puede combinarse con las flores azul lavanda de la *Nepeta* x *faassenii* (albahaca o menta de gato), una vivaz frondosa que llega a alcanzar los 45 cm de alto y que florece durante el verano. Otra pareja perfecta la forman la trepadora moderna «New Dawn», que luce flores semidobles sonrosadas, y el híbrido vigoroso *Clematis* «Perle d'Azure», de flores rosa pálido.

▼ *La rosa «Helen Knight», una trepadora inconfundible, crea tapices de florecillas amarillas a principios de verano.*

plantas ornamentales

anuales y bianuales

Agrostemma githago «Milas»
NEGUILLA

Anual resistente con hojas esbeltas de color verde pálido, macizos de flores moradas y tallos erguidos. Florece entre mediados de verano y otoño.
Altura: 90 cm–1,2 m
Envergadura: 38–45 cm
Suelo y situación ideal: suelo húmedo pero bien drenado, a pleno sol. Crece con fuerza en suelos pobres.

Amaranthus caudatus
AMARANTO/KIWICHA

Anual resistente con hojas de color verde claro y borlas desmayadas de hasta 45 cm de longitud repletas de flores carmesí entre mediados y finales de verano. La variedad «Viridus» produce flores de color verde pálido.
Altura: 90 cm–1,2 m
Envergadura: 38–45 cm
Suelo y situación ideal: suelo muy preparado, fértil, húmedo pero bien drenado, a pleno sol.

Begonia semperflorens
HERMOSA

Vivaz tierna cultivada invariablemente como anual semirresistente para su trasplante a arriates y macetas a principios de verano. Las hojas de color verde brillante o púrpura quedan coronadas a lo largo de todo el verano por flores rojas, rosas o blancas.
Altura: 15–23 cm

◄ La Digitalis purpurea (dedalera) es típica de los jardines rurales. Su porte erecto la hace atractiva como planta de fondo.

Envergadura: 20–25 cm
Suelo y situación ideal: suelo fértil, húmedo pero bien drenado, a pleno sol o en la semisombra.

Bellis perennis
MAYA/MARGARITA DE LOS PRADOS

Vivaz resistente invariablemente cultivada como bianual, con floración entre principios de primavera y otoño, aunque se utiliza sobre todo en composiciones primaverales y de principios de estío. Las flores recuerdan a las de la margarita, con pétalos blancos y matices róseos y disco central amarillo. Existen variedades de flor blanca, carmín, rosa, salmón y rojo cereza.
Altura: 2,5–10 cm
Envergadura: 7,5–10 cm
Suelo y situación ideal: suelo moderadamente fértil, húmedo pero bien drenado, a pleno sol o en sombras leves.

Calendula officinalis
CALÉNDULA/MARAVILLA

Anual resistente con hojas de color verde claro que da lustrosas flores en roseta, amarillas o naranjas, de unos 5 cm de diámetro desde principios de verano hasta otoño. Existen numerosas variedades, algunas de hojas dobles y otras enanas.
Altura: 45–60 cm
Envergadura: 25–30 cm
Suelo y situación ideal: suelo bien drenado. Crece en suelos pobres y al sol.

Campanula medium
FAROLILLOS

Bianual resistente con tallos altos y erguidos rematados por flores acampanadas azules, blancas, purpurinas o rosas de unos 36 mm de longitud desde finales de la primavera hasta pleno verano. La variedad de 38 cm de alto «Bells of Holland» es excelente para jardines pequeños.
Altura: 38–90 cm
Envergadura: 23–30 cm
Suelo y situación ideal: suelo moderadamente fértil y bien drenado, al sol. Entutore las plantas con varas delgadas.

Cleome spinosa
PATA DE VACA

Anual alta semirresistente con inflorescencias redondas péndulas de hasta 10 cm de diámetro compuestas por flores blancas con matices róseos. Florece entre mediados de verano y finales de otoño. La variedad «Color Fountain Mixed» posee flores fucsias, rosas, lilas, púrpuras y blancas, mientras que la «Rose Queen» es de color rosa, y la «Helen Campbell», blanca.
Altura: 90 cm–1 m
Envergadura: 45–50 cm
Suelo y situación ideal: suelo fértil, húmedo pero bien drenado, a pleno sol.

Consolida ajacis
ESPUELA DE CABALLERO

Anual resistente con hojas muy divididas y escasamente ramificadas, y tallos erectos con agujas terminales de color azul, púrpura, rojo, rosa o blanco. Da flor de principios a finales de verano. Existen diversas variedades y cultivares.
Altura: 90 cm–1,2 m
Envergadura: 30–38 cm
Suelo y situación ideal: suelo fértil, húmedo pero bien drenado, a pleno sol o en sombras leves. Entutore las plantas con varas delgadas.

Dianthus barbatus
MINUTISA

Perenne de vida efímera invariablemente cultivada como bianual para su floración entre principios y mediados de verano. Algunas variedades crecen mejor como anuales resistentes. Desarrolla panículas aplanadas de 7,5–15 cm de diámetro, densamente pobladas de flores únicas o dobles de aroma dulce y en colores que van del carmesí al escarlata, rosa salmón y rosa guinda.
Altura: 30–60 cm (según la gama)
Envergadura: 20–38 cm (según la gama)
Suelo y situación ideal: suelo bien drenado, a pleno sol.

Digitalis purpurea
DIGITAL/DEDALERA

Bianual resistente con tallos erguidos coronados por flores acampanadas entre principios y mediados de verano. El espectro de color de las flores va del púrpura al rojo, pasando por el rosa.
Altura: 90 cm–1,5 m
Envergadura: 45–60 cm
Suelo y situación ideal: suelo moderadamente fértil, húmedo pero bien drenado, en sombra parcial.

Erysimum × allionii
ALHELÍ SIBERIANO

Vivaz arbustiva y resistente cultivada invariablemente como bianual para su

floración entre mediados de primavera y principios de verano. Produce macizos de flores naranjas de grato olor en ramilletes.
Altura: 30–38 cm
Envergadura: 25–30 cm
Suelo y situación ideal: suelo fértil, algo alcalino y bien drenado, al sol.

Eschscholzia californica
AMAPOLA DE CALIFORNIA

Anual resistente con hojas delicadas y finamente diseccionadas de color verde azulado y panículas aplanadas de flores en tono amarillo anaranjado con un diámetro de hasta 7,5 cm. Florece de principios a finales de verano. Marchitadas las flores, aparecen vainas de color verde azulado. Existen variedades en escarlata, carmesí, rosa, naranja, amarillo, blanco y rojo.
Altura: 30–38 cm
Envergadura: 15–23 cm
Suelo y situación ideal: suelo suelto, pobre y bien drenado, a pleno sol. Si se cultiva en suelo fértil y en la sombra, la intensidad del color de las flores se ve drásticamente mermada.

Helianthus annuus
GIRASOL

Anual resistente que exhibe grandes flores en corola de hasta 30 cm de diámetro durante mediados y fines de verano. Existe una amplia gama de variedades, desde enanas hasta con flor de color rosa pálido o cobrizo. Los discos centrales son púrpuras o marrones.
Altura: 90 cm–3 m
Envergadura: 30–45 cm
Suelo y situación ideal: suelo fértil, húmedo pero bien drenado, en lugares soleados y protegidos.

Heliotropium arborescens
HELIOTROPO

Vivaz semirresistente cultivada como anual semirresistente, con hojas arrugadas de color verde oscuro y aromáticas, y flores similares a las del nomeolvides con cabezuelas ligeramente abovedadas de 7,5–10 cm de diámetro entre principios de verano y otoño. El espectro de colores oscila entre el violeta oscuro, el azul lavanda y el blanco.
Altura: 38–45 cm
Envergadura: 30–38 cm
Suelo y situación ideal: suelo fértil, húmedo pero bien drenado, a pleno sol.

Hesperis matronalis
JULIANA

Vivaz resistente aunque de vida efímera cultivada como bianual. Se desarrolla en vertical, dando lugar a agujas

terminales alargadas compuestas por flores cruciformes y aromáticas blancas, malvas o púrpuras. Florece a principios de verano.
Altura: 60–90 cm
Envergadura: 38–45 cm
Suelo y situación ideal: suelo ligero, húmedo pero bien drenado, a pleno sol o en sombra leve.

Lavatera trimestris
MALVA REAL

Anual resistente de porte erguido y denso con flores atrompetadas y sentadas de hasta 10 cm de diámetro. Florece entre mediados y finales de verano. Existen múltiples variedades, como la «Silver Cup», de 60 cm de altura.
Altura: 60–90 cm
Envergadura: 38–50 cm
Suelo y situación ideal: suelo de fertilidad media, húmedo pero bien drenado, a pleno sol o en un lugar con luz veteada. Evite los suelos muy fértiles, ya que alientan el crecimiento de las hojas a expensas de las flores.

Limnanthes douglasii
REINA DE LOS PRADOS

Anual resistente, reptante y de baja altura con hojas partidas que luce ramilletes de flores amarillas con forma de embudo y bordes blancos durante todo el verano.
Altura: 15 cm
Envergadura: 15–23 cm
Suelo y situación ideal: suelo bien drenado, al sol. Produce plántulas de crecimiento espontáneo al año siguiente.

Limonium sinuatum
SIEMPREVIVA AZUL

Vivaz resistente cultivada invariablemente como anual semirresistente, con espigas de 7,5 cm de longitud integradas por flores de color crema y azul. Florece entre mediados de verano y otoño. Existen diversas variedades, en colores como el amarillo anaranjado, rosa, rojo, carmín y azul lavanda.
Altura: 38–45 cm
Envergadura: 25–30 cm
Suelo y situación ideal: suelo húmedo, bien drenado, soleado y exterior.

Lobelia erinus
PALOMITA/LOBELIA AZULADA

Vivaz semirresistente cultivada como anual semirresistente. Entre finales de primavera y otoño da flores azules, blancas o rojas. Hay variedades arbustivas y muy tupidas, a menudo utilizadas en los límites de las borduras, así como variedades enredaderas que se plantan en cestos colgantes.

▲ *El girasol* (Helianthus annuus)*, una anual resistente, da flores similares a las de la margarita, de 30 cm de ancho.*

Altura: 10–23 cm

Envergadura: 10–15 cm

Suelo y situación ideal: suelo moderadamente fértil, húmedo pero bien drenado, en lugares con sombra parcial.

Lobularia maritima

(antiguamente y aún más conocida como ALYSSUM MARITIMUM)

MASTUERZO MARÍTIMO

Anual resistente cultivada como anual semirresistente. De sus densos tallos brotan flores de color blanco, violeta, púrpura, rosa carmín o morado entre principios y finales de verano. Ideal para los márgenes de arriates y borduras.

Altura: 7,5–15 cm

Envergadura: 20–30 cm

Suelo y situación ideal: suelo moderadamente fértil y bien drenado, al sol.

Myosotis sylvatica

NOMEOLVIDES

Bianual resistente o vivaz de vida efímera con flores aromáticas azul celeste dispuestas en inflorescencias péndulas. Florece entre finales de primavera y principios de verano. Existen variedades monocromas y policromas.

Altura: 20–30 cm

Envergadura: 15–20 cm

Suelo y situación ideal: suelo moderadamente fértil, húmedo pero bien

drenado, en sombra parcial. Evite los suelos encharcados y fuertes, pues facilitan la muerte de la parte aérea de la planta durante el invierno.

Nicotiana × sanderae

TABACO ORNAMENTAL

Anual semirresistente con tallos erectos coronados por ramilletes de flores blancas tubulares y muy aromáticas de unos 7,5 cm de longitud. Florece entre principios y finales de verano. Existen múltiples variedades en un amplio espectro de colores que va del blanco al crema, el rosa, el carmesí, el amarillo y el verde lima. Algunas variedades desprenden su fragancia al anochecer.

Altura: 38–60 cm

Envergadura: 25–30 cm

Suelo y situación ideal: suelo fértil, húmedo pero bien drenado, a pleno sol o en sombra leve.

Nigella damascena

ARAÑUELA

Anual resistente con hojas de color verde vivo similares a las del helecho y flores azules o blancas parecidas a las del aciano. Florece entre principios y mediados de verano. Algunas variedades lucen flores de color amarillo pálido. Existen múltiples cultivares, con flores dobles y semidobles. Rebro-

ta espontáneamente a pleno sol.

Altura: 45–60 cm

Envergadura: 15–23 cm

Suelo y situación ideal: suelo ligero, húmedo pero bien drenado, al sol.

Papaver rhoeas

AMAPOLA

Anual resistente con hojas verdes lobuladas y tallos erguidos rematados entre principios y mediados de verano por flores rojas solitarias de 7,5 cm de diámetro y con centros negros. Existen variedades en rosa, salmón y carmesí.

Altura: 45–60 cm

Envergadura: 25–30 cm

Suelo y situación ideal: suelo común, de fertilidad pobre o media, y bien drenado, a pleno sol.

Papaver somniferum

ADORMIDERA

Anual resistente con hojas glaucas pronunciadamente lobuladas y flores blancas, rosas, escarlatas o púrpuras de hasta 10 cm de anchura. Florece entre principios y mediados de verano. Algunas flores son dobles.

Altura: 75–90 cm

Envergadura: 30–38 cm

Suelo y situación ideal: suelo bien drenado, a pleno sol.

Petunia × hybrida

PETUNIA

Vivaz semirresistente cultivada como anual semirresistente que luce flores atrompetadas de 5–10 cm de ancho desde principios de verano hasta las heladas otoñales. El espectro de colores engloba el blanco, crema, rosa, rojo, malva y azul. Existen formas bicolores.

Altura: 15–30 cm

Envergadura: 15–30 cm

Suelo y situación ideal: suelo moderadamente fértil, al sol. No se adapta a lugares fríos, húmedos y umbríos.

Rudbeckia hirta

SUSANA DE OJOS NEGROS/OJO DE POETA

Vivaz de vida efimera cultivada en jardinería como anual resistente que da flores lustrosas similares a las de la margarita, de 7,5 cm de anchura, con pétalos de color áureo y conos de color marrón purpúreo en el centro. Florece entre mediados de verano y principios de otoño. Existen múltiples variedades.

Altura: 45–60 cm

Envergadura: 30–45 cm

Suelo y situación ideal: suelo fértil, húmedo pero bien drenado, al sol.

Salvia splendens

BANDERILLA

Vivaz semirresistente cultivada como anual semirresistente, con agujas erguidas de flores escarlata. Florece entre mediados de verano y otoño. Existen algunas variedades magníficas, de uno o varios colores, incluidos el rosa, el salmón, el púrpura y el blanco.

Altura: 30–38 cm

Envergadura: 20–25 cm

Suelo y situación ideal: suelo fértil, húmedo pero bien drenado, a pleno sol.

Scabiosa atropurpurea

CABEZA DE ZAPO/ESCOBILLA MORISCA

Anual erecta, ramificada, con tallos como alambres, hojas de color verde medio y flores solitarias de 5 cm de diámetro. Florece entre mediados y fines de verano. Existen diversas variedades de distintos colores, del blanco al púrpura, pasando por el azul.

Altura: 45–60 cm

Envergadura: 15–23 cm

Suelo y situación ideal: suelo franco o levemente alcalino, de fertilidad media, a pleno sol.

Tagetes patula

CLAVEL DE CHINA

Anual semirresistente con porte arbustivo, hojas de color verde oscuro divididas y flores amarillas o caoba de 5 cm de diámetro. Florece entre principios de verano y otoño. Existe una amplia gama de variedades, con hojas simples y dobles, y enanas. Se cultivan ampliamente en macizos de floración estival, donde crean una fiesta de color.

Altura: 30 cm

Envergadura: 25–30 cm

Suelo y situación ideal: suelo moderadamente fértil, a pleno sol.

Zinnia elegans

ZINNIA

Anual semirresistente con tallos erguidos coronados por flores de color púrpura intenso de hasta 6 cm de anchura entre mediados y finales de verano. Existen múltiples variedades, en colores que van del blanco al púrpura, amarillo, naranja, rojo, rosa y verde pálido. Algunas variedades poseen flores dobles.

Altura: 15–75 cm

Envergadura: 15–38 cm

Suelo y situación ideal: suelo fértil, húmedo pero bien drenado, al sol.

▲ En verano, las plantas del tabaco (Nicotiana) embriagan el jardín con su fragancia dulce, sobre todo cuando cae la noche.

◀ *La Tradescantia x
andersoniana (lirio trinitario) es
una herbácea perenne muy
popular y de magnífica presencia.*

del rosa liliáceo al magenta, el rosa ro-
jizo, el rojo sangre y el blanco.
Altura: 60–75 cm
Envergadura: 38–50 cm
Suelo y situación ideal: suelo fértil y
húmedo, al sol o en sombras leves.

Camassia quamash
QUAMASH
Herbácea perenne bulbosa y ligera-
mente tierna que luce espigas de flo-
res estrelladas de principios a media-
dos del verano. Las flores se presentan
en color blanco, azul o púrpura.
Altura: 45–75 cm
Envergadura: 30–38 cm
Suelo y situación ideal: suelo fértil y
húmedo, al sol o en sombras leves.
Crece bien en suelos bastante fuertes.

Campanula lactiflora
FAROLILLOS BLANCOS
Herbácea perenne resistente con
muchas flores acampanadas de color
azul lavanda reunidas en espigas. Florece entre principios y mediados de
verano. Existen diversas variedades cuya gama de colores incluye desde el
rosa claro hasta el azul lavanda oscuro.
Altura: 90 cm–1,5 m
Envergadura: 45–50 cm
Suelo y situación ideal: suelo suelto,
fértil y húmedo pero bien drenado, a
pleno sol o en sombra parcial.

Coreopsis verticillata
Herbácea perenne resistente con hojas
finamente divididas similares a las del
helecho y flores conglomeradas de
color amarillo pálido. Florece entre
principios del verano y otoño. Existen
variedades compactas y enanas para
jardines de dimensiones reducidas.
Altura: 45–60 cm
Envergadura: 30–45 cm
Suelo y situación ideal: suelo moderadamente fértil, húmedo pero bien drenado, a pleno sol.

Delphinium elatum
DELFINIO
Existen dos tipos distintos de esta herbácea perenne resistente. Los tipos *Elatum* tienen espigas erguidas repletas de

herbáceas perennes y otras plantas de borduras

Acanthus spinosus
ACANTO ESPINOSO
Herbácea perenne resistente con hojas
espinosas y divididas que luce espigas
terminales erguidas compuestas por
flores blancas y lilas entre mediados y
finales de verano.
Altura: 90 cm–1 m
Envergadura: 60–75 cm
Suelo y situación ideal: suelo moderadamente fértil, ligero, húmedo pero
bien drenado, al sol o en sombras leves.

Achillea filipendulina
AQUILEA AMARILLA
Herbácea perenne resistente con hojas
muy disecadas, como las del helecho,
y panículas aplanadas de 10–15 cm de
diámetro formada por flores de color

amarillo limón. Florece entre media-
dos de verano y otoño.
Altura: 90 cm–1,2 m
Envergadura: 90 cm
Suelo y situación ideal: suelo fértil,
húmedo pero bien drenado, al sol.

Agapanthus praecox
AGAPANTO/LIRIO AFRICANO
Perenne siempreverde semianual de
tallos suculentos y grandes cabezuelas
de flores azul celeste dispuestas a modo de umbela. Florece entre mediados
y finales de verano. También existe con
flores blancas.
Altura: 60–75 cm
Envergadura: 45 cm
Suelo y situación ideal: suelo fértil y
bien drenado, a pleno sol y en lugares
resguardados de los vientos fríos.

Alchemilla mollis
ALCHEMILLA/PIE DE LEÓN
Herbácea perenne resistente con hojas
vellosas de color verde claro, lóbulos
redondeados y bordes dentados. Florece entre principios de verano y otoño,
dando lugar a ramilletes de florecillas
diminutas de color amarillo verdoso
dispuestos sobre un collar de hojas.
Altura: 30–45 cm
Envergadura: 38–50 cm
Suelo y situación ideal: suelo moderadamente fértil, húmedo pero bien drenado, a pleno sol o en sombra leve.

Allium moly
AJO ORNAMENTAL
Planta bulbosa con hojas acintadas de
color gris verdoso y flores estrelladas
de color amarillo vivo agrupadas en
umbelas. Florece entre principios y
mediados de verano.
Altura: 25–30 cm
Envergadura: 20–25 cm
Suelo y situación ideal: suelo ligero y
bien drenado, al sol. Acaba por formar
una macolla grande y expansiva.

Aster sedifolius
INDIANA
Herbácea perenne resistente que luce
racimos de flores de color azul lavanda
claro y discos centrales dorados cuando el verano da paso al otoño. La variedad «Nanus», de 30 cm de altura, es
más corta.
Altura: 60–75 cm
Envergadura: 38–45 cm
Suelo y situación ideal: suelo fértil,
húmedo pero bien drenado, al sol.

Astilbe × arendsii
ASTILBE
Herbácea perenne resistente con hojas
similares a las del helecho, de color
verde oscuro. Florece entre principios
y fines de verano, dando ramilletes de
flores plumosas dispuestas en cabezuelas piramidales desmayadas. Existen
muchas variedades en colores que van

flósculos grandes azules, pero también los hay lavanda, malvas y blancos. Existe una amplia gama de variedades y alturas. Las formas *Belladonna* poseen espigas ramificadas con flósculos en cáliz.
Altura: 90 cm–1,5 m
Envergadura: 45–60 cm
Suelo y situación ideal: suelo fértil, bien preparado y húmedo, a pleno sol.

Dictamnus albus
DÍCTAMO BLANCO

Herbácea perenne resistente que da flores aromáticas, blancas y con forma de araña entre principios y mediados de verano. La variedad «Purpureus» posee flores rosas a rayas rojas.
Altura: 45–60 cm
Envergadura: 38–45 cm
Suelo y situación ideal: suelo ligeramente alcalino, bien preparado y bien drenado, a pleno sol.

Echinacea purpurea
RUDBECKIA MORADA

Herbácea perenne resistente con floración entre mediados de verano y otoño. Da flores de color carmín púr-

pura de 10 cm de ancho. Cada flor posee un disco central naranja con forma cónica. Existen variedades en blanco y lila rosáceo.
Altura: 90 cm–1,2 m
Envergadura: 45–60 cm
Suelo y situación ideal: suelo fértil, húmedo pero bien drenado y muy bien preparado, a pleno sol.

Erigeron speciosus
ASTRO

Herbácea perenne resistente con floración entre principios y fines de verano. Da flores de color púrpura dispuestas en ramilletes. Existen variedades en rosa pálido, azul lavanda, azul violáceo y lavanda violáceo.
Altura: 45–60 cm
Envergadura: 30–38 cm
Suelo y situación ideal: suelo fértil, húmedo pero bien drenado, a pleno sol o en sombras leves.

Filipendula purpurea
REINA DE LOS PRADOS JAPONESA

Herbácea perenne resistente de hojas divididas. Sus flores de color carmín y

rosa forman inflorescencias esponjosas en pleno verano. Existen variedades en color blanco y rosa rojizo.
Altura: 90 cm–1 m
Envergadura: 38–45 cm
Suelo y situación ideal: suelo ligeramente alcalino, húmedo pero bien drenado, al sol o en sombras leves.

Geranium endressii
GERANIO

Herbácea perenne resistente y cubresuelos con hojas muy lobuladas y flores de color rosa pálido con venas rojas. Florece entre principios de verano y otoño. Existen diversas variedades.
Altura: 30–45 cm
Envergadura: 38–45 cm
Suelo y situación ideal: suelo bien drenado, a pleno sol o en sombra leve.

Gypsophila paniculata
GIPSÓFILA O DOBLE COPO DE NIEVE

Herbácea perenne resistente con tallos finamente divididos de los que brotan inflorescencias terminales de florecillas, por lo general blancas, entre principios y finales de verano. Existen variedades con flores dobles y sencillas, en blanco y en rosa, así como variedades compactas.
Altura: 60–90 cm
Envergadura: 60–75 cm
Suelo y situación ideal: suelo ligeramente alcalino, muy preparado, húmedo pero bien drenado, a pleno sol.

Helenium autumnale
HELENIO/ÉNULA CAMPANA

Herbácea perenne resistente con ramilletes de flores similares a las de la margarita de 25–36 mm de ancho. Florece entre mediados de verano y principios de otoño. Existen diversas variedades, en amarillo, naranja, cobre, bronce rojizo y carmesí caoba.
Altura: 1,2–1,8 m
Envergadura: 38–45 cm
Suelo y situación ideal: suelo húmedo pero bien drenado, a pleno sol.

Hemerocallis thunbergii
FLOR DE UN DÍA

Herbácea perenne resistente con grandes flores atrompetadas de color entre

◀ *La Achillea se emplea en borduras herbáceas, donde crea inflorescencias entre mediados de verano y principios de otoño.*

crema asalmonado y amarillo verdoso encaramadas en lo alto de los tallos. Florece entre principios y mediados de verano. Existen numerosos híbridos, en colores que van del dorado al rosa, naranja y rojo ladrillo. La mayoría de dichos híbridos presenta flores de 13 a 18 cm de anchura.
Altura: 75–90 cm
Envergadura: 60–75 cm
Suelo y situación ideal: suelo fértil, húmedo pero bien drenado, a pleno sol o en sombra leve.

Kniphofia
TRITOMA

Herbácea perenne resistente, con múltiples especies e híbridos. Todos ellos desarrollan peculiares inflorescencias espigadas entre principios de verano y principios de otoño, en colores que van del crema y el amarillo al rojo.
Altura: 60 cm–1,5 m
Envergadura: 38–60 cm
Suelo y situación ideal: suelo muy preparado, moderadamente fértil y húmedo pero bien drenado, a pleno sol. Evítense los suelos fríos y mojados.

Leucanthemum superbum
MARGARITA DE LOS JARDINES

Herbácea perenne resistente con flores blancas y lustrosas, similares a las de la margarita, de 7,5 cm de ancho y con grandes centros dorados. Florece entre principios y finales de verano.
Altura: 75–90 cm
Envergadura: 30–45 cm
Suelo y situación ideal: suelo fértil, húmedo pero bien drenado y ligeramente alcalino, a pleno sol.

Lychnis chalcedonica
CRUZ DE MALTA

Herbácea perenne resistente con florecillas escarlata formando inflorescencias sentadas de unos 13 cm de diámetro. Florece entre mediados y finales de verano.
Altura: 75–90 cm
Envergadura: 38–45 cm
Suelo y situación ideal: suelo húmedo pero bien drenado, a pleno sol o en sombra leve.

Lysimachia punctata
LISMAQUIA RASTRERA

Herbácea perenne vigorosa, resistente y de larga vida, con una inflorescencia espectacular compuesta por flores cónicas de color amarillo intenso dispuestas en volutas de hasta 20 cm de

longitud. Florece entre principios y finales de verano.
Altura: 60–90 cm
Envergadura: 38–45 cm
Suelo y situación ideal: suelo fértil, húmedo, bien drenado, al sol o en sombra parcial. Crece bien en suelo fuerte.

Monarda didyma
MELISA DORADA

Herbácea perenne resistente con inflorescencias densas de hasta 7,5 cm de diámetro compuestas por flores de color escarlata. Florece de principios a finales de verano. Amplia gama de variedades, en rosa, azul lavanda, púrpura violáceo y blanco.
Altura: 60–90 cm
Envergadura: 38–45 cm
Suelo y situación ideal: suelo húmedo pero bien drenado, a pleno sol o en sombra parcial.

Perovskia atriplicifolia
SALVIA RUSA

Vivaz arbustiva caducifolia y resistente a menudo cultivada en borduras herbáceas o mixtas. Posee hojas finamente diseccionadas y aromáticas y da flores de color azul violáceo entre finales de verano y principios de otoño. La

variedad «Blue Spire» posee hojas de color azul lavanda.
Altura: 90 cm–1,5 m
Envergadura: 45–60 cm
Suelo y situación ideal: suelo bien preparado, fértil y bien drenado, a pleno sol o en sombras leves.

Phlox paniculata
FLOX PANICULADA

Herbácea perenne que florece entre mediados de verano y otoño. Existen variedades de color rosa, púrpura violáceo, malva, blanco, lila, granate y escarlata.
Altura: 45 cm–1 m
Envergadura: 45–60 cm
Suelo y situación ideal: suelo fértil, húmedo pero bien drenado, a pleno sol o en sombra parcial.

Rudbeckia fulgida
RUDBECKIA ANARANJADA

Herbácea perenne resistente con grandes flores de color amarillo anaranjado y de unos 6 cm de ancho. Florece entre mediados de verano y otoño. Cada flor posee un centro cónico de color marrón purpurino. Entre las numerosas variedades figura la «Goldsturm», con flores de hasta 13 cm de diámetro.
Altura: 60–90 cm
Envergadura: 45–60 cm
Suelo y situación ideal: suelo modera-

damente fértil, húmedo pero bien drenado, a pleno sol.

Sedum «Herbstfreude»
HIERBA CALLERA

Herbácea perenne con hojas suculentas de color verde pálido. A finales de verano desarrolla grandes corimbos ligeramente abovedados repletos de flores de color salmón que viran hacia el naranja rojizo y el marrón anaranjado entre mediados y finales de otoño.
Altura: 45–60 cm
Envergadura: 45–50 cm
Suelo y situación ideal: suelo suelto, húmedo pero bien drenado, al sol.

Solidago (híbridos)
VARA DE ORO

Grupo de herbáceas perennes resistentes con inflorescencias plumosas compuestas por diminutas flores amarillas o doradas. Florece entre mediados de verano y otoño. Existen numerosas variedades con distintas alturas.
Altura: 30 cm–1,5 m
Envergadura: 25–60 cm
Suelo y situación ideal: suelo moderadamente fértil, bien preparado y drenado, a pleno sol o en sombras leves.

Stachys byzantina
(También llamada STACHYS LANATA)
ORTIGA LANOSA

▲ *La* Stachys byzantina *(ortiga lanosa) anega los arriates con un mar de hojas de aspecto lanoso y plateado.*

Herbácea perenne semirresistente que cubre el suelo con sus hojas densamente tomentosas de color plateado, creando una especie de alfombra lanosa. Mediado el verano produce espigas de flores de color púrpura. La «Silver Carpet» es una forma sin flor que crea enormes redes de hojas.
Altura: 30–45 cm
Envergadura: 30–38 cm
Suelo y situación ideal: suelo bien drenado, a pleno sol o en sombras leves.

Tradescantia × andersoniana «Isis»
LIRIO TRINITARIO

Herbácea perenne resistente con características flores tripétalas de hasta 36 mm de diámetro. Florece de principios a finales de verano. Amplia gama de variedades, en colores como blanco y púrpura oscuro.
Altura: 45–60 cm
Envergadura: 45–50 cm
Suelo y situación ideal: suelo húmedo pero bien drenado, a pleno sol o en sombras leves.

bulbos, raíces tuberosas y tubérculos

Chionodoxa sardensis
GLORIA DE LAS NIEVES
Planta bulbosa resistente con dos hojas acintadas y tallos coronados por flores desmayadas de color azul cielo y forma estrellada, de 18 mm de diámetro y con discos centrales blancos. Florece entre principios y finales de primavera.
Altura: 10–15 cm
Envergadura: 5–10 cm
Suelo y situación ideal: suelo suelto y bien drenado, al sol. Evite los suelos fuertes y encharcados. Es ideal para jardines de rocalla.

Crocus chrysanthus
CROCUS AMARILLO
Planta tuberosa resistente con flores de color amarillo, forma cónica y aroma a miel. Florece entre finales de invierno y comienzos de primavera. Existen

muchos híbridos de color dorado, malva, púrpura y bronce oscuro.
Altura: 7,5–10 cm
Envergadura: 5–7,5 cm
Suelo y situación ideal: suelo húmedo, bien drenado, al sol o con luz veteada.

Eranthis hyemalis
ACÓNITO DE INVIERNO
Perenne resistente de raíz tuberosa con flores cónicas de color amarillo limón apostadas sobre un peculiar collar de hojas verdes divididas. La floración se produce normalmente entre finales de invierno y comienzos de primavera, aunque en ocasiones tiene lugar a mediados de invierno.
Altura: 10 cm
Envergadura: 7,5 cm
Suelo y situación ideal: suelo húmedo y bien drenado, al sol o en sombra parcial. Crece bien en suelos legamosos.

Galanthus nivalis
CAMPANILLA DE INVIERNO
Planta bulbosa y resistente, que forma macollas, con hojas acintadas planas y flores blancas. Florece entre mediados de invierno y principios de primavera. Flores de seis pétalos, tres largos exteriores y tres cortos interiores. La variedad «Flore Pleno» da flores dobles.
Altura: 7,5–18 cm
Envergadura: 7,5–13 cm
Suelo y situación ideal: suelo fértil, húmedo y bien drenado, en sombras leves. Ideal para jardines boscosos.

Hyacinthoides hispanica
JACINTO ESPAÑOL
Planta bulbosa resistente con hojas acintadas de color verde brillante y flores acampanadas de color azul púrpura. Florece entre finales de primavera y principios de verano.
Altura: 25–30 cm
Envergadura: 10–15 cm
Suelo y situación ideal: suelo fértil, húmedo pero bien drenado, en sombra leve. Ideal para naturalizar en jardines boscosos.

Ipheion uniflorum
IPHEION/ESTRELLA DE PRIMAVERA
Planta bulbosa y resistente, que forma macollas, con hojas cespitosas de color verde pálido y flores estrelladas de seis pétalos, aromáticas y blancas o violáceas. Florece a finales de primavera.
Altura: 15–20 cm
Envergadura: 5–7,5 cm
Suelo y situación ideal: suelo húmedo pero bien drenado, en lugar resguardado, a pleno sol o en sombra leve.

Leucojum vernum
CAMPANILLAS DE PRIMAVERA
Planta bulbosa resistente, formadora de macollas, con hojas acintadas de color verde brillante y flores acampanadas blancas de seis pétalos. Florece entre fines de invierno y principios de primavera. El ápice de los pétalos es verde.
Altura: 20 cm
Envergadura: 10 cm
Suelo y situación ideal: suelo húmedo pero bien drenado, en sombras leves o con luz solar veteada.

◄ *Los tulipanes se cuentan entre las flores más populares para jardines. Son resistentes e inundan de color las borduras año tras año.*

Muscari armeniacum
AJIPUERCO/HIERBA DEL QUERER
Planta bulbosa resistente, formadora de macollas, con hojas estrechas y tallos erectos coronados por flores aromáticas conglomeradas de color azul y con bordes blancos. Florece en primavera y principios de verano. Existen diversas variedades, como la «Blue Spike».
Altura: 20–25 cm
Envergadura: 7,5–10 cm
Suelo y situación ideal: suelo bien drenado, a pleno sol. Una vez arraigada, se extiende y puede tornarse invasora.

Narcissus (de tipo atrompetado)
Plantas bulbosas resistentes que forman macolla, con grandes flores atrompetadas amarillas. Florecen entre finales de invierno y principios de primavera. La gama de variedades incluye bicolores (blanco y amarillo) y flores blancas.
Altura: 32–45 cm
Envergadura: 7,5–10 cm
Suelo y situación ideal: suelo húmedo y bien drenado, al sol, en sombras leves o en lugares con luz veteada. Ideal para plantar en grandes parcelas, sea bajo árboles caducifolios, sea a pleno sol.

Narcissus cyclamineus
NARCISO
Planta bulbosa resistente y diminuta, con hojas estrechas de color verde brillante y trompetillas de color amarillo intenso de hasta 5 cm de longitud, con pétalos peinados hacia atrás. Florece a finales de invierno o principios de primavera. Existen numerosos híbridos, como la «February Gold», de flores grandes.
Altura: 15–20 cm
Envergadura: 7,5–10 cm
Suelo y situación ideal: suelo húmedo y bien drenado, al sol o en sombra leve.

Tulipa
TULIPÁN
Familia de plantas bulbosas resistentes con inflorescencias globulares y tallos erguidos. Florece entre mediados y finales de primavera. Amplia gama de flores y colores, algunas con flores simples y otras con flores dobles. Suelen plantarse junto con vivaces resistentes en arriates de floración primaveral.
Altura: 15–75 cm
Envergadura: 15–20 cm
Suelo y situación ideal: suelo fértil, húmedo pero bien drenado, al sol.

plantas para jardines de rocalla

A

Aethionema «Warley Rose»

Herbácea perenne resistente con tallos ramosos desparramados y hojas glaucas. Entre mediados y finales de primavera luce inflorescencias abovedadas recubiertas de flores rosas.
Altura: 10–15 cm
Envergadura: 30–38 cm
Suelo y situación ideal: suelo suelto y bien drenado, a pleno sol.

Arabis caucasica
JARAMAGO
Perenne expansiva y resistente con hojas glaucas; perennifolia, salvo en zonas de inviernos fríos y lluviosos. Entre finales de invierno y principios de verano exhibe flores cruciformes blancas. Existen variedades de doble flor.
Altura: 23 cm
Envergadura: 45–60 cm

Suelo y situación ideal: suelo bien drenado, al sol o en sombra leve. Puede tornarse demasiado invasora para un jardín de rocalla pequeño, por lo que se aconseja cultivarla en un muro de piedra seca o en taludes.

Armeria maritima
ARMERIA DE MAR
Vivaz perennifolia resistente y formadora de montículos con hojas cespitosas. Entre finales de primavera y mediados de verano da inflorescencias de 2,5 cm de diámetro compuestas por flores rosas. Existen variedades de color blanco y rosa rojizo.
Altura: 15–25 cm
Envergadura: 25–30 cm
Suelo y situación ideal: suelo bien drenado, a pleno sol.

Aubrieta deltoidea
AUBRIETA
Vivaz perennifolia resistente, de crecimiento lento, expansiva y, en ocasiones, enredadera, con hojitas lustrosas de color verde y ramilletes de flores de color rosáceo tirando a púrpura. Florece entre principios de primavera y principios de verano. Existen muchas variedades, algunas con hoja variegada.
Altura: 7,5–10 cm

Envergadura: 45–60 cm
Suelo y situación ideal: suelo bien drenado, a ser posible calcáreo, y al sol.

Aurinia saxatilis
(o ALYSSUM SAXATILE)
CESTILLO DE ORO
Vivaz arbustiva resistente con hojas de color gris verdoso y tallos erguidos coronados por cabezuelas de flores áureas. Florece entre mediados de primavera y principios de verano. Existen diversas variedades como la «Citrina» (de color dorado claro), la «Compacta» (de color dorado) y la «Dudley Nevill» (de color amarillo anaranjado).
Altura: 23–30 cm
Envergadura: 30–45 cm
Suelo y situación ideal: suelo bien drenado, a pleno sol. Ideal para plantar en muros de piedra seca.

C

Campanula carpatica
CERILLA
Vivaz resistente formadora de macollas, con hojas dentadas y ramilletes de flores cónicas de 25–36 mm de diámetro, en distintas tonalidades de azul, púrpura y blanco. Florece entre mediados y finales del verano.
Altura: 23–30 cm
Envergadura: 30–38 cm
Suelo y situación ideal: suelo moderadamente fértil y bien drenado, a pleno sol o en sombra parcial.

Corydalis lutea
FUMARIA AMARILLA
Vivaz perennifolia, arbustiva y resistente, con hojas parecidas a las frondes

▲ *Phlox subulata «Temiskaming», una planta popular de los jardines de rocalla, da flores magentas entre mediados y finales de la primavera.*

▲ *La Saxifraga «Southside Seedling» despliega multitud de flores, cada una de ella moteada con puntos rojos, en ramilletes alargados y enarcados.*

del helecho y flores tubulares aguijonadas de color amarillo. Florece de mediados o finales de primavera a finales de otoño.
Altura: 15–20 cm
Envergadura: 25–30 cm
Suelo y situación ideal: suelo bien drenado, al sol o en sombra parcial. Crece con fuerza en los muros viejos, aunque puede tornarse invasora.

G

Gentiana acaulis
GENCIANA ALPINA
Herbácea perenne resistente que forma tapices de hojas ovaladas y brillantes, y ramilletes de flores atrompetadas, erguidas, sin tallo, de color azul y de 7,5 cm de longitud entre finales de primavera y principios de verano.
Altura: 7,5 cm
Envergadura: 38–45 cm
Suelo y situación ideal: suelo húmedo pero bien drenado, a pleno sol o en sombra parcial.

H

Helianthemum nummularium
HELIANTEMO/JARA AMARILLA
Arbusto perenne, resistente y de escasa altura, con hojitas verde brillante y panículas aplanadas. Florece de principios a mediados de verano. Existen numerosas variedades, en amarillo, rosa y rojo, y también en formas bicolores.
Altura: 10–15 cm
Envergadura: 45–60 cm

Suelo y situación ideal: suelo suelto y bien drenado, a pleno sol. Crece bien en suelos pobres.

Iberis sempervirens
CARRASPIQUE

Planta perennifolia arbustiva, expansiva y resistente, con hojas oblongas de color verde oscuro e inflorescencias blancas. Florece entre finales de primavera y principios de verano. La variedad «Little Gem» es más corta, de tan sólo 10 cm, y se esparce hasta los 23 cm.
Altura: 23 cm
Envergadura: 45–60 cm
Suelo y situación ideal: suelo bien drenado, a pleno sol. Crece con fuerza en suelos pobres.

Phlox subulata
FLOX MUSGO/ALMIZCLEÑA

Perenne de mata subarbustiva, resistente y expansiva. Forma alfombras de flores púrpuras o róseas entre mediados y finales de primavera. Existen numerosas variedades en colores que van del salmón al rosa pálido, lavanda, escarlata, rojo intenso y magenta.
Altura: 5–10 cm
Envergadura: 30–45 cm
Suelo y situación ideal: suelo moderadamente fértil, suelto, húmedo pero bien drenado, al sol o en sombras leves.

Saxifraga «Southside Seedling»

Perenne resistente con porte tapizante, hojas verde oscuro y largas espirales enarcadas de hojas blancas con motas rojas. Florece entre principios y mediados de verano.
Altura: 30 cm
Envergadura: 30–38 cm
Suelo y situación ideal: suelo bien drenado, arenoso y ligeramente calcáreo, en lugar resguardado de los vientos fríos y en la semisombra. No exponer a la luz directa del sol. Ideal para plantarla en grietas entre rocas.

Sedum acre
PAMPAJARITO

Perennifolia resistente, tapizante y algo invasora, con hojas superpuestas de color verde amarillento y flores amarillas dispuestas en inflorescencias aplastadas, de principios a mediados de verano. Los ápices de los tallos de la variedad «Aureum» (antiguamente conocida como «Variegatum») adquieren un color

amarillo brillante entre principios de primavera y principios de verano.
Altura: 5 cm
Envergadura: 45–60 cm, o más
Suelo y situación ideal: suelo húmedo pero bien drenado, a pleno sol.

árboles y arbustos

Amelanchier lamarckii
GUILLOMO DE LAMARCK

Arbusto grande, resistente y caducifolio con hojas de color verde medio que viran de matiz durante el otoño. Florece a mitad de primavera, quedando oculto bajo nubes de flores estrelladas de un blanco purísimo.
Altura: 4,5–7,5 m
Envergadura: 3,6–6 m
Suelo y situación ideal: suelo húmedo pero bien drenado, sin cal y a pleno sol o en sombras leves.

Aucuba japonica «Variegata»
ACUBA/LAUREL MANCHADO

Arbusto perennifolio resistente con copa redondeada y hojas ovaladas de color verde oscuro brillante moteadas y salpicadas de amarillo.
Altura: 1,8–3 m
Envergadura: 1,8–2,4 m
Suelo y situación ideal: suelo húmedo y bien drenado, al sol o sombras leves.

Berberis darwinii
CALAFATE

Arbusto resistente perennifolio con hojitas verdes brillantes similares a las del acebo. A finales de la primavera da flores de color amarillo intenso, a las que siguen frutos de color azulado.
Altura: 1,8–2,4 m
Envergadura: 1,8–2,4 m
Suelo y situación ideal: suelo moderadamente fértil y bien drenado, al sol.

Brachyglottis «Sunshine»
(o SENECIO «Sunshine»)

Arbusto resistente perennifolio con

hojas de color gris plateado y aterciopeladas blancas por el envés. Forma bosque. Entre principios y mediados de verano luce flores similares a las de la margarita de color amarillo vivo.
Altura: 60 cm–1,2 m
Envergadura: 90 cm–1,5 m
Suelo y situación ideal: suelo bien preparado, húmedo y bien drenado, al sol.

Buddleja alternifolia

Arbusto caducifolio resistente con hojas estrechas de color verde pálido. Entre principios y mediados de verano luce tallos de flores azul lavanda con aroma dulce que caen en cascada. Aunque lo más frecuente es verlo como arbusto, puede cultivarse como árbol de tronco alto o a todo viento.
Altura: 3–4,5 m
Envergadura: 3–4,5 m

Buddleja davidii
BUDLEIA

Arbusto resistente caducifolio célebre por sus largos tallos arqueados y sus inflorescencias plumosas de flores lilas y purpurinas aromáticas. Florece entre mediados y finales de verano, prolongándose sus flores con frecuencia hasta otoño. Existen numerosas variedades, en colores como el blanco, el violeta oscuro, el lila y el púrpura rojizo intenso.
Altura: 1,8–2,4 m
Envergadura: 1,8–2,4 m
Suelo y situación ideal: suelo fértil, húmedo pero bien drenado, preferiblemente a pleno sol.

▶ El Ceanothus «Concha», un lilo de California, luce todo su esplendor en las borduras arbustivas y mixtas.

Calluna vulgaris
BRECINA

Arbusto perennifolio frondoso, resistente y de escasa altura. Luce hojas escamadas todo el año, en colores que van del verde a tonos de naranja y rojo. De mediados de verano a principios de invierno exhibe agujas de flores sencillas o dobles blancas, rosas y púrpuras. Su altura y la amplitud de su copa difieren de un ejemplar a otro.
Altura: 7,5–60 cm
Envergadura: 13–60 cm
Suelo y situación ideal: suelo ácido, de turba y húmedo, en lugares soleados, en el exterior.

Caryopteris x *clandonensis*

Arbusto caducifolio, frondoso y resistente con hojas aromáticas de color verde grisáceo y ramilletes de flores azules. Florece de fines de verano a principios de otoño. Entre las variedades más bellas figuran la «Arthur Simmonds» (azul vivo), la «Heavenly Blue» (azul intenso) y la «Kew Blue» (azul oscuro).
Altura: 60 cm–1,2 m
Envergadura: 60–90 cm
Suelo y situación ideal: suelo friable y bien drenado, a pleno sol.

Ceanothus x *delileanus* «Gloire de Versailles»

Arbusto caducifolio resistente con porte expansivo e inflorescencias de 15–20 cm. Entre mediados de verano y otoño, en sus largos tallos se encaraman multitud de flores aromáticas de color azulado.
Altura: 1,8–2,4 m
Envergadura: 1,8–2,4 m
Suelo y situación ideal: suelo fértil, bien preparado, húmedo pero bien drenado; a resguardo de los vientos fríos y a pleno sol o en sombras leves.

Ceratostigma willmottianum

Arbusto caducifolio, de ramas menudas y semirresistente, con hojas romboidales de color verde oscuro con tonos intensos en otoño. Entre mediados y finales de verano, flores de color azul intenso componen inflorescencias terminales de hasta 2,5 cm de diámetro.
Altura: 60–90 cm
Envergadura: 60–90 cm
Suelo y situación ideal: suelo suelto y bien drenado, a pleno sol.

Chimonanthus praecox
ALICANTO DE FLOR AMARILLA

Arbusto resistente, caducifolio y frondoso, muchas veces cultivado como arbusto de pared. Entre mediados y finales del verano da flores cónicas

y aromáticas con pétalos de color amarillo pálido y centros púrpura.
Altura: 1,8–3 m
Envergadura: 2,4–3 m
Suelo y situación ideal: suelo húmedo y bien drenado. Se cultiva sobre muros cálidos orientados al sur o al oeste.

Choisya ternata
AZAHAR MEXICANO/NARANJO DE MÉXICO

Arbusto perenne ligeramente tierno cuyas hojas de color verde brillante desprenden fragancia a naranjas con el roce. Entre mediados y finales de primavera, y con frecuencia de manera intermitente hasta finales de verano, luce racimos de flores blancas similares a las del azahar y con aroma dulce. La variedad «Sundance» produce hojas de color dorado durante todo el año.
Altura: 1,5–1,8 m
Envergadura: 1,5–2,1 m

Suelo y situación ideal: suelo bien preparado, fértil y bien drenado, a resguardo de los vientos fríos.

Cornus mas
CORNEJO MACHO

Arbusto resistente, caducifolio, de ramas algo menudas. Luce racimos pequeños de flores áureas en sus ramas áfilas entre mediados de invierno y la primavera. En ocasiones da bayas rojas traslúcidas. Las hojas adquieren tonalidades rojizas y púrpuras en otoño.
Altura: 2,4–3,6 m
Envergadura: 1,8–3 m
Suelo y situación ideal: suelo húmedo y bien drenado, al sol o en sombra leve.

Cytisus x *praecox* «Warminster»
RETAMA DE MARFIL «WARMINSTER»

Arbusto caducifolio, frondoso y resistente que da flores bilabiadas de color

 ▲ *El arbusto perennifolio resistente* Berberis x darwinii *da flores amarillas en la primavera.*

blanco crema en primavera y principios de verano. La variedad «Allgold» posee flores de color amarillo verdoso.
Altura: 1,5–1,8 m
Envergadura: 1,5–1,8 m
Suelo y situación ideal: suelo bien drenado y no demasiado fértil, al sol.

E

Elaeagnus pungens «Maculata»

Arbusto resistente, perenne y redondeado con hojas coriáceas, ovaladas y de color verde brillante salpicadas con manchas doradas. Da flores aromáticas

de color blanco plateado en el otoño.
Altura: 1,8–3,6 m
Envergadura: 1,8–3 m
Suelo y situación ideal: suelo fértil y bien preparado, al sol o en sombra leve. Tolera el rocío de las zonas costeras.

Erica carnea
BREZO DE INVIERNO
Arbusto perenne postrado o de escasa altura y resistente, con inflorescencias terminales de flores blancas, rosas, rojas o púrpuras. Florece entre finales de otoño y finales de primavera.
Altura: 5–30 cm
Envergadura: 15–60 cm
Suelo y situación ideal: suelo de turba, ácido y húmedo, a pleno sol.

Euonymus fortunei «Emerald 'n' Gold»
BONETERO/EVÓNIMO
Arbusto resistente, frondoso, perennifolio y densamente poblado, con hojas

variegadas en tono dorado brillante que adquieren matices rosáceos y bronceados en invierno. Existen numerosas variedades, entre las que destacan la «Emerald Gaiety» (blanco crema y verde) y la «Golden Prince» (con ápices dorados en las hojas jóvenes).
Altura: 30–45 cm
Envergadura: 45–60 cm
Suelo y situación ideal: suelo normal, a pleno sol.

Forsythia × intermedia
FORSITIA
Arbusto resistente y caducifolio que entre principios y mediados de primavera da infinidad de flores acampanadas de color amarillo dorado. Existen variedades magníficas, como la «Lynwood» (flores grandes amarillas) y la «Spectabilis» (amarilla).

Altura: 1,8–2,4 m
Envergadura: 1,5–2,1 m
Suelo y situación ideal: suelo bien preparado, fértil y húmedo, a pleno sol o en la sombra leve.

Fuchsia magellanica
CHILCO
Arbusto ligeramente tierno, caducifolio y frondoso, con porte expansivo y caedizo. Da flores de color carmesí y púrpura de hasta 5 cm de longitud entre mediados de verano y otoño.
Altura: 1,2–1,5 m
Envergadura: 60 cm–1,2 m
Suelo y situación ideal: suelo fértil y húmedo, al sol. Ideal para zonas costeras.

Genista aetnensis
RETAMA DEL MONTE ETNA
Arbusto resistente y caducifolio, de

porte péndulo y ramas juncosas rematadas por inflorescencias terminales de flores áureas. Florece entre mediados y finales de verano.
Altura: 4,5–6 m
Envergadura: 4,5–5,4 m
Suelo y situación ideal: suelo suelto, bien drenado y tirando a pobre, al sol.

Hamamelis mollis
LENTISCO
Arbusto o árbol pequeño resistente y caducifolio. Sus flores con forma de araña, de color amarillo dorado y aroma dulce, forman inflorescencias en las ramas áfilas a principios y mediados de invierno. Las hojas adquieren tonalidades intensas en otoño.
Altura: 1,8–3 m
Envergadura: 2,1–3 m
Suelo y situación ideal: suelo franco o ligeramente ácido, húmedo pero bien drenado, al sol o en sombras leves.

Helichrysum serotinum
MANZANILLA YESQUERA
Arbusto ligeramente tierno y caducifolio con hojas aciculares que despiden una fragancia especiada al rozarse. Entre principios y mediados de verano presenta cabezuelas de flores de color amarillo mostaza.
Altura: 30–38 cm
Envergadura: 38–50 cm
Suelo y situación ideal: suelo suelto, moderadamente pobre y bien drenado, a pleno sol. Evítense suelos fríos, fuertes y mal drenados.

Hibiscus syriacus
ROSA DE SIRIA
Arbusto caducifolio resistente con porte ramificado que da flores atrompetadas de 7,5 cm de diámetro y en una amplia gama de colores entre mediados de verano y principios de otoño. Hay variedades en color violáceo, blanco con centros rojos, y rosa rojizo.
Altura: 1,8–3 m
Envergadura: 1,2–1,8 m
Suelo y situación ideal: suelo fértil y húmedo, pero bien drenado, a pleno sol o en la sombra leve.

Hydrangea arborescens
HIDRANGEA
Arbusto caducifolio resistente con flores de color blanco mate dispuestas en

◄ *El cerezo ornamental en flor luce todo su esplendor en primavera. Para realzar su belleza, plante narcisos dorados al pie del árbol.*

La forsitia florece en primavera y luce junto a los narcisos atrompetados. Es uno de los arbustos que requiere menos cuidados.

panículas aplanadas de hasta 15 cm de diámetro entre mediados y finales de verano. En las zonas suaves, su floración se prolonga hasta principios de otoño. La variedad «Grandiflora» produce inflorescencias de mayor tamaño.
Altura: 1,2–1,8 m
Envergadura: 1,2–1,8 m
Suelo y situación ideal: suelo fértil y húmedo, al sol o en la sombra leve.

Hydrangea macrophylla
HORTENSIA
Arbusto resistente caducifolio de forma redondeada. Existen dos tipos: las *Lacecaps,* de panículas aplanadas de 10–15 cm de diámetro, y las *Hortensias,* de grandes corimbos de 13–20 cm de diámetro. Ambas florecen entre mediados de verano y principios de otoño.
Altura: 1,2–1,8 m
Envergadura: 1,2–1,8 m
Suelo y situación ideal: suelo fértil, ligeramente ácido, húmedo y con luz veteada. El suelo ácido garantiza que las variedades azuladas conserven el color. El sulfato de aluminio reduce la influencia de los suelos alcalinos.

Hypericum «Hidcote»
HIPÉRICO
Arbusto resistente perenne o semiperenne, con hojas de color verde oscuro y flores redondeadas, cerosas, rubiales y de hasta 7,5 cm. Florece entre mediados de verano y otoño.
Altura: 90 cm–1,5 m
Envergadura: 1,5–2,1 m
Suelo y situación ideal: suelo fértil, húmedo pero bien drenado, al sol. Evítense los suelos secos y las sombras totales.

Kerria japonica «Peniflora»
Arbusto caducifolio, resistente y muy popular, con tallos largos y esbeltos, hojas dentadas de color verde brillante y flores dobles de color amarillo anaranjado de 5 cm de diámetro. Florece entre finales de primavera y principios de verano.
Altura: 1,8–2,4 m
Envergadura: 1,8–2,1 m
Suelo y situación ideal: suelo moderadamente fértil, friable, húmedo pero bien drenado, a pleno sol o en sombras parciales.

Kolkwitzia amabilis
KOLKWITZIA
Arbusto caducifolio, resistente y ramificado cuyas ramas enarcadas soportan flores rosas similares a las de la dedalera, con cuellos amarillos. Florece a principios de verano. La variedad «Pink Cloud» produce flores de color rosa oscuro vivo.
Altura: 1,8–3 m
Envergadura: 1,5–2,4 m
Suelo y situación ideal: suelo húmedo y bien drenado, al sol o en sombra leve.

Laburnum × watereri «Vossii»
LABURNO HÍBRIDO
Árbol resistente y caducifolio, que da flores áureas aromáticas desarrolladas en racimos esbeltos y caedizos de hasta 60 cm de largo a principios de verano.
Altura: 3–4,5 m
Envergadura: 3–3,6 m
Suelo y situación ideal: suelo húmedo y bien drenado, al sol o en sombra leve.

Lavatera «Rosea»
MALVAVISCO
Arbusto resistente, vigoroso, de tallos tiernos y ramificado con hojas lobuladas glaucas y grupos de flores de color rosa y de unos 8 cm de diámetro dispuestos a lo largo del tallo. Florece

entre mediados de verano y otoño.
Altura: 1,5–2,1 m
Envergadura: 1,8–2,4 m
Suelo y situación ideal: suelo suelto, húmedo y bien drenado, al sol. Crece bien en lugares cálidos y resguardados.

Magnolia stellata
MAGNOLIO ESTRELLADO
Arbusto resistente y caducifolio, de crecimiento lento, con hojas lanceoladas y flores estrelladas, blancas y aromáticas de hasta 10 cm de diámetro. Florece de principios a mediados de primavera. La variedad «Rosea» produce flores rosas.
Altura: 2,4–3 m
Envergadura: 2,4–3 m
Suelo y situación ideal: suelo bien preparado, moderadamente fértil, húmedo pero bien drenado, a pleno sol y a resguardo de los vientos fríos.

Mahonia × media «Charity»
Arbusto resistente, perennifolio y característico, con hojas coriáceas espinosas y haces derechos y alargados de flores aromáticas de color amarillo limón. Florece entre principios y finales de invierno.
Altura: 1,8–2,4 m
Envergadura: 1,5–2,1 m

Suelo y situación ideal: suelo con contenido en turba, ligeramente ácido y húmedo pero bien drenado, en sombras leves.

P

Philadelphus (híbridos)
CELINDO
Amplia gama de arbustos resistentes, caducifolios y con porte péndulo. Dan flores simples o dobles, de aroma dulce, entre principios y mediados de verano. Entre los híbridos se cuentan el «Avalanche» y el «Virginal».
Altura: 90 cm–3 m
Envergadura: 90 cm–3,6 m
Suelo y situación ideal: suelo bien preparado, fértil y húmedo, bien drenado, a pleno sol o en sombra leve.

Potentilla fruticosa
POTENTILLA ARBUSTIVA
Arbusto resistente, caducifolio y frondoso, mas compacto, con ramilletes de flores ranunculáceas de color amarillo, cada una de 2,5 cm de diámetro. Su floración se produce entre principios y finales del verano, y a veces se prolonga hasta otoño. Existen algunos híbridos bellísimos, como el «Red Ace» (rojo encendido), el «Elizabeth» (amarillo claro), el «Sunset» (naranja o rojo ladrillo) y el «Tangerine» (naranja).

◀ La Weigela es *ideal para jar-*
dines pequeños, donde crea bellos
despliegues de flor entre fines de
primavera y principios de verano.

amarillo dorado y con aroma a miel. Florece en primavera y conserva la flor hasta principios del verano. A menudo florece de forma esporádica hasta la primavera siguiente.
Altura: 1,5–2,1 m
Envergadura: 1,5–2,1 m
Suelo y situación ideal: suelo pobre y bien drenado, a pleno sol.

Viburnum opulus «Sterile»
MUNDILLO
Arbusto frondoso, resistente y caducifolio con flores blancas dispuestas en grandes corimbos redondeados. Florece a principios de verano.
Altura: 2,4–3,6 m
Envergadura: 2,4–3,6 m
Suelo y situación ideal: suelo fértil, bien preparado y húmedo pero bien drenado, a pleno sol.

Viburnum tinus
DURILLO
Arbusto resistente, de copa densa y perenne, con hojas de color verde oscuro y flores blancas, de capullo rosa, dispuestas en racimos de 10 cm de diámetro. Florece entre principios de verano y fines de primavera. Entre las variedades más bellas destaca la «Eve Price», con capullos de color carmín y flores de color blanco róseo.
Altura: 2,1–2,7 m
Envergadura: 1,5–2,1 m
Suelo y situación ideal: suelo fértil, bien preparado, húmedo pero bien drenado, a pleno sol.

Weigela (híbridos)
WEIGELA/VEIGELIA
Arbusto resistente, caducifolio, con ramas enarcadas decoradas con racimos de flores de aproximadamente 2,5 cm de longitud. Florece a finales de la primavera y principios del verano. Entre los híbridos se cuentan la «Abel Carrière» (rosa pálido), la «Bristol Ruby» (rojo rubí) y la «Newport Red» (rojo vivo).
Altura: 1,5–1,8 m
Envergadura: 1,5–2,4 m
Suelo y situación ideal: suelo fértil, húmedo pero bien drenado, a pleno sol o en sombras leves.

Altura: 1–1,2 m
Envergadura: 1–1,2 m
Suelo y situación ideal: suelo suelto, húmedo pero bien drenado, a pleno sol.

Prunus «Accolade»
Cerezo ornamental, resistente, caducifolio y aparrado, con flores de color rosa oscuro, semidobles y con iridiscencias róseas dispuestas en ramilletes caedizos. Florece entre principios y mediados de primavera.
Altura: 4,5–6 m
Envergadura: 4,5–7,5 m
Suelo y situación ideal: suelo ligeramente calcáreo y húmedo pero bien drenado, a pleno sol.

Prunus subhirtella «Pendula»
CEREZO LLORÓN
Arbusto resistente, caducifolio, expansivo y llorón cuyas ramas se abarrotan de florecillas de un blanco róseo durante la primavera. Resplandece junto a narcisos amarillos de flor atrompetada.
Altura: 3,6–3,5 m
Envergadura: 3,6–6 m
Suelo y situación ideal: suelo algo

calcáreo y húmedo pero bien drenado, a pleno sol.

Rhododendron luteum
Arbusto resistente, caducifolio y de tallos erguidos, con flores aromáticas de color amarillo vivo dispuestas en ramos redondeados sobre ramas áfilas. Florece entre mediados y finales de primavera. Las hojas adquieren tonos intensos de púrpura, carmesí y amarillo en el otoño.
Altura: 1,8–3 m
Envergadura: 1,5–2,1 m
Suelo y situación ideal: suelo suelto, fértil, ligeramente ácido y húmedo, en lugares con luz veteada.

Salvia officinalis «Icterina»
SALVIA
Arbusto perenne ligeramente tierno y relativamente efímero, con hojas doradas y verdes. En las zonas frías suele ser semiperenne. Existen variedades muy

bellas, como la «Purpurascens» (con tintes purpúreos) y la «Tricolor» (hojas con tintes purpúreos y róseos manchadas de blanco crema).
Altura: 45–60 cm
Envergadura: 45 cm
Suelo y situación ideal: suelo bien drenado y cálido, en un lugar protegido y a pleno sol.

Spiraea × arguta
ESPIREA
Arbusto ramificado, resistente y caducifolio. Luce inflorescencias de color blanco puro entre mediados y finales de primavera. Las hojas verdes crean un fondo espectacular para las flores.
Altura: 1,8–2,4 m
Envergadura: 1,5–2,1 m
Suelo y situación ideal: suelo bien preparado, fértil, húmedo y bien drenado, a pleno sol.

Ulex europaeus «Flore Pleno»
TOJO
Arbusto resistente, perennifolio y espinoso con flores bilabiales, de color

trepadoras y arbustos de pared

 C

Ceanothus thyrsiflorus repens
LILO DE CALIFORNIA

Arbusto resistente y perennifolio con abundantes florecillas de color azul claro dispuestas en racimos de 7,5 cm de largo. Florece entre finales de primavera y principios de verano. Es uno de los lilos de California más resistentes.
Altura: 1,2–1,5 m
Envergadura: 1,5–1,8 m
Suelo y situación ideal: suelo franco o levemente ácido, bien drenado, suelto y resguardado de vientos fríos, al sol. Ideal para cultivar bajo una ventana.

Clematis montana
CLEMÁTIDE MONTANA

Trepadora resistente, vigorosa y caducifolia con flores de color blanco impoluto de 5 cm de diámetro. Florece entre finales de primavera y principios de verano. Entre los cultivares más bellos se cuentan: «Elizabeth» (rosa claro y aromática), «Alexander» (blanco crema y aromática) y «Rubens» (flores róseas, ligeramente aromáticas y hojas de color púrpura cobrizo).
Altura: 5,4–7,5 m, o más
Envergadura: 5,4–7,5 m, o más
Suelo y situación ideal: suelo fértil, franco o levemente alcalino, húmedo pero bien drenado, al sol. Debe entutorarse. También se enlaza a los árboles.

Clematis (híbridos de flor grande)

Trepadoras resistentes caracterizadas por sus grandes flores, de 13–15 cm de diámetro. Florece en verano, aunque el período de floración varía en función de la variedad. Existe en un amplio espectro de colores.
Altura: 1,2–4,5 m
Envergadura: 1,5–2,4 m
Suelo y situación ideal: suelo fértil, de franco a levemente alcalino, húmedo pero bien drenado, a pleno sol. Debe entutorarse con varas o un espaldar.

 F

Fremontodendron californicum

Arbusto de pared ligeramente tierno, caducifolio o semicaducifolio con hojas de tres lóbulos, aterciopeladas y de color verde mate. Durante el verano y a principios de otoño aparecen flores acampanadas de color amarillo dorado y 5 cm de diámetro. La «California Glory» es una forma de floración libre.
Altura: 1,8–3 m
Envergadura: 1,8–3 m
Suelo y situación ideal: suelo suelto, húmedo pero bien drenado, en un lugar cálido y resguardado, a pleno sol. Debe entutorarse en un espaldar o con alambres de sujeción.

 H

Hedera colchica «Dentata Variegata»
HIEDRA VARIEGADA

Trepadora resistente, vigorosa y perennifolia, con hojas gruesas, coriáceas, de color verde vivo y con bordes y manchas en tonos blanco crema y verde pálido. Las hojas llegan a medir 20 cm de longitud.
Altura: 6–7,5 m
Envergadura: 6–7,5 m
Suelo y situación ideal: suelo húmedo pero bien drenado, a pleno sol o con luz veteada. Tiene costumbre de abrazarse a sí misma.

Hedera colchica «Sulphur Heart»
HIEDRA VARIEGADA

Trepadora resistente, vigorosa y perennifolia, con hojas gruesas, coriáceas, de color verde oscuro, con rayas irregulares en amarillo intenso. Al envejecer, las hojas se ensanchan y el color amarillo pierde intensidad.
Altura: 5,4–6 m
Envergadura: 5,4–6 m
Suelo y situación ideal: suelo húmedo pero bien drenado, a pleno sol o con luz veteada. Tiene costumbre de abrazarse a sí misma.

Hedera helix «Goldheart»

Trepadora resistente y perennifolia con hojitas verdes brillantes repletas de manchas amarillas.
Altura: 3,6–5 m
Envergadura: 3,6–5 m
Suelo y situación ideal: suelo húmedo pero bien drenado, a pleno sol o con luz veteada. Tiene costumbre de abrazarse a sí misma.

Humulus lupulus «Aureus»
LÚPULO

Trepadora herbácea resistente y de crecimiento rápido, con porte de liana y tallos recubiertos de hojas de color amarillo intenso, de entre tres y cinco lóbulos, y dentadas. En otoño, la parte aérea muere y rebrota en primavera.
Altura: 1,8–3 m
Envergadura: 1,8–2,4 m
Suelo y situación ideal: suelo fértil, húmedo pero bien drenado, a pleno sol. Necesita una estructura a la que enlazarse.

 J

Jasminum nudiflorum
JAZMÍN DE INVIERNO

Arbusto de pared resistente, caducifolio con porte péndulo y tallos flexibles decorados con flores de color amarillo vivo y de unos 2,5 cm de diámetro. Florece entre finales de invierno y principios de primavera.
Altura: 1,2–1,8 m
Envergadura: 1,8–2,4 m
Suelo y situación ideal: suelo suelto y bien drenado, en un muro orientado al norte. Necesita de una estructura a la que sus ramas puedan enlazarse.

 L

Lonicera periclymenum
MADRESELVA

Trepadora resistente y caducifolia de porte enroscado y con tallos enmarañados. Existen dos formas principales: la «Belgica» (madreselva holandesa precoz), que da flores rojizas, purpurinas y amarillas a principios de verano, y la «Serotina» (madreselva holandesa tardía), que da flores rojizas, purpúreas, blancas y cremosas a finales de verano y principios de otoño.
Altura: 4,5–5,4 m
Envergadura: 4,5–5,4 m
Suelo y situación ideal: suelo suelto moderadamente fértil, húmedo pero bien drenado. Necesita entutorado.

 W

Wisteria floribunda
GLICINA

Trepadora resistente, vigorosa y caducifolia con hojas compuestas por 12–19 folíolos. Durante finales de primavera y comienzos de verano produce grandes racimos caedizos de flores aromáticas de color azul violáceo. Existe también una forma blanca.
Altura: 7,5–9 m
Envergadura: 6–7,5 m
Suelo y situación ideal: suelo fértil, húmedo pero bien drenado, a pleno sol. Puede plantarse para cubrir una pérgola o un cenador.

▲ *La* Lonicera *periclymenun «Serotina» (madreselva holandesa tardía) es una trepadora de porte relajado y con profusión de flores.*

plagas y enfermedades

Las plantas tiernas de los jardines e invernaderos constituyen suculentos alimentos para las plagas y son un caldo de cultivo ideal para que aparezcan enfermedades. Las principales afectadas son las plantas de hojas tiernas, como las anuales resistentes y tiernas y las herbáceas perennes. Otros grupos de hortalizas similares, como los repollos y las judías, también corren riesgos. El objetivo de los insectos es alimentarse y reproducirse, cosa que hacen con fervor cuando se dan las condiciones óptimas.

¿Por qué es necesario acabar con los insectos?

Si no lo hace, las plantas se afean y las cosechas de hortalizas y frutas se ven mermadas. Los insectos chupadores como los áfidos producen manchas en las hojas y flores, además de inyectar en las plantas saliva a través de la cual propagan los virus de planta en

TRUCO PARA EL CAMPO

❀ Esparza corteza de tojo *Ulex europaeus* en las zanjas de los guisantes recién sembrados para que los ratones no se coman las semillas.
❀ Los topos son un problema porque cavan toperas y se comen los gusanos, pero no conviene acabar con ellos porque también se nutren de plagas como los orovios, las doradillas y los ciempiés. Para disuadirlos, introduzca lascas de pizarra en los túneles y ponga molinetes de niños en las toperas. O también ponga saúco o plante *Helleborus foetidus* (eléboro fétido), ajo o *Euphorbia lathyris* (tártago) en las proximidades.

planta. Peor aún, los áfidos excretan una sustancia conocida como melazo que atrae a las hormigas y a la fumagina o negrilla.

Para erradicar las plagas y prevenir futuras infecciones pueden aplicarse diversos métodos. Una opción sencilla consiste en fumigar las plantas con productos químicos. Algunas sustancias, por ejemplo, las clasificadas como sistémicas, convierten las plantas en tóxicas para los insectos durante un período determinado, en función de la cosecha concreta y de la época del año. No obstante, muchos jardineros prefieren aplicar métodos naturales.

Métodos naturales para controlar los insectos y las enfermedades

• Para atraer a los caracoles y las babosas, mezcle un poco de cerveza y azúcar en platos llanos. Deshágase de los moluscos a la mañana siguiente.
• Atrape a las tijeretas en tarros invertidos rellenos de paja y colocados aguantados con un palito en el jardín. Deshágase de las tijeretas por la mañana.
• Retirar las flores marchitas disminuye el riesgo de propagación de enfermedades.
• Pince los ápices jóvenes de las judías para evitar que las infecte el pulgón negro.
• Con ayuda de la azada elimine las malas hierbas que broten entre las plantas. Si las deja crecer, se incrementará el riesgo de que aparezcan plagas y enfermedades. Las malas hierbas en rincones olvidados también deben escardarse. No obstante, si desea atraer a

las mariposas y a las palomillas a visitar su jardín, no escarde las malas hierbas, ya que proporcionan alimento y hogar a muchos insectos.
• Dé una labor profunda al terreno a principios de verano y deje la superficie sin alisar. Las heladas y los pájaros acabarán con los gusanillos y muchas otras plagas del suelo.
• Proporcione una nutrición equilibrada a las plantas para conservarlas sanas y resistentes a las enfermedades. El exceso de nitrógeno las hace susceptibles a enfermar.
• Entresaque las plántulas jóvenes cuando pueda manejarlas para evitar la propagación de las enfermedades. Deposite las plántulas más débiles en una pila de compostaje.
• Utilice tiras de tela de saco o cartón corrugado en la primavera para atrapar a los gusanos de los manzanos y perales y a las lagartas peludas o limantrias cuando descienden por los troncos de los árboles frutales. Arranque las orugas con la mano y deshágase de ellas.
• Cultive variedades de hortalizas resistentes a las enfermedades.
• Aliente a los insectos que se alimentan de las plagas a acudir a su jardín. Por ejemplo, las mariquitas (adultas y en larva) comen áfidos, cochinillas, chinches harinosas y trípidos con voracidad. Las larvas de los crisópidos también se alimentan de áfidos. Los zabros habitan en la tierra y se nutren de las larvas y los huevos de las plagas, mientras que los escarabajos peloteros, que también habitan en el suelo, se suelen alimentar de orugas de la col.

Manejo de productos químicos

Las sustancias químicas para el jardín deben manejarse con sumo cuidado. Un uso incorrecto puede ocasionar daños al usuario. Para un uso apropiado, siga los consejos siguientes:

• Antes de usar un producto químico, lea atentamente las instrucciones.

• No utilice sustancias químicas de botellas o recipientes sin etiquetar. Despréndase de ellas según la normativa (*véase* derecha). Nunca traspase las sustancias químicas de su recipiente original a uno distinto.

• Lea y siga las instrucciones del recipiente. El uso de sustancias químicas en concentraciones demasiado elevadas puede debilitar las plantas, mientras que un uso insuficiente puede resultar ineficaz.

• Guarde los productos químicos del jardín en un armario cerrado alejado de los niños.

• Verifique que el producto no pueda dañar la planta. Helechos, palmeras y cactos son muy sensibles a ciertas sustancias químicas.

• Antes de rociar las hortalizas, consulte el tiempo recomendado que debe transcurrir entre la aplicación y la recolecta.

• No utilice aerosoles químicos en el interior de su hogar si tiene pájaros, peces u otros animales domésticos.

• No permita que sus animales domésticos coman o laman plantas rociadas con productos químicos, ya que algunos poseen efectos residuales durante semanas.

• No utilice el mismo equipamiento para pulverizar los pesticidas y los herbicidas.

• Limpie bien todo el equipamiento de fumigación tras su uso.

• Lávese las manos tras utilizar sustancias químicas y, cuando así se recomiende, protéjase con guantes y mascarillas.

• En caso de accidente con un producto químico, lleve consigo el producto a la consulta del médico para facilitar el diagnóstico.

Seguridad de mascotas y fauna

Al utilizar productos químicos tome todas las precauciones posibles para evitar perjudicar a sus animales y a la fauna.

• Al mezclar o aplicar sustancias químicas, encierre a sus mascotas en el interior de casa.

ELIMINACIÓN DE LAS SUSTANCIAS QUÍMICAS DE JARDÍN

Siempre llega ese momento en el que uno tiene una estantería del cobertizo llena de productos químicos de jardín que ya no utiliza. No los vierta en un sumidero, entierre en el jardín ni los tire a la basura, por ejemplo, camuflados dentro de otro paquete. Consulte con la autoridad de eliminación de residuos de su zona para averiguar dónde depositarlos, sobre todo si en el paquete se especifica que la sustancia química es peligrosa, oxidante o irritante. Si ha perdido el paquete, consulte con la autoridad indicada.

• Fumigue el jardín a última hora del día, cuando apenas quedan insectos beneficiosos volando. No fumigue las flores abiertas, ya que atraen a los insectos beneficiosos.

• No fumigue las plantas si hace viento.

• No utilice sustancias químicas cerca de estanques, abrevaderos, arroyos o canales.

• No fumigue cerca de los estanques, ya que podría envenenar a ranas, sapos o tritones.

• Coloque las trampas para babosas bajo lascas inaccesibles para otros animales.

listado ilustrado de plagas y enfermedades

ÁFIDOS: atacan las plantas en verano. Succionan la savia, provocan manchas en las hojas y las deforman. Aplique un insecticida específico con regularidad.

ANTRACNOSIS: afección de las judías. Provoca puntos negros en las vainas, hojas y tallos. Rocíe un funguicida y no toque las hojas mientras estén mojadas.

ARAÑUELA ROJA: succiona las hojas, ocasionando la aparición de manchas y forma telarañas. Se trata, sobre todo, de una plaga de invernadero. Rocíe las plantas con un jabón insecticida.

BABOSAS: suponen un problema en los climas cálidos y lluviosos. Mordisquean todas las partes de las plantas y por lo común se alimentan de noche. Utilice una trampa para babosas.

BOTRITIS (moho gris): moho gris y esponjoso que recubre las flores, tallos y hojas. Aparece en condiciones de frío, humedad y mala aireación. Entresaque las plantas y fumíguelas.

CARACOLES: como las babosas, se desarrollan en climas cálidos y lluviosos, mordisquean las plantas y causan graves destrozos. Arránquelos de las plantas con la mano o utilice una trampa para caracoles.

Áfidos

Mancha negra

Botritis

Mosca de la col

Mosca de la zanahoria

Gorgojo de la zanahoria

Hernia

Larva de escarabajo japonés

Oruga podadera

Pulguilla

Chinche harinosa

CHINCHE HARINOSA: aparece en los tallos, hojas y ramas de las masas blancas del algodón. Succionan la savia y deforman las plantas. Limpie las infestaciones pequeñas con hisopos de algodón mojados en alcohol isopropilo.

CIGARRERO: hace que las hojas se enrollen a lo largo, encerrando en su interior una larva gris verdosa. Retire y queme las hojas infectadas y prevenga mayores daños con un insecticida.

COCHINILLA BLANCA DEL ROSAL: suele verse en los rosales viejos y poco cuidados, que quedan escamados. Limpie las colonias con alcohol isopropilo y utilice un insecticida sistémico.

COCHINILLAS: forman discos cerosos de color marrón bajo los cuales nacen nuevos insectos. Succionan la savia. Destruya las plantas gravemente afectadas o use un insecticida sistémico.

CRIOCERO DEL ESPÁRRAGO (escarabajo con el cuerpo negro y manchas cuadradas naranjas): mordisquean las hojas de los espárragos. Rocíelos con insecticida en cuanto los detecte y deshágase de ellos.

ENFERMEDAD DEGENERATIVA: hace que los brotes retrocedan y mueran. Entre las causas se cuentan el cancro, las heladas y el exceso de agua. Corte y queme las partes infectadas.

GATOS: suelen escarbar el suelo suelto bien drenado, desplazando las semillas recién plantadas y las plantas ya arraigadas. Espolvoree el suelo con pimienta. Proteja las plantas de los jardines de rocalla con un mantillo de gravilla.

GORGOJO DE LA VID: larvas pequeñas y blancas que mordisquean las raíces hasta que las plantas se mustian y mueren. Inspeccione la tierra si una planta enmacetada se marchita de repente. Aplique un insecticida.

GORGOJO DE LA ZANAHORIA: las larvas defolian las puntas de las zanahorias y los apios antes de abrirse camino por medio de túneles hasta la cosecha. Tan pronto detecte los síntomas, rocíelas con insecticida. Retire las hojas infectadas.

GORGOJOS: son similares a los escarabajos, a menudo con el hocico alargado o dividido. Tienen larvas sin patas que, junto con los adultos, mordisquean las raíces, tallos y hojas de los árboles y arbustos frutales. Espolvoree o rocíe las plantas con un insecticida.

HERNIA: ataca los repollos y las plantas relacionadas. Deforma las raíces y las plantas mueren. Al trasplantar las plántulas, trátelas con un fungicida. Es una enfermedad propia de suelos ácidos.

HORMIGAS: las alientan los áfidos y, en ocasiones, se convierten en una plaga en los jardines de rocalla, donde ahuecan el suelo de alrededor de las raíces. Espolvoree el suelo con un insecticida.

LARVAS DE ESCARABAJO JAPONÉS: viven en el suelo y se alimentan de las raíces. Posteriormente, se convierten en crisálidas y surgen los escarabajos. Retire las larvas y destrúyalas. Dé una cava profunda al suelo en invierno.

MALACOSOMAS: construyen redes sedosas en las ramas de los árboles frutales y ornamentales donde descansan durante el día, mientras por la noche devoran hojas con voracidad. Aunque son antiestéticas, no causan daños permanentes. Retire las redes manualmente y rocíe o atrape las larvas aplicando una sustancia pegajosa al tronco de los árboles.

MANCHAS NEGRAS: hongo que afecta a las rosas, provocando la aparición de manchas negras en sus hojas. Rocíelas con un fungicida varias veces. Retire y queme las hojas infectadas que hayan caído.

MOSCA BLANCA: pequeño insecto similar a la palomilla que infesta las plantas de los invernaderos y jardines de invierno. Succiona la savia, haciendo que las hojas y las flores se amarilleen. Aplique un insecticida.

MOSCA DE LA COL: cavan túneles en las raíces y tallos de las coles recién trasplantadas, haciendo que se amarilleen y crezcan raquíticas. Proteja las plántulas con láminas de plástico flotantes.

MOSCA DE LA ZANAHORIA: produce gusanillos de color crema que devastan las zanahorias, las chirivías y el apio. Rastrille la tierra y mézclela con un insecticida antes de sembrar semillas.

MOSCA DE LOS BULBOS: produce gusanillos blancos que horadan los bulbos. Las hojas se amarillean y marchitan. Retire y queme los bulbos gravemente afectados. Emplee insecticidas antes de la siembra.

MOSCA DE SIERRA: desfigura las hojas al comerse el tejido tierno entre las venas. Estas larvas peludas y viscosas suelen alimentarse por la noche, mordiendo el envés de las hojas. Rocíelas con un insecticida.

NEGRILLA: hongo que crece en el melazo excretado por los áfidos. Ennegrece las hojas y los tallos. Pulverice las plantas con regularidad para acabar con los áfidos.

OÍDIO O MILDÍU: forma una capa blanca y polvorienta sobre las hojas, flores y tallos. Aparece debido a la falta de aireación de las plantas y a los suelos secos. Mantenga la tierra húmeda y las hojas secas, y emplee un fungicida.

OROVIOS O DORADILLAS: son las larvas de los agriotes o gusanos de alambre que habitan en el suelo. Mordisquean las raíces y matan las plantas. Los orovios constituyen un problema importante en los céspedes recién cavados. Utilice un insecticida.

ORUGA PODADERA: larvas de ciertas orugas que viven en la capa arable. Mordisquean las bases de los tallos hasta que las plantas caen. Espolvoree el suelo con un insecticida y escarde las malas hierbas. Cave el suelo en invierno.

ORUGAS: son las larvas de las mariposas y de las palomillas. Destrúyalas. Aplique insecticidas y retire y queme las plantas seriamente afectadas.

PÁJAROS: escarban la tierra, se comen las semillas recién plantadas y picotean las flores. Coloque cañas en las líneas de siembra o extienda un hilo negro a modo de red sobre la superficie.

PIE NEGRO: enfermedad que afecta a los esquejes, sobre todo a los de los geranios. Las bases de los tallos se

ennegrecen y reblandecen. La provoca el suelo frío, mojado, compactado y no aireado.

PODREDUMBRE DE LAS PLÁNTULAS: hace que las plántulas se desplomen y mueran. Aparece como consecuencia de temperaturas excesivamente altas, una plantación demasiado abigarrada o un suelo muy húmedo.

PULGÓN: plaga de las zonas cálidas, donde rasgan las raíces, haciendo que las plantas se decoloren y marchiten. Empape el suelo con insecticida.

PULGUILLAS: agujerean las hojas de los nabos y otras plantas relacionadas y pueden llegar a matar a las plantas jóvenes. Su ataque suele ser más feroz en las estaciones secas. Riegue bien las plantas y espolvoréelas con un insecticida.

PUTREFACCIÓN DE LAS RAÍCES: aparece en suelos fríos y anegados. Las plantas de los jardines de rocalla, que requieren suelos bien drenados, son particularmente susceptibles. Are la tierra y mézclela con arena.

RATONES: suelen escarbar para acceder a los bulbos en invierno, en busca de comida. Cubra los bulbos con una malla de alambre clavada al suelo. Los ratones también pueden infectar las reservas de bulbos en verano.

ROYA: supone un problema sobre todo para la *Althaea* (malva). Es difícil de controlar y la mejor prevención es arrancar y quemar las plantas infectadas.

ROYA DE LA MENTA: ataca la menta. Aparecen pústulas naranjas en los enveses de las hojas. Es difícil de erradicar. Pulverice las plantas regularmente.

SALTAHOJAS: hacen que aparezcan motas pálidas en las hojas. Las hojas se deforman y pueden llegar a desprenderse si el ataque es fuerte. Pulverice las plantas con un insecticida sistémico.

SARNA DE LA PATATA: produce zonas postillosas y deformadas en la piel de las patatas. Sólo afecta a la piel, por lo que la patata puede cocinarse y comerse. No añada cal al suelo.

TIJERETAS: mordisquean las flores, los tallos tiernos y las hojas, sobre todo por la noche. Retírelas de las plantas y deshágase de ellas o atrápelas en tarros llenos de paja colocados boca abajo apoyados sobre cañas. Fumíguelas.

TOPOS: pueden ser un problema, sobre todo en los jardines de rocalla, donde no es posible apartar las plantas de sus túneles, y en los céspedes, donde cavan toperas. No utilice trampas metálicas.

TORTUGUILLA DE LAS CUCURBITÁCEAS: se propaga rápidamente en los huertos. Cubra las plántulas con láminas de plástico para impedir que los escarabajos se alimenten de los plantones jóvenes.

TRÍPIDOS: son mosquitas que vuelan o saltan de hoja en hoja, haciendo que aparezcan en éstas rayas plateadas. Las flores se deforman. Su ataque es más feroz en condiciones de sequedad. Rocíelos con un insecticida.

VIRUS: atacan a muchas plantas, reduciendo su vigor y ocasionando la aparición de motas en las hojas y los tallos. No suelen matar a las plantas. Los transmiten los insectos succionadores de savia.

Mosca de los bulbos

Sarna de la patata

Cochinilla blanca del rosal

Roya

Cochinillas

Trípidos

Gorgojo de la vid

Moscas blancas

Orovios

Ortiga mayor

Cerastio

Cenizo

Hierba cana

Zurrón de pastor

Celidonia menor

Corregüela silvestre

Tusilago

prevención y erradicación de malas hierbas

La prevención y erradicación de malas hierbas son labores ineludibles en todo jardín. Existen pocos jardines en los que no broten hierbajos en los parterres, huertos o en las bases de los setos. Además de ser antiestéticas, las malas hierbas se disputan con el resto de plantas del jardín la humedad, los alimentos, la luz y el espacio, aparte de alentar la presencia de plagas y enfermedades. Los cardos son huéspedes de los saltahojas y gorgojos, mientras que las orugas podaderas y otras plagas buscan en las malas hierbas protección para la estación invernal.

Los céspedes tampoco escapan a la aparición de hierbajos y, aunque la visión de las margaritas es aceptable, las milenramas y los llantenes no tienen el mismo atractivo. En los céspedes, las malas hierbas pueden crear clapas feas de terreno compactado.

Control de las malas hierbas

Si las malas hierbas se convierten en un problema en su jardín, realice las siguientes operaciones regularmente:
• Escarde los hierbajos manualmente, al modo tradicional, para poder examinarlos detenidamente y detectar la presencia de plagas y enfermedades lo antes posible. Coloque las malas hierbas en una caja: trasfiera las anuales a

una pila de compostaje y deshágase de las perennes, sobre todo las hierbas de san Gerardo y las gramas comunes.
• Cave las superficies de los arriates y huertos para cortar las malas hierbas a ras del suelo. No obstante, aunque esta labor es óptima para las malas hierbas anuales, tenga en cuenta que no acaba con las perennes. Utilice un escarificador o una azada de descepe para cortar las malas hierbas. En los semilleros y alrededor de las hortalizas pequeñas, utilice una azada estrecha. En los huertos, la rotación anual de cultivos contribuye a reducir la aparición de malas hierbas.
• Acolche el terreno extendiendo una capa de 7,5 cm de estiércol bien descompuesto, mantillo vegetal, corteza de madera de frondosas o de compost de jardín. Además de abatir las malas hierbas, el acolchado reduce la pérdida de humedad del suelo, mejora la estructura de éste y lo torna más fértil. Un alternativa a los mantillos orgánicos consiste en extender una capa de plástico negro sobre el terreno. En los jardines rocosos, cubra el suelo con una capa de gravilla, la cual, además de impedir el crecimiento de malas hierbas, retiene el suelo en caso de fuertes precipitaciones. No en vano los romanos rodeaban las vides y los albaricoqueros con mantos de piedra.
• Aplique los herbicidas (químicos) con sensatez, ya que pueden entrañar riesgos para sus animales domésticos y el entorno. Se comercializan tres tipos diferentes:

1. Herbicidas de preemergencia. Se rocían sobre el terreno para matar las plántulas de las malas hierbas tan pronto como aparecen.
2. Herbicidas totales. Destruyen todas las plantas. Algunos poseen efectos duraderos y son ideales para acabar con las malas hierbas de los senderos y accesos de servicio, mientras que otros, de efectos a corto plazo, pueden emplearse en arriates y macizos.
3. Herbicidas selectivos. Acaban con las malas hierbas sin dañar la cosecha.

Malas hierbas anuales

Crecen cada año a partir de la semilla, florecen y mueren. Año tras año surgen varias generaciones. La mayoría se multiplica en abundancia y requiere un control regular.

CENIZO: también llamada ceniglo o apazote blanco. Hierba erguida con hojas lanceoladas y romboidales. Da flores blancas o verdes en verano y las conserva hasta el otoño. Crece en páramos y en suelos cultivados.

CERASTIO: planta arbustiva postrada de bajo crecimiento. Da abundantes flores blancas dispuestas en ramilletes péndulos entre principios de primavera y finales de verano. Crece sobre todo en suelos húmedos, fértiles y cultivados.

HIERBA CANA O ZUZÓN: planta erguida, con tallos débiles y flexibles, hojas lobuladas y ramilletes de florecillas amarillas. Florece en el verano. Crece en páramos y en suelos cultivados, sobre todo si se trabajan con regularidad.

ORTIGAS MAYORES ANUALES: son hierbas erguidas de hojas urticantes que dan flores verdes durante el verano. Carecen de rizomas trepadores. Crecen en suelos poco compactos y cultivados, y en tierras baldías.

ZURRÓN DE PASTOR: mala hierba anual con raíz larga y afilada y tallos erectos con ramilletes de flores blancas, sobre todo en verano. Crece en terrenos baldíos y suelos cultivados.

Malas hierbas perennes

Son malas hierbas de larga duración y con raíces resistentes. Son más difíciles de erradicar que las anuales y no tardan en rebrotar si se deja la raíz.

CELIDONIA MENOR: posee raíces y tallos rastreros y hojas suculentas acorazonadas. En primavera da flores de color amarillo dorado tirando a blanco. Muy común en terrenos, bosques y junto a los setos.

CERRAJA: perenne vigorosa y erguida con rizoma rastrero y tallos con flores amarillas. Florece entre mediados de verano y finales de otoño. Común en campos cultivados, tierras baldías y en las márgenes de las carreteras.

COLA DE CABALLO: perenne perniciosa con raíces rastreras de las que brotan tallos. Muy común en tierras cultivadas, en campos y en dunas.

COMÚN: también llamada agrilla o vinagrera. De hojas envainadoras y abrazadoras que da flores de color verde rojizo en la primera mitad del verano. Muy común en jardines, campos y brezales, sobre todo si el suelo es ácido.

CORREGÜELA SILVESTRE: perenne trepadora y perniciosa con raíces de hasta 1,8 m de profundidad. Entre principios de verano y otoño da flores rosas o blancas. Es muy común, salvo en bosques.

DIENTE DE LEÓN: también llamada amargón, es una planta muy conocida, con raíces gruesas y penetrantes y largas hojas muy dentadas. Presenta flores en corola de color amarillo durante todo el año, sobre todo en verano. Muy común en la mayoría de terrenos.

EPILOBIO: también llamada laurel de san Antonio, se trata de una mala hierba alta que forma poblaciones densas, con tallos erectos coronados por flores de color púrpura intenso entre mediados de verano y principios de otoño. Muy común en las márgenes de las tierras baldías y en los prados.

GRAMA DE LAS BOTICAS: perenne perniciosa y reptante con raíces expansivas y rizomatosas de las que con frecuencia nacen nuevos brotes. Común en tierras baldías y en suelos cultivados.

HIERBA DE LAS QUEMADURAS: bianual o perenne con rizoma grueso y corto, tallos erectos y muy divididos y densas panículas aplanadas de flores amarillas similares a las margaritas. Florece entre principios de verano y otoño. Muy común en praderas y ciénagas, así como en bosques húmedos.

HIERBA DE SAN GERARDO: perenne perniciosa con rizoma rastrero formado por unas raíces blancas y esbeltas. Luce florecillas blancas en inflorescencias terminales durante todo el verano.

Es frecuente en jardines y en tierras baldías.

LLANTÉN: también llamado carmel, posee un rizoma grueso y corto, así como amplias hojas ovaladas. Durante el verano y hasta el otoño produce espigas de florecillas diminutas. Muy común en tierras baldías, praderas y céspedes.

MILENRAMA: también llamada milhojas y milefolio. De sus raíces arrastradas brotan tallos erectos con hojas finamente divididas y panículas aplanadas a modo de umbela compuestas por flores blancas y rosas. Florece durante el verano. Muy común en tierras baldías y cultivadas, y en céspedes.

ORTIGA MAYOR: posee raíces rastreras de las que brotan tallos erguidos repletos de hojas urticantes y estrechas flores como las del amento. Florece entre mediados de verano y principios de otoño. Muy común en páramos y en las márgenes de las carreteras.

RANÚNCULO RASTRERO: también llamada botonera, se trata de una planta con rizoma rastrero con hojas dentadas y lobuladas y flores cónicas amarillas que brotan entre finales de primavera y principios de verano. Común en tierras baldías y en suelos cultivados.

TUSILAGO: también llamada fárfara. Perenne con grandes hojas basales en forma de corazón y tallos erguidos con flores amarillas similares a la margarita. Florece entre finales de invierno y mediados de primavera. Muy común en suelos húmedos y ligeramente calcáreos, y en terrenos baldíos.

Ranúnculo rastrero

Diente de león

Llantén

Hierba de san Gerardo

Cola de caballo

Hierba de las quemaduras

Cerraja

Milenrama

glosario

A

Abonado de superficie Método de abono consistente en esparcir fertilizante en el suelo de la superficie y dar una labor con la horca para mezclarlos bien.

Abonado foliar Fertilizante aplicado a las hojas para alentar el crecimiento de la planta. No puede realizarse con todos los fertilizantes.

Acaballonar Método de cava invernal consistente en labrar el suelo dejando una gran superficie expuesta a los elementos. El suelo queda lleno de lomas o caballones.

Ácido Dicho de un suelo: con un pH inferior a 7,0 (*véase* pH).

Aclareo de flores marchitas Extracción de las flores marchitas que se efectúa para prevenir la formación de malas hierbas y para alentar el desarrollo de nuevas flores.

Acodado Método vegetativo de propagación consistente en doblar o acodar algunos tallos flexibles y enterrar parte de ellos en el suelo. Al retorcer, doblar y practicar cortes en el tallo en el punto en el que va a enterrarse, se restringe el flujo de la savia y se desarrollan raíces. El acodo tarda hasta 18 meses en arraigar. Una vez lo ha hecho, la planta nueva puede escindirse de la madre.

Acolchado Técnica consistente en cubrir el suelo de alrededor de las plantas con material orgánico bien descompuesto como compost de jardín, turba o, en el caso de las plantas para jardines de rocalla, cascajos o grava de 6 mm.

Acuática, planta Dicho de una planta que crece en los estanques de los jardines, parcial o totalmente sumergida.

Aditivos para fermentar Materiales como la vermiculita y la perlita que se añaden al compost en cestos colgantes para potenciar la retención de la humedad.

Áfido (también llamado pulgón verde) Plaga conocida y muy común que se reproduce rápidamente y succiona la savia. Además de arrugar y palidecer las hojas, los tallos y las flores, esta plaga transmite virus que pueden causar mayores estragos.

Ahilado/a Dicho de las plantas: que han crecido altas y débiles por haberse encontrado en condiciones de oscuridad o superpoblación.

Alcalino Dicho de un suelo: con un pH superior a 7,0 (*véase* pH).

Alpino/a Planta por lo común adecuada para jardines rocosos, casas rurales o fregaderos de piedra, aunque su hábitat natural sea la montaña, por encima del nivel en el que crecen los árboles pero por debajo del límite permanente de las nieves.

Antera Parte masculina de la flor donde se guarda el polen. Un pequeño tallo denominado «filamento» soporta cada antera; las anteras reciben el nombre colectivo de «estambre».

Anual Planta que germina, florece y muere en un año. Muchas plantas se tratan como anuales aunque no lo sean en sentido estricto. Por ejemplo, la *Lobelia erinus* es una vivaz semirresistente que suele cultivarse como anual semirresistente; la *Mirabilis jalapa* (dondiego de noche) es una vivaz cultivada como anual semirresistente, y la *Impatiens walleriana* (alegría) es una vivaz de invernadero tratada invariablemente como anual semirresistente.

Anual semirresistente Planta anual que se siembra en la calidez del invernadero en primavera. Al germinar, las plántulas se trasplantan más espaciadas a macetas o semilleros y, cuando han desaparecido los riesgos de heladas, al jardín o al recipiente definitivo.

Aporcar o recalzar Amontonar algo de tierra alrededor de la base de la planta para protegerla de la luz y resguardarla de los vientos fuertes.

Árbol Planta leñosa con un tallo único y diferenciado entre las raíces y las ramas inferiores de la copa.

Árbol a medio viento Árbol cuyo tronco mide 75 cm–1,2 m de largo del suelo a la rama más baja de la copa.

Árbol de porte axial Tipo de árbol frutal que da la flor y el fruto en el ápice de las ramas.

Árbol de tronco alto o a todo viento Árbol con un tronco de unos 1,8 m de longitud entre el suelo y la rama más baja de la copa.

Arbusto Perenne leñosa sin tronco cuyos tallos crecen desde el nivel de suelo. Algunas plantas pueden cultivarse como arbustos o como árboles.

Arbustos perennifolios Árboles y coníferas que conservan el color verde todo el año sin perder sus hojas. De hecho, van perdiendo hojas a lo largo del año y las sustituyen por nuevas.

Arte topiario o poda escultural Poda consistente en recortar los arbustos y los setos de follaje denso dándoles algún tipo de forma o figura.

Autoesterilización Proceso opuesto a la autofecundación.

Autofecundación Proceso por el que las flores de una planta se fertilizan mediante su propio polen. La autofecundación se da, sobre todo, en árboles frutales.

Axila Articulación formada entre un tallo y una hoja a partir de la cual se desarrollan las flores y brotes laterales.

B

Bianual Dicho de una planta: que germina un año y florece el siguiente para luego morir. Muchas plantas se tratan como bianuales. Por ejemplo, la *Bellis perennis* (maya) es una vivaz resistente a menudo cultivada como bianual, como también ocurre con el *Dianthus barbatus* (minutisa), una vivaz cultivada como bianual y, a veces, como anual.

Blanqueo Recalce de los tallos de algunas hortalizas para privarlas de luz y que, con ello, crezcan más blancas y con el sabor potenciado. Los puerros y el apio son algunas de las hortalizas que se blanquean.

Bonsái Cultivo de una planta madura en forma de miniatura en un recipiente de reducidas dimensiones y poca profundidad. El cultivo de bonsáis nació en China hace más de mil años y luego se extendió a Japón. Las plantas se mantienen en estado enano mediante la poda regular de las raíces, hojas y tallos.

Botritis (moho gris) Micosis hallada fundamentalmente en invernaderos húmedos y mal ventilados. Las plantas con tejidos tiernos, como las lechugas y las plantas de floración delicada, son particularmente sensibles a contraerla.

Bráctea Hoja modificada, similar a un pétalo. Las cabezuelas con forma de flor y colores vivos de la flor de Nochebuena o *Poinsettia,* los apéndices a modo de pétalo que forman el cuello de las flores de la *Davidia involucrata* (árbol de los pañuelos) y las estructuras a modo de pétalo blanco o róseos de la *Cornus florida* (cornejo americano) son ejemplos de brácteas.

Bramante Cordel suave, normalmente verde, usado para atar las plantas.

Brote ciego Brote cuyo punto de crecimiento no se ha desarrollado bien.

Bulbillo Bulbo inmaduro en miniatura hallado en la base de un bulbo madre.

Bulbo Órgano de almacenamiento con estructura de yema. Está formado por escamas suculentas y adheridas por la base a un tallo plano denominado «placa basal». Las cebollas, los tulipanes y los alhelíes son bulbos. El término se emplea erróneamente como inclusivo de tubérculos, rizomas y plantas tuberosas, cuya estructura difiere.

C

Caducifolio/a Planta que pierde sus hojas a principios del período de parada vegetativa, en otoño o principios de invierno. El término suele aplicarse a árboles, arbustos y algunas coníferas, como la *Ginkgo biloba* (ginkgo o árbol de los cuarenta escudos).

Cal Sustancia alcalina utilizada para contrarrestar la acidez del suelo y mejorar los suelos arcillosos.

Callo Tejido acorchado que se forma sobre los tallos dañados o cortados. Antes de arraigar, en los ápices de los injertos se crea un callo.

Campana Estructura acampanada confeccionada en cristal o plástico que se emplea para proteger las cosechas, sobre todo de hortalizas. También se usa para prolongar la estación de cultivo de las verduras hasta el otoño.

Capa arable Capa superficial del suelo, a menudo correspondiente a la profundidad de la cava simple, 25–30 cm. El suelo a este nivel no debe contener subsuelo, ya que su tierra es más pegajosa, gruesa y, a menudo, arcillosa.

Capa dura Capa de suelo compacta e impermeable que restringe el flujo del agua y el aire.

Capilar Paso ascendente del agua a través del suelo. Cuanto más fino sea el suelo, más arriba llega el agua. El mismo principio se aplica en los sistemas de autorriego para las plantas de invernadero cultivadas en maceta.

Cascajos Trozos de macetas de arcilla rotas que sirven para tapar los agujeros de drenaje en los recipientes. Se colocan con la parte cóncava hacia abajo.

Cava simple Profundidad de la cuchilla de la pala, habitualmente de 25–30 cm. El término suele describir la profundidad a la que se cava el suelo.

Cepa Planta nacida espontáneamente de un ancestro común.

Chupón Vástago basal que surge de la raigambre de una planta injertada.

Clon Planta cultivada vegetativamente a partir de otra e idéntica a la planta madre.

Clorofila Pigmento de color verde encontrado en todas las plantas, salvo en algunos parásitos y hongos. Absorbe la energía del sol y desempeña un papel importante en la fotosíntesis.

Clorosis Enfermedad que afecta sobre todo a las hojas y que produce manchas blanquecinas. Causada por virus, mutaciones o deficiencias minerales.

Compost con base de marga Compost elaborado principalmente de tierra arable fértil, arena, turba y fertilizantes generales.

Compost de jardín Residuo vegetal elaborado con los restos de la cocina más las partes tiernas de las plantas del jardín. Una vez descompuesto, el compost se mezcla con el suelo dando una labor o se dispone a modo de mantillo alrededor de las plantas.

Compost de John Innes Compost con base de adobe formulado durante los años treinta en el John Innes Horticultural Institute del Reino Unido. Sirvió de patrón para elaborar los composts utilizados en la siembra de semillas y el enmacetado. Se compone de adobe, arena hortícola, turba y fertilizantes.

Compost de mantillo Tradicionalmente, compost hecho de marga, arena, turba, fertilizantes y tierra caliza. La proporción de los ingredientes varía según si el compost se emplea para cultivar semillas, enmacetar o trasplantar plantas a recipientes más grandes. No obstante, la destrucción de turberas para adquirir turba es una práctica nociva para el medio ambiente, por lo que muchos composts actuales se elaboran con otros materiales.

Compost de turba Compost hecho principalmente de turba y fertilizantes.

Cordón Forma de árbol frutal entutorado. El entutorado de cordón es ideal para cultivar manzanos y perales en un jardín pequeño. Algunos cordones poseen una única rama, mientras que otros poseen dos o tres.

Cortavientos Arbusto, árbol o conífera utilizada como pantalla para mermar el azote del viento.

Cotiledón Primera hoja (en ocasiones dos) que aparece tras la germinación.

Cubresuelos Planta baja abrazadora del suelo que forma un tapiz de follaje. Se usa con frecuencia para desalentar el crecimiento de malas hierbas.

Cultivar Abreviatura de «variedad de cultivo» que indica una variedad cultivada en un lugar concreto. En términos estrictos, las variedades más modernas son cultivares, aunque el término «variedad» sigue siendo más familiar entre los jardineros.

Cultivo de árboles en espaldera Método de entutorar los árboles frutales consistente en hacer que las ramas laterales crezcan en horizontal siguiendo unos alambres de tensión colocados a 23–30 cm de distancia entre sí.

Cultivo en anillo Método de cultivar tomates en macetas sin fondo sobre una base de grava.

Cultivo furtivo o intercalado Cosecha rápida, con frecuencia de hortalizas de ensalada, que se siembra, germina y recolecta entre dos cosechas con mayor tiempo de desarrollo.

Desyemado Amputación desde las yemas axilares hasta la yema central para alentar su crecimiento.

Diente Púa de un rastrillo u horca de jardín.

División Método vegetativo de propagación o reproducción de plantas mediante división de la macolla. Las herbáceas perennes con raíces fibrosas suelen propagarse por división.

Endurecimiento Aclimatación de las plantas protegidas a las condiciones exteriores. Suelen emplearse camas calientes para este objetivo.

Enmacetado Trasplante de plántulas de una almáciga o un semillero a una maceta.

Entrenudo o meritallo Parte del tallo o brote comprendida entre dos uniones foliares (también llamadas «nudos»).

Entresacado o repicado Operación consistente en extraer las plántulas de una almáciga o semillero y trasplantarlas a otro recipiente más espaciadas.

Entresacar Retirar algunas plántulas y brotes para permitir que otros crezcan con más fuerza.

Especie Grupo de plantas de la misma raza y con las mismas características.

Esqueje Método vegetativo de propagación mediante el cual se alienta a un tallo cortado de una planta madre a arraigar.

Esqueje de tallo tierno Esqueje extraído de un tallo no leñoso, es decir, herbáceo.

Esquejes leñosos Método vegetativo de reproducir las plantas leñosas, como los árboles, arbustos y frutales tiernos, cortando brotes del tallo cuando están maduros e insertándolos en un medio donde enraizar. Los esquejes suelen introducirse posteriormente en una almáciga y colocarse en una parte resguardada del jardín.

Estambre Parte masculina de la flor, compuesta por las anteras y los filamentos.

Estanque con fauna Estanque informal normalmente ubicado en el extremo del jardín y habitado por ranas, aves, insectos y pequeños mamíferos.

Estigma Parte femenina de la flor que recibe el polen.

Estilo Parte de los órganos reproductores femeninos de una flor unida al estigma y el ovario.

Estolón Tallo que crece horizontalmente sobre el suelo y que enraíza a intervalos (por ej.: estolón de la fresa).

Estoma Abertura microscópica, a menudo en el envés de las hojas, que permite el intercambio de gases con el exterior. Durante la respiración, las plantas absorben aire, retienen y usan el oxígeno y despiden el dióxido de carbono. Durante la fotosíntesis, absorben aire, usan el dióxido de carbono y despiden oxígeno.

Estratificar Método consistente en ayudar a germinar a las semillas con cáscara dura. Éstas se colocan entre capas de arena que las mantienen frías, normalmente todo el invierno.

Fascinación Condición anómala en la que los tallos o flores se funden y aplanan. Lo mejor es cortar las partes afectadas.

Fertilización Unión sexual de la célula masculina (polen) y la femenina (óvulo). La fertilización puede producirse como resultado de la polinización, mediante la cual el polen cae en el estigma. No obstante, no todo el polen germina tras caer en el estigma.

Fertilización con abonos verdes Método de abono de una cosecha, por ejemplo, de mostaza, que puede enterrarse con el arado con el fin de mejorar la estructura física y el valor nutritivo del suelo.

Fertilizar Alentar el crecimiento de las plantas abonándolas con estiércol y productos químicos.

F1 Primera generación filial, resultado de un cruce entre dos padres de pura raza. Los híbridos son plantas grandes y resistentes, si bien sus semillas no permiten reproducir réplicas de las plantas madre.

Filamento Tallo esbelto que soporta las anteras de una flor.

Floración prematura (bolting) Germinación y floración prematuras de las hortalizas. Las lechugas, remolachas, espinacas y los rabanitos son los más susceptibles de sufrirlo.

Florífero Dicho de una planta de floración libre y con profusión de flores.

Flósculo Florecilla que forma parte de una flor completa.

Forro de espuma Se utiliza para mantener la humedad en los cestos colgantes.

Fotosíntesis Proceso metabólico que tiene lugar en las plantas cuando la luz solar activa la clorofila de las hojas y otras partes verdes. Reacciona con la humedad absorbida por las raíces y con el dióxido de carbono de la atmósfera, y alienta el crecimiento de la planta.

Franco Dicho de un suelo: ni ácido ni alcalino (pH de 7,0). La mayoría de las plantas crece en un pH de 6,5. También llamado «suelo medio».

Fresquera Recipiente similar a un cesto con estructura de alambre, pero con una carcasa metálica más amplia.

Friable Dicho de un suelo que se desmenuza fácilmente, suelto y de fácil labranza. El término se aplica sobre todo a los suelos que se preparan para cultivar las semillas en primavera.

Fungicida Producto químico utilizado para combatir las micosis.

Género Grupo de plantas con características similares. Algunos géneros contienen diversas especies, mientras que otros sólo una.

Germinación Proceso que ocurre dentro de una semilla cuando se dan las condiciones adecuadas de humedad, aire y calidez. El caparazón de la semilla se rompe y una o varias hojas crecen en busca de luz. Simultáneamente se desarrolla una raíz. Para la mayoría de los jardineros la germinación es el momento en el que las hojas surgen a través de la superficie del compost en macetas o semilleros, o cuando brotan en el suelo del jardín.

Glaucola De color verde grisáceo o verde azulado. Término utilizado para describir tallos, hojas o frutos de árboles ornamentales, arbustos y herbáceas perennes.

Guía Brote o rama terminal que extiende el crecimiento de una planta.

Herbáceola Dicho de una planta cuyo órgano aéreo muere a finales de verano o en otoño, tras completar su ciclo de crecimiento. La primavera siguiente desarrolla nuevos brotes.

Herbicida Formulación química para matar malas hierbas.

Hermafrodita Flor que posee tanto órganos femeninos como masculinos.

Hibridación o mestizaje Cruce de una o varias generaciones para mejorar

diversas características, como el tamaño de las flores, la época de floración, la firmeza y las dimensiones de la planta, y el tamaño y la calidad de los frutos.

Híbrido Progenie extraída de padres de especies o géneros diferentes.

Hijuelo Vástago con mucha savia de crecimiento rápido que surge de los injertos realizados en los troncos y ramas, sobre todo en los árboles frutales viejos y descuidados.

Hojarasca Crecimiento máximo de algunas hortalizas.

Hormona Sustancia reguladora del crecimiento que se da en plantas y animales. Se aplican cantidades adicionales y sintéticas para inducir un arraigo más rápido de la planta. Otras hormonas se emplean para estimular el crecimiento de las malas hierbas con objeto de que se quemen por sí solas.

Humus Material vegetal microscópico, de color marrón oscuro y putrefacto.

Inflorescencia Parte de la planta que lleva las flores.

Injerto Método de propagación mediante el cual el tejido de la variedad escogida se une con un rizoma de vigor conocido. Se utiliza para multiplicar los árboles frutales y los rosales.

Injerto de yema Método de incrementar las plantas consistente en insertar un tallo durmiente de la variedad deseada en un corte con forma de T practicado en el tallo de un rizoma. Las rosas y los árboles frutales suelen multiplicarse mediante este método.

Insecticida Producto químico utilizado para matar insectos.

Jardín en fregadero Jardín creado en un fregadero de piedra antiguo parcialmente relleno con material de drenaje y compost de drenaje libre. En los fregaderos suelen plantarse coníferas en miniatura, bulbos enanos y pequeñas plantas de jardín de rocalla.

Lamburda Rama corta de un árbol frutal en la que nacen los frutos.

Lateral Brote lateral que irradia del tallo principal de un árbol o arbusto. El término suele emplearse al hablar de las ramas fructíferas y la poda de los árboles frutales.

Lixiviación o lavado Drenaje de los nutrientes del suelo. Suele producirse en los suelos arenosos, ya que las partículas de los suelos arcillosos tienden a retener los nutrientes.

Mancha negra Micosis que ataca y desfigura las rosas.

Mantillo foliar Abono formado por hojas en descomposición. El mantillo se extiende sobre la superficie del suelo a modo de mantillo o bien se mezcla con la tierra mediante una cava durante el invierno.

Muro de piedra seca Muro de contención elaborado con piedra natural y sin cemento. Las plantas pueden introducirse entre las piedras para que la pared quede vestida de verde.

Musgo esfágneo Tipo de musgo empleado antaño para revestir los cestos colgantes con estructura de alambre. Retiene la humedad. Hoy día se ha sustituido por plástico negro.

Mutación Modificación accidental en la forma, tamaño o color de una flor o planta. También, parte de una planta, normalmente la flor, con características distintas a las heredadas.

NPK Fórmula de los porcentajes de nitrógeno, fosfato y potasa de los fertilizantes compuestos.

Nudo Articulación foliar o punto en el que un tallo se ramifica a partir del principal.

«Nuevas rosas inglesas» Grupo de rosas cultivadas por David Austin Roses en Reino Unido y compuesto por variedades de rosas modernas hibridadas con rosas antiguas. Austin creó un nuevo grupo que combina la refloración con los colores y las flores propias de las variedades antiguas.

Oídio (o mildíu) Micosis que ataca a las plantas de tejido tierno. Existen dos

tipos de oídios: el mohoso, que afecta a la lechuga y las cebollas, y el pulverulento, que ataca a los árboles frutales, las rosas y los crisantemos.

Orgánico Cultivo de plantas sin aplicar ningún tipo de fertilizantes o pesticidas químicos.

Patio de luces Espacio interior, al aire libre y rodeado por las paredes de un edificio.

Patios Antiguamente, zonas al aire libre rodeadas de edificios o paredes, por ejemplo, en el interior de un castillo. Hoy día, suelen ser zonas pavimentadas ubicadas en la parte posterior de un edificio y rodeadas por un muro.

Patrón Parte de la raíz de una planta injertada o esquejada.

Perenne Término popular para describir una herbácea perenne. También se aplica a las plantas con una larga vida, como árboles, arbustos y trepadoras perennes.

Pesticida Compuesto químico para matar insectos y otras plagas.

pH Escala empleada para establecer la acidez o alcalinidad de una solución de agua y suelo. La escala va del 0 al 14, con un valor neutro de 7,0. Las cifras por encima del 7,0 indican un suelo alcalino, mientras que las inferiores indican suelos ácidos. La mayoría de las plantas se desarrollan bien en suelos con un pH de 6,5, que suele considerarse el valor neutro para las plantas, en lugar del valor químico y científico del 7,0.

Piedra reconstituida Piedra manufacturada que se emplea para producir una amplia gama de recipientes para plantas y ornamentos de jardín. Con el paso del tiempo, el color de la superficie va suavizándose.

Pinzado Operación consistente en recortar los ápices de los tallos o brotes terminales para alentar el desarrollo de brotes laterales.

Planta palustre Planta que vive en condiciones de humedad constantes. Dichas condiciones pueden darse en torno al estanque de un jardín o en jardines cenagosos construidos.

Planta para trasplantar Planta cultivada y utilizada como decoración temporal en un arriate o una bordura. Las bianuales, como los alhelíes, se plantan en otoño para crear composiciones primaverales, mientras que las anuales semirresistentes cultivadas a partir de la semilla en primavera, en la calidez de un invernadero, se trasplantan a los arriates tan pronto como desaparece el riesgo de heladas.

Plantas con cepellón Plantas cultivadas en un recipiente para su posterior venta y trasplante a su lugar definitivo en un jardín, ya sea en el suelo o en otro recipiente. Entre estas plantas se cuentan árboles, arbustos, rosas y herbáceas perennes. Pueden trasplantarse en cualquier época del año, siempre que el suelo no esté demasiado húmedo, seco o helado. Sus raíces sufren algunos desajustes antes de arraigar.

Plantas palustres Plantas que viven en aguas poco profundas, en los márgenes de los estanques. Algunas también sobreviven en los suelos cenagosos que rodean los estanques.

Plantita de semilla Nombre que se da a los árboles frutales durante el primer año tras haber sido injertados.

Poda Recorte con un cuchillo, unas podaderas o un serrucho de poda de algunas partes de las plantas leñosas. Los árboles frutales se podan con objeto de que den más frutos, y de mayor calidad, y para garantizar que se conserven sanos un período largo. Los arbustos se podan sobre todo para incentivar una mejor floración. La poda de algunos arbustos alienta el desarrollo de tallos más vistosos.

Poda de tocón Proceso de cortar un árbol o arbusto a ras de suelo para alentar el desarrollo de nuevos brotes. Puede realizarse a la hora de injertar o esquejar árboles frutales. El término se aplica también para describir la poda de algunos árboles ornamentales hasta el nivel de suelo.

Poda en abanico o en palmeta Método de podar los árboles frutales de tal modo que las ramas radien hacia fuera a modo de aspas de un ventilador.

Polen Agente fertilizador masculino de las anteras.

Polinización Transferencia de polen de las anteras al estigma.

Propagación Cultivo de nuevas plantas.

Púa Tallo o esqueje que se injerta o esqueja en un rizoma.

Puesta en tumba Plantación temporal de los árboles, arbustos y coníferas mientras esperan a ser transplantados a su lugar definitivo. Suele realizarse cuando su ubicación definitiva no está preparada o el suelo aún está demasiado mojado o congelado para efectuar la plantación.

Racimo Ramillete de flores o frutas.

Raíz columnar Tallo principal, alargado y resistente presente en algunas plantas y que penetra en el suelo.

Raíz tuberosa Órgano de almacenamiento subterráneo formado por un tallo base introducido lateralmente (gladiolo). Alrededor de la base se forman las raíces tuberosas jóvenes (bulbillos), que pueden extraerse y cultivarse en almácigas durante varias estaciones antes de que alcancen el tamaño de floración.

Resistente Planta capaz de sobrevivir en el exterior durante el invierno.

Rizomatoso/a Tallo horizontal subterráneo o parcialmente enterrado. Los rizomas pueden ser delgados o suculentos. Algunos lirios tienen rizomas gruesos y suculentos, mientras que otros, como los de la *Convallaria majalis* (lirio de los valles), son delgados y rastreros. Actúan como órganos de almacenamiento y perpetúan las plantas de estación en estación.

Rosa de especie Término utilizado para describir una rosa silvestre o una de sus parientes cercanas.

Rosa floribunda Clasificación de las rosas que también recibe el nombre de «rosa arbustiva de grandes racimos».

Rosa híbrido del té Clasificación de la rosa hoy sustituida por la de «rosa arbustiva de flor grande».

Rotación División de un huerto en tres partes con el fin de no cultivar una misma cosecha en la misma parte en años consecutivos.

Saco de cultivo Saco concebido en un principio para cultivar tomateras en suelos infectados por enfermedades. Hoy se emplean sacos para cultivar numerosas plantas de flor y alimenticias.

Semirresistente Planta que soporta temperaturas bastante bajas pero que debe protegerse de las heladas.

Sensible a las heladas Dicho de una planta: que muere o puede verse gravemente deteriorada por las heladas.

Sinónimo Nombre botánico antiguo de una planta. Muchas plantas se comercializan y conocen más por su nombre antiguo que por el actual.

Sistémico Producto químico que penetra en el tejido de la planta de tal modo que cuando un insecto succiona la savia de ésta, le provoca la muerte. El tiempo durante el cual los productos químicos sistémicos están activos dentro de la planta depende de la planta y de la temperatura.

Subarbusto Arbusto pequeño y ramificado con base leñosa. Un subarbusto difiere de un arbusto normal en que, en las regiones templadas, los tallos y brotes superiores mueren en invierno.

Subsuelo Suelo localizado por debajo de la profundidad a la que suelen cultivarse plantas.

Suelo legamoso o frauco Tierra arable fértil, bien drenada y de buena calidad. También llamado «marga».

Suelo ligero Suelo friable en el que se siembran las semillas. También actúa como mantillo en la superficie del suelo, contribuyendo a reducir la pérdida de humedad.

Surco de siembra Depresión estrecha cavada en la superficie del suelo, habitualmente realizada con una azadora binadora o una vara afilada, y en la que se siembran las semillas. La mayoría de las hortalizas se siembran así, salvo los guisantes, que a veces se siembran en zanjas de fondo plano para poder cultivar tres hileras juntas.

Talón Capa dura y acorchada de una corteza y tallo que se arranca cuando se separa un brote lateral del tallo principal para sacar un esqueje. Los esquejes de talón suelen arraigar más rápidamente que los esquejes normales. Además, se reducen las posibilidades de que la base del esqueje se pudra.

Talud Zona de arenisca, grava o cascotes, de drenaje libre, donde se cultivan plantas alpinas.

Terraza Zona pavimentada al aire libre anexa a una vivienda. Las terrazas con distintos niveles pueden enlazarse mediante tramos de escaleras.

Tierno/a Dicho de una planta: que resulta dañada a causa de las bajas temperaturas.

Tiestos de Versalles Recipientes grandes y cuadrados originarios de Versalles, Francia. Los antiguos tiestos de Versalles estaban hechos de plomo o pizarra, mientras que los modernos son de fibra de vidrio o madera.

Transpiración Pérdida de humedad por parte de una planta.

Trasplante Traslado de una planta arraigada a un recipiente de mayor tamaño.

Trenzado Técnica de entutorado y poda de una hilera de árboles plantados muy juntos con objeto de formar un seto aéreo. La base de los árboles se deja sin ramas y, a partir del nacimiento de la copa, las ramas de los árboles contiguos se entrelazan. Se efectúa una poda para dar al seto una silueta nítida.

Tubérculo Raíz o tallo enterrado, grueso y suculento. Algunos tubérculos son raíces enterradas (como la dalia), y otros son tallos enterrados (como la patata). Los tubérculos son órganos de almacenamiento que perpetúan las plantas de estación en estación.

Turba Plantas parcialmente descompuestas. La turba suele ser ácida.

Variedad *véase* Cultivar.

Variegado/a Con dos o más colores. Muchas plantas tienen las hojas variegadas.

Vástago lateral Tallo que crece a partir del tallo principal.

Veranda Término derivado de la palabra hindi para describir una galería a ras de suelo y en un lado de una casa (a menudo a todo su derredor). Los lados de la veranda se abren parcial o totalmente a un jardín.

Zarcillo Órgano filamentoso y voluble que permite a las trepadoras asirse a un soporte.

índice

agradecimientos y créditos fotográficos

Gracias a:

Roger Benjamin

Georgina Steeds

SMITH'S NURSERIES, NEW DENHAM, MIDDLESEX

CRÉDITOS FOTOGRÁFICOS

Liz Eddison/Diseño: Artisan Landscape Company, Tatton Park 2000 111d/Susanna Brown, Hampton Court 2000 207ab/David Brum, Hampton Court 2000 28ab, 182ab, 206ab/ Chelsea 2000 7ab, 10–11, 51ab i/Diseño: Julian Dowle 41/Diseño: Kevin Dunne, Tatton Park 2000/Diseño: Alison Evans, Tatton Park 2000 23ar/Diseño: Guy Farthing, Hampton Court 2000 43, Tatton Park 2000 75ab d/Diseño: Alan Gardner, Hampton Court 2000 27/Diseño: Gavin Landscaping 101/Diseño: Chris Gregory, Chelsea 1999 74ab/Diseño: Toby & Stephanie Hickish, Tatton Park 2000 194ab/HMP Leyhill, Chelsea 2000 120/Diseño: Carol Klein 12ab, 185ab/Diseño: Lindsay Knight, Chelsea 2000 29d, 47, 56–57/Diseño: Land Art, Hampton Court 2000 20–21, 22–23ab, 42ab/Diseño: Karen Maskell, Hampton Court 2000/Diseño: Natural & Oriental Water Garden 31ab, 100ab, 112–113, 114/Diseño: Room in the Garden 51ar/Diseño: Alan Sargent, Chelsea 1999 39ar, 45ar Chelsea 2000 14, 26ab, 115/Diseño: Paul Stone 52ab/Diseño: Jane Sweetser, Hampton Court 1999 39ab/Diseño: Michael Upward & Richard Mercer 217/Diseño: Pamela Woods, Hampton Court 1999 176–177, 183; The Garden Picture Library, cubierta anterior, 170ab; Neil Holmes 138, 139, 161, 164, 198ab, 199ar, ab, 220ab, 231, 235ar, ab, 237, 240, 241; Peter McHoy 99ar i, ar d,ab i, ab d; colección Harry Smith 94ab, 95, 97, 98, 111i, 136, 142, 143, 144, 146, 147ar, 148–149, 150, 151ar, ab, 152, 153ar, ab, 162, 163; Spear & Jackson 88, 89; David Squire 83ar i, ar c, ar d, ab d, 91, 127 ab d, 135ab i, ab c i, ab c d, ab d, 154, 155, 208, 211, 225, 233.